I0786192

NÉSTOR CONTRERAS PINEDA

POSTMODERNIDAD

Néstor José Contreras Pineda. (Caracas, 1947) es militar en situación de retiro y docente universitario. Entre los años de 1996 y 2005 estuvo al frente de la Cátedra de Estudios Estratégicos de la Escuela Superior del Ejército venezolano. Ha sido docente del Instituto de Altos Estudios de la Defensa Nacional, escuelas de Estado Mayor de la Guardia Nacional y Armada venezolanas, así como de las escuelas de Logística, Artillería, e Infantería del Ejército de Venezuela. Es Doctor en Educación y Magister Scientiarum en Seguridad y Defensa, Ciencias y Artes Militares y Administración de Recursos Humanos. Es diplomado en Estado Mayor, Gerencia Logística, EEUU, y Gerencia Pública. Es fundador y director de la Revista Arte y Ciencia Militar. En el exterior ocupó los cargos de Agregado Aéreo, Naval y Militar en Argentina, concurrente en Uruguay y Agregado Militar en Brasil. Habla inglés y portugués, diplomado en francés e italiano.

Obras publicadas: El Sistema de Desarrollo Profesional Avanzado (2004), La Planificación Sistémica (2004), ¿Cómo Generar Pensamiento Estratégico? (2004) y Aprenda Estrategia de la Historia (2004), publicados por la Fundación Carlos Soublette. Colección Postmodernidad: La Filosofía, la Ciencia y la Técnica en la Formación del Paradigma de la Postmodernidad (versiones en castellano, francés, inglés, italiano y portugués, 2014 Y 2015); Crisis Financiera Mundial. Origen evolución y Perspectiva (2014), Educación en Postmodernidad, (2014); Globalización: el Modo de Producción de la Postmodernidad (2014); Aprendizaje Organizacional: un Camino Hacia la Postmodernidad (2014), y Ejércitos de la Postmodernidad. USA ARMY (2015); Colección Estrategia: Metodología Sistémica de la Planificación Estratégica (versiones en castellano e inglés, 2014 y 2015), Entrene Su Mente para la Estrategia (versiones en castellano e inglés, 2014 y 2015) y Metodología Sistémica del Aprendizaje Organizacional (versiones en castellano e inglés, 2015); Colección Geopolítica: El Regreso de Rusia al

Escenario Político Global (versiones en castellano, francés, inglés, italiano y portugués, 2016), China un Coloso con Zapatillas de Cristal,(versiones en castellano, francés, inglés, italiano y portugués, 2016), El Ajedrez Geopolítico Mundial (2018); las tres colecciones publicadas por Amazon y Create Space.

INTRODUCCIÓN

La humanidad está atravesando por una encrucijada; existen dos caminos que pueden ser recorridos. Uno nos conducirá al abismo; en diferentes partes del planeta los humanos no piensan en otra cosa que no sea la destrucción generalizada. Causas para tal aberración las encuentran en cualquier recoveco de su retorcida alma; generalmente tienen que ver con resentimientos ancestrales que se han albergado por siglos en la memoria colectiva de algunos pueblos. El otro camino es el del bien común. El conocimiento que hasta ahora ha acumulado la sociedad occidental puede servir a la humanidad para dar un salto cualitativo que la conduzca a elevados estadios en los que haya un equilibrio entre riqueza material y esencia espiritual.

Este conocimiento está acumulado en lo que algunos autores denominan el paradigma emergente; otros prefieren llamarlo paradigma de la postmodernidad. Sea cual sea el término que utilicemos, lo importante es que comprendamos que es allí donde está el insumo que requerimos para recorrer el segundo de los caminos.

En las últimas décadas del siglo XX y la primera del XXI el mundo parecía disfrutar de una bonanza inusitada. En los países industrializados el dinero corría a raudales y una vorágine de consumo se hizo presente: adminículos tecnológicos; vestimenta de lujo; joyería exquisita; extravagantes viviendas; yates de ensueño; rascacielos enormes; clubes magníficos; veloces caballos. Ningún proyecto parecía imposible;

voluntad y dinero se combinaban para alcanzar cualquier meta. Los elevados precios de los *commodities* enriquecieron a los países subdesarrollados; la fiesta —como era de esperarse— se extendió a éstos. Hasta que, un aciago día, el 15 de septiembre de 2008, todo se derrumbó.

Ese día los habitantes del planeta tierra se dieron cuenta que habían vivido una gran mentira. En verdad, ni la bonanza ni el dinero existían; todo era ficticio. No era más que una enorme burbuja financiera que a lo largo de décadas se había inflado hasta que, sin más ni más, estalló. Pero, no todos se unieron a la fiesta; una parte de los habitantes del planeta continuaron trabajando y desarrollando ideas y proyectos ajenos al apetito consumista de sus congéneres. Hoy en día esas ideas pueden salvar al planeta de la ruina.

La solución a la crisis financiera del 2008 fue la de inundar el planeta de dinero inorgánico, sin más respaldo que su registro digital; tarde o temprano el remedio terminará matando al enfermo y la economía mundial se sumirá en un abismo del que ya no podrá salir. Está cercano el estallido de lo que Jorge Soros ha denominado la superburbuja financiera, esto es, una burbuja conformada por la acumulación de las anteriores. Antes de que tal evento ocurra el mundo debe iniciar una transición paradigmática que utilice todo el conocimiento que la humanidad ha acumulado a lo largo de su existencia, y especialmente en las últimas décadas. En la ciencia y la tecnología está el instrumento de tal transición. Quedaría pendiente el asunto de la filosofía, especialmente en lo que se refiere al problema de la moral. Ahí es poco lo que pueden hacer las invenciones recientes, es un asunto que únicamente puede resolverse en nuestro fuero interno; no es un asunto de multitudes. Vendría dado por una confrontación entre justos y pecadores; morales e inmorales, nobles y perversos, devotos y perversos. Pero, mientras esperamos el juicio final o la llegada de los Jinetes del Apocalipsis mucho camino podremos andar.

Desde principios del siglo XX, los científicos se dedicaron a explorar un mundo desconocido —el microcosmos— y a disipar las dudas del conocido —el macrocosmos—; el conocimiento resultante es todo lo que requerimos para empezar la ardua tarea que tenemos por delante. Ningún conocimiento nos será de alguna utilidad a menos que comprendamos la situación actual del planeta. Conocimiento y comprensión serán, así pues, las herramientas fundamentales de la reconstrucción. De eso se trata esta obra; unos capítulos los dedicamos a lo primero y otros a lo segundo.

Es así como en el primer capítulo, *Los Paradigmas de la Civilización Occidental*, comenzamos por describir, en forma somera, las ideas que han orientado el tránsito del Occidente desde la barbarie hasta la civilización; un recuento de los hitos recorridos hasta llegar al paradigma en formación. La transformación que durante siglos hemos experimentado no es fruto de la improvisación, está respaldada por postulados que provienen de cambios paradigmáticos. Desde los albores del siglo XX se comenzó un proceso de transición que no sólo está cambiando la percepción que teníamos de lo que el universo es en su esencia, sino que, además, está proporcionando al colectivo mundial la sabiduría para enfrentar tanto las dudas sobre su propia existencia como sus problemas cotidianos.

En el capítulo 2, *Filosofía, Ciencia, Técnica y Postmodernidad*, describimos las ideas que se corresponden con el paradigma emergente en aquellos campos en los que la mente humana alcanza su mayor nivel de abstracción. En medio de una inusitada abundancia material, el hombre occidental se está dejando llevar por un hedonismo sin límite que arrastra su cuerpo y diluye su alma; las respuestas a sus interrogantes existenciales no son fáciles de encontrar en un mundo sumergido en una vorágine consumista; cada sujeto debe emprender, así pues, una búsqueda que trascienda su propia individualidad y se apoye en corrientes universales de pensamiento; es allí donde la filosofía postmoderna podría cumplir un rol fundamental que contribuya con el restablecimiento del necesario equilibrio psíquico, espiritual y material de todos los habitantes de este planeta. En cuanto a la ciencia se refiere, las teorías de la relatividad y la mecánica cuántica no sólo han cambiado la percepción que teníamos del universo, su contribución al bienestar del ser humano se ha hecho sentir casi de inmediato en el campo de la técnica: los artilugios tecnológicos han inundado nuestros hogares y mejorado nuestra cotidianeidad.

En el capítulo 3, *Globalización y Postmodernidad*, se analiza el impacto que ha tenido la redistribución de las actividades de la cadena de valor, tanto en la forma de producir bienes y servicios como en la estructura económica, social y política de la sociedad mundial. El mundo entero está cambiando al ritmo que impone la economía; esto no es nuevo, siempre ha sido así. Pero, lo que sí es nuevo es la trascendencia del conocimiento como insumo fundamental; dado que el ser humano es, necesariamente, su depositario, toda la actividad económica gira en torno a éste. Y, como consecuencia inmediata e inevitable, la percepción de los individuos sobre la necesidad e importancia de su participación en el incremento del bienestar, tanto individual como colectivo, está provocando cambios acelerados en la estructura misma de la sociedad. La globalización, como erróneamente se ha pensado, no es una amenaza para los individuos; por el contrario, son los estados-nación los que hoy se sienten acorralados. Cada día surgen, aún en el seno de los países avanzados, regiones que perciben que su estabilidad depende más del propio esfuerzo que de la tutela de los entes colectivos tradicionales, y que es necesaria una mayor autonomía para que su potencial pueda ser desarrollado hasta el límite de sus posibilidades. Hoy los ciudadanos de todo el mundo sienten que su bienestar y prosperidad están seriamente limitadas por la enorme influencia que los gobiernos centrales ejercen sobre las fuerzas del mercado, y que la liberación de ese férreo control es un paso absolutamente indispensable para que la posibilidad de éxito dependa más de la capacidad individual que de las migajas que nos ofrecen quienes hasta hoy han ejercido el tutelaje político del planeta.

En el Capítulo 4, *Educación y Postmodernidad*, se analiza la crisis educativa mundial y se plantean soluciones que se relacionan con los avances obtenidos por entes no gubernamentales, tanto en materia educativa como en el tema del aprendizaje organizacional. No hay país en el mundo que no esté siendo afectado; el cambio en la forma de elaborar bienes y servicios ha tomado por sorpresa a la sociedad mundial. Ésta no ha tenido tiempo de cambiar las estructuras que eran propias del modo de producción industrial; y, entre ellas, la de los sistemas educativos. Escuelas y universidades están enseñando teorías y conceptos que caen en desuso tan pronto como aparecen; formando trabajadores para fábricas que ya no existen; empleados para oficinas que desaparecieron; burócratas para organizaciones que no los necesitan. La mayoría de las repuestas para esta problemática no han venido ni de los gobiernos ni de las instituciones educativas; han venido de quienes dejaron de recibir el talento humano que sus procesos productivos requerían.

En el Capítulo 5, *La Organización de Aprendizaje*, primero, se hace una reflexión sobre la ineficiencia de la estructura burocrática y los vicios que surgen en el mediano y largo plazo en los entes organizados bajo el modelo descrito por Max Weber. Luego, se explica la relación existente entre burocracia y totalitarismo. Después, se describe el papel que desempeñaran las organizaciones en el siglo XXI y el contexto en el que se van a desenvolver. Por último, se presentan las características de un tipo de organización que no sólo se adapta con facilidad a estos tiempos de cambios drásticos y radicales, sino que, además, tiene la virtud de aprovechar al máximo los recursos puestos a su disposición.

En el capítulo 6, *Transición Paradigmática*, presentamos algunas ideas que pueden servir para el inicio del esfuerzo de transformación global. La humanidad no podrá sobrevivir a menos que tome conciencia de que sin la participación de todos no llegaremos a ninguna parte. O cooperamos o nos extinguimos; no hay caminos alternativos. De cada uno de nosotros depende el futuro del planeta: pongámonos de acuerdo y dejemos de lado el hedonismo, el egoísmo y la maldad.

1

LOS PARADIGMAS EN OCCIDENTE

Las revoluciones científicas

En el año de 1962, Thomas Kuhn publicó: *La Estructura de las Revoluciones Científicas*[1], una obra que habría de cambiar la percepción que los científicos tenían sobre la evolución de la ciencia. Según el criterio de este autor, la ciencia no es un proceso en el que las teorías se acumulen, a lo largo de los años, en forma lineal. Las teorías científicas surgen, por el contrario, en el momento en que los conceptos tradicionales pierden credibilidad y su vigencia comienza a ser cuestionada. Se inicia así lo que el autor denomina la *etapa de crisis*, en la cual surgen, en forma aislada, teorías que se enfrentan a las tradicionales.

La consolidación de los nuevos postulados, y su aceptación por parte de la comunidad científica, conduce a una *etapa de ciencia normal*, en la que las teorías se agrupan en un sistema de ideas que recibe la denominación de *paradigma*. El cambio, o la transición, de un paradigma a otro recibe la denominación de *revolución científica*; para que ésta se haga presente es necesario que toda comunidad científica abandone el paradigma anterior y acepte el nuevo en toda su extensión. Una comunidad científica es un grupo de personas que trata resolver los problemas presentes en la realidad por medio de las teorías y metodologías científicas que se encuentran vigentes en un período en particular. Podría definirse, también, como un grupo de personas que utilizan un determinado paradigma para el estudio de los fenómenos de la naturaleza.

Según Kuhn, un paradigma:

> Vendría a ser una estructura coherente constituida por una red de conceptos a través de los cuales ven su campo los científicos, una red de creencias teóricas y metodológicas entrelazadas que permiten la selección, evaluación y crítica de temas, problemas y métodos y una red de compromisos entre los miembros de una comunidad científica, todo lo cual implica una definición específica del campo de la ciencia correspondiente, y se expresa en una tradición orgánica de investigación científica.[2]

En general, el ser humano tiene dificultad para interpretar la realidad que lo circunda; no puede percibirla en forma directa, y requiere de un sustento intelectual que le sirva de referencia para definir, organizar, analizar e interpretar los elementos que conforman el contexto dentro del cual se desenvuelve. Necesita, así pues, de un paradigma; de un sistema preestablecido de ideas que lo ayude a comprender todo aquello que percibe a través de los sentidos, y que, además, se constituya en un modo colectivo de interpretación de la realidad.

Como ya ha sido mencionado, los paradigmas se conforman alrededor de una comunidad en particular y sirven para enfrentar dificultades, resolver problemas colectivos y orientar la transformación que la sociedad pueda requerir para adaptarse a los cambios y exigencias del ambiente. En la mayoría de los casos, surgen luego de décadas, y hasta siglos, de reflexión; en ocasiones, aparecen sin que la mayoría lo note, y, gradualmente, se van apoderando de la mente colectiva hasta alcanzar un grado total de aceptación. Las ideas que los conforman provienen de diferentes fuentes y autores; con el paso de los años, éstas se cohesionan y articulan en forma natural, lógica y coherente.

En resumen, podríamos afirmar que un paradigma es un sistema de ideas que se utiliza para interpretar la realidad y resolver los problemas que afectan a la sociedad.

Evolución de los paradigmas

El mundo occidental ha estado, en líneas generales, y exagerando los términos de la simplificación, regido por tres paradigmas. El primero de ellos, y al que podríamos llamar de la *premodernidad,* si bien tiene sus raíces en la cultura griega, se desarrolla alrededor de las ideas religiosas del judaísmo y el cristianismo. La voluntad divina se revela, en el paradigma premoderno, a través de la Biblia, texto sagrado que contiene la expresión de la infinita sabiduría de Dios; sus intermediarios se encargan de interpretar y transmitir la *verdad revelada,* y de conducir el *rebaño del Señor.*

La Teología, ciencia de la interpretación de la palabra de Dios, reinó durante siglos entre las demás ciencias, sus enunciados eran irrefutables, y ninguna otra disciplina científica podía contradecir sus postulados. El paradigma de la *modernidad* reemplazó al teológico. Moderno significa, etimológicamente hablando, al modo de hoy *(modus hodiernus)*; su uso se inició en el siglo V, para distinguir entre el pasado pagano de Roma y el presente cristiano; *postmoderno* significaría, por tanto, *el modo que vendrá después de hoy.*

El origen de ese nuevo paradigma podríamos encontrarlo en la reforma protestante, en la cual se contradicen una buena parte de los dogmas del cristianismo, entre ellos el de la palabra de Dios como la única verdad posible. El hombre occidental comienza a confiar en las ideas provenientes de su propio raciocinio; se inicia así la búsqueda de una verdad diferente a la *revelada*. La religión deja de ser el eje central de la existencia del hombre y pasa a un plano personal como una opción que lo ayuda a sobrevenir las tribulaciones de su espíritu. La visión del mundo cambia radicalmente y pasa de la unicidad cósmica a una visión descentralizada, compartimentada, en la que tienen cabida los valores y principios de la ciencia, la ética y el arte: "La única lógica se divide en múltiples lógicas y racionalidades locales: minorías étnicas, culturales, estéticas, religiosas, sexuales, etcétera"[3].

El paradigma de la modernidad estuvo marcado, en los siglos XVII, XVIII y XIX, por una visión descentralizada, mecanicista, determinista y positivista de las ciencias. Las bases de esta visión la podemos encontrar en las ideas de Bacon, Descartes, Newton y Comte, entre otros.

En 1620, el filósofo inglés Francis Bacon incluyó en una de sus obras —*Novum Organum Scientiarum*— una clasificación de las ciencias que asomaba la idea de que cada área del conocimiento debería considerarse por separado. Por su parte, René Descartes dejó un valioso legado tanto en matemáticas como en filosofía. En lo que se refiere a las matemáticas, sentó las bases de la geometría analítica y generó las ideas que servirían de punto de partida a Newton y Leibniz para el desarrollo del cálculo diferencial. En filosofía, sentó las bases de la moderna teoría del conocimiento con su aporte metodológico; en el *Discurso del Método* (1637) propone: "... dividir cada una de las dificultades que examinare en tantas partes como fuese posible y en cuantas requiriese su mejor solución"[4]. Esta simple recomendación influyó notablemente en el resto de las ciencias; sembró por siglos la idea de que la realidad sólo podría ser entendida si se dividía en múltiples partes, en compartimientos estancos.

Tanto el mecanicismo como el determinismo provienen de las ideas de Isaac Newton sobre la mecánica, esto es, la parte de la física que se ocupa del estudio de las fuerzas y el movimiento. Newton utilizó esta ciencia para, por medio de fórmulas matemáticas, explicar el funcionamiento del universo; de hecho redujo su representación a tres leyes: la ley de la inercia: ningún cuerpo material cambia su estado de reposo, o movimiento uniforme en línea recta, a menos que exista una fuerza que produzca el cambio; la ley de la fuerza: la variación de la velocidad de un cuerpo cambiará de forma directamente proporcional a la fuerza que se le aplique; y, por último, la ley de acción y reacción: al aplicar una fuerza, *acción*, sobre un cuerpo se genera, de manera automática, otra fuerza, *reacción*, igual a la aplicada, pero, en sentido contrario. De acuerdo con el criterio de este sabio, las leyes de la física deberían ser las mismas para cualquier observador; bien sea que esté en reposo o moviéndose a una velocidad constante.

La física clásica comprende, básicamente, las teorías dominantes antes de la llegada, en las primeras décadas del siglo XX, de las teorías de la relatividad y de la mecánica cuántica. La teoría clásica es determinista, en el sentido de que, a partir de unos pocos principios físicos se puede comprender, y aún predecir, el comportamiento real de los objetos físicos. Estos principios están contenidos en la obra de Newton: *Philosophiae naturalis principia mathemática*. En ésta se postula, además, una ley de gravedad universal: "… cada cuerpo en el universo es atraído hacia cualquier otro por una fuerza que es más intensa cuanto más masivos sean los cuerpos y más próximos estén; es la misma fuerza que hace que los cuerpos caigan"[5]. Explicado de otra forma: los objetos que conforman el universo se atraen entre sí de acuerdo con la relación existente entre sus masas y la distancia que los separa. Esta ley explica todo el movimiento del universo; tanto del sistema solar como de los fragmentos y el polvo que giran incansablemente en la vastedad de la nada.

Los principios generales de esta colosal obra —de soberbia la califica el físico Roger Penrose— fueron tomados de los trabajos de Galileo Galilei, René Descartes y Johannes

Kepler. Estuvieron presentes, además, las ideas de pensadores más antiguos, tales como Platón, Eudoxo, Euclides, Arquímedes y Apolonio.

La *principia mathemática* contiene un sistema de ecuaciones que permite calcular la posición y velocidad de una partícula en el futuro, a partir de una posición y velocidad inicial. Como puede observarse, se hace presente, en este tipo de cálculo, no sólo un determinismo espacial; también es observable un determinismo temporal, en el sentido de que el futuro estará siempre determinado por el pasado: la posición inicial de las partículas puede estar en el pasado, pero, la final estará siempre en el futuro.

En una breve y resumida descripción del universo newtoniano, podríamos decir que éste es una gran máquina compuesta por engranajes que ponen a funcionar cada una de sus partes, y que se desplaza en un espacio plano en el que los planetas giran alrededor del Sol en órbitas elípticas. En esta máquina, la luz se mueve a una velocidad que depende del movimiento del observador, tiene, por tanto, carácter relativo —varía en la medida en que éste se mueve hacia adelante o hacia atrás—. El espacio y el tiempo son invariables, su valor se mantiene en todos los lugares del universo. El movimiento de los objetos en el espacio es relativo; el resultado de su medición depende de la ubicación del observador.

Por su parte, Tomas Comte sentó las bases del positivismo, y es considerado como uno de los fundadores de la sociología; el punto de partida de su propuesta es la denominada ley de los tres estados, según la cual la humanidad ha pasado por tres de éstos: el teológico o ficticio, el metafísico o abstracto y, finalmente, el científico o positivo.

En el estado teológico, el hombre busca en las fuerzas sobrenaturales las respuestas sobre las causas últimas, sobre el Ser y la Existencia. En las sociedades primitivas esta búsqueda estuvo orientada hacia la veneración de objetos materiales —fetiches— a los que se le atribuían propiedades mágicas; con el tiempo, de esta práctica surgían las tradiciones: mitos, ritos y costumbres que se transmitían en forma verbal a las siguientes generaciones.

En las sociedades más avanzadas, los mitos, ritos y costumbres alcanzaban un mayor nivel de sofisticación, tomaban la forma de religión. Los dioses —Dios, Alá, El Innombrable, etc.— reemplazaron a los fetiches como objetos de adoración. Para la administración y difusión de los ritos se constituía una casta sacerdotal, se establecía una estructura burocrática y se transcribían las enseñanzas en textos religiosos: la Biblia, el Corán, el Talmud, entre otros. A pesar de que en la sociedad actual han proliferado las religiones, el budismo, el cristianismo, el hinduismo, el islamismo y el judaísmo concentran, hoy en día, a la mayoría de la población mundial.

En el estado metafísico, el ser humano trata de encontrar las mismas respuestas en abstracciones provenientes del raciocinio, en especulaciones que, en la generalidad de los casos, adoptan la forma de corrientes filosóficas.

En el estado positivo, las respuestas se obtienen por medio de la ciencia: observación de los fenómenos presentes en la realidad, comprobación de los hechos por medio de la experimentación y formulación de leyes explicativas. El estado positivo es el de la ciencia; el verdadero conocimiento es el producto que resulta de ésta. Los positivistas aceptan seis ciencias en exclusivo: matemática, astronomía, física, química, biología y sociología. Años después de la formulación del positivismo como corriente filosófica, el mismo Comte aceptó la ética como ciencia.

En la corriente positivista se sostiene la idea de que la ciencia es un cúmulo de conocimientos —hechos, ideas, leyes, teorías y metodologías, etc.— que se mueve en forma lineal e inexorable y puede ser comunicada al común de los mortales en un lenguaje sencillo. No hay posibilidad de ruptura alguna; existe una continuidad absoluta, en la que unos criterios remplazan a otros en forma gradual y progresiva. No existen etapas del conocimiento; sólo evolución del pensamiento.

Todas las demás ciencias siguieron la anterior percepción, y la deducción de sus postulados tuvo el mismo punto de partida, esto es, las ideas de Bacon, Descartes, Newton y Comte.

La concepción mecanicista del universo comenzó a perder sustentación en la medida en que nuevos descubrimientos, en el campo de la física, ampliaban la limitada visión newtoniana del cosmos, y daban paso a los postulados iniciales de un nuevo paradigma: el de la *postmodernidad*. Estas nuevas ideas están orientadas hacia el cambio y la superación del paradigma anterior, o mejor dicho, de sus debilidades e inconsistencias.

Tales debilidades e inconsistencias podrán ser superadas en la medida en que se produzcan teorías que contribuyan a disipar las dudas existenciales, y a superar los problemas y agobios que enfrenta el ser humano. El nuevo paradigma estaría así conformado por la conjunción de las teorías que surjan en cada uno de los ámbitos de la ciencia para la solución de problemas específicos de cada disciplina en particular.

En este sentido, Martínez Mígueles comenta que:

> Es de esperar que el nuevo paradigma emergente sea el que nos permita superar el realismo ingenuo, salir de la asfixia reduccionista y entrar en la lógica de una coherencia integral, sistémica y ecológica; es decir, entrar en una ciencia más universal e integradora, en una ciencia verdaderamente interdisciplinaria[6].

Postmodernidad

Debemos interpretar que en su alusión al carácter interdisciplinario de las ciencias, Martínez se refiere al hecho de que éstas no son compartimientos estancos; cada una se nutre de las otras; el producto de unas sirve de insumo a las restantes. Existe una complejidad que está representada en el conjunto de las ciencias; cada teoría no es sino la representación de una minúscula parte de la realidad existente; la reunión de esas partes en una totalidad coherente nos permitiría aproximarnos a la Verdad. Esa totalidad no ha de venir, según sugiere el autor en referencia, por medio de una reducción interteórica; vendrá dada, más bien, por la conformación de un sistema de ideas Debemos, así pues, encontrar los lazos que interconectan los conceptos, las teorías, el conocimiento en general; abordando la búsqueda del conocimiento científico desde una perspectiva diferente; una perspectiva desde la cual:

> ... todo afecta e interactúa con todo, donde cada elemento no sólo se define por lo que es o representa en sí mismo, sino, y especialmente, por su red de relaciones con todos los demás[7].

El paradigma de la postmodernidad se conformará, seguramente, como consecuencia de la relación interdisciplinaria entre todas las ciencias; tendremos, así, una nueva *verdad revelada;* un conjunto de teorías, métodos y modelos que facilitarán el tránsito de la sociedad mundial hacia un mundo mejor, más justo y equitativo.

Referencias bibliográficas

[1]Kuhn T., *La Estructura de las Revoluciones Científicas,* Cambridge, Harvard University Press, 1962.

[2]Kuhn, T., citado por Martínez, M, en *El Paradigma Emergente. Hacia una nueva teoría de la racionalidad científica,* México, Editorial Trillas, 2006, pág. 211.

[3]Ibíd., pág. 36.

[4]Descartes, R., *Discurso del Método,* Caracas, Eduben, 2000, pág. 59.

[5]Penrose, R., *La Nueva Mente del Emperador,* Madrid, Ramdon House, 2006, pág. 230.

[6]Martínez, M., óp. cit., pág. 23.

[7]Ibíd., pág. 134.

2

FILOSOFÍA, CIENCIA y TÉCNICA EN LA POSTMODERNIDAD

Filosofía y Postmodernidad

En el paradigma premoderno, la religión era la base de cualquier idea que pudiese ser generada; todo aquel que emitiese una opinión contraria al dogma cristiano era perseguido y castigado. No podía existir otra verdad que la revelada por Dios. En el paradigma moderno todo cambió; la ciencia ocupó un lugar preponderante y cualquier idea nueva era bienvenida; si contravenía las existentes, a lo sumo se generaba una intensa discusión en la que se refutaban los planteamientos contenidos en cada propuesta teórica. En el paradigma de la postmodernidad, la ciencia sigue ocupando una posición preponderante. No sólo las nuevas ideas son aceptadas y discutidas, sino que, además, el conocimiento ha empezado a ocupar un lugar privilegiado en la sociedad actual, hasta el punto en que ésta ha comenzado a recibir la denominación de *sociedad del conocimiento*.

La relación entre ciencia y tecnología se percibe casi al instante, pues las invenciones se transforman en objetos de uso cotidiano, en períodos muy cortos. En la postmodernidad, los postulados de la ciencia se trasladan casi de inmediato a los seres humanos; nunca antes la humanidad disfrutó de mayores ventajas tecnológicas.

En cuanto se refiere a la relación entre filosofía y ciencia, cada nuevo descubrimiento, especialmente en el campo de la física, siembra mayor incertidumbre acerca del hombre y su destino. Mientras más sabemos del universo menos sabemos sobre nosotros mismos. Hoy en día hemos empezado a dudar acerca de nuestra propia existencia: la física postmoderna sólo puede predecir la probabilidad de varios resultados posibles; algunos de estos podrían sugerir que existimos; otros que no. Y..., si no existimos, entonces de donde viene esta sensación de vida que a diario nos embarga.

La ciencia asoma la probabilidad de nuestra inexistencia; pero, nuestro corazón da fe de lo contrario. ¿Cómo conciliar esta diferencia de percepción entre lo que percibe la mente y aquello que intuye el alma? Menuda tarea para la filosofía postmoderna.

Por medio de la filosofía, el ser humano establece una relación con lo absoluto, con lo inmaterial, con lo infinito. Esta relación tiene carácter especulativo: parte de una reflexión cuyo propósito es el de encontrar las respuestas que la ciencia no ha podido alcanzar. El punto de partida de la reflexión filosófica es lo desconocido; nuestro intelecto está siempre en la búsqueda de una verdad incontrovertible, nunca se conforma con lo que ha alcanzado; más allá de lo conocido existe una verdad que se muestra esquiva, que pareciera trascender los límites de lo que podamos alcanzar.

La filosofía se orienta hacia la solución de los problemas del más elevado nivel de abstracción: el del ser y la existencia, el del conocimiento, y el de la moral; a lo largo de su historia, las sociedades ha buscado soluciones para estas interrogantes esenciales, por medio de los paradigmas que en cada época predominaron: el de la premodernidad, el de la modernidad y, el emergente: el de la postmodernidad.

Dentro del contexto del primero, el hombre occidental se sentía cómodo; bastaba con que asumiese como verdadero el contenido de los textos bíblicos; ya la verdad había sido dicha, sólo quedaba cumplir esos preceptos para que su vida transcurriese sin ningún sobresalto. Dios se encargaría del resto; hasta de la salvación de su alma. El segundo, complicó un poco el asunto; no existía una verdad absoluta; cada quien tenía que arreglárselas por sí mismo. Se empezaría, en primera instancia, por la escogencia de una verdad en particular. Es así como surgieron diversas interpretaciones del ser y la existencia; unas eran materialistas, otras idealistas; unas realistas, otras pragmáticas; para todos los gustos había una corriente de pensamiento; y a quien no le gustase lo que se ofrecía, tenía la opción de inventar la suya.

Pero si era complicado aquello de la modernidad, que se puede decir del emergente. Primero que nada, tenemos que asumir que nada de lo anteriormente dicho es verdadero: pareciera que, de acuerdo con los actuales postulados de la ciencia, ni siquiera el universo existe, y si existe lo hace a ratos, pues depende de que alguien lo esté observando; mientras esto no ocurra, lo que existe es la nada. Pero, aún hay algo peor: la probabilidad de que aun siendo observado, el universo no exista, por cuanto el mismo observador pudiese no existir. ¿Disparatada reflexión?; en absoluto, eso es lo que nos sugieren las diferentes teorías que conforman —¿o que no conforman?— el paradigma emergente, en el campo de la física. De tanto en tanto surgen teorías que se contradicen las unas a las otras, sin que tal situación genere preocupación alguna en el mundo científico. Como no existe una teoría unificada, todo lo que no pueda comprobarse —bien sea mediante experimentos, expresiones matemáticas o especulaciones teóricas— se deja para más tarde, para cuando se descubra el eslabón teórico perdido. El paradigma emergente ha propiciado inventos que, de alguna manera, han contribuido a mejorar la vida del hombre actual; en cuanto a la salvación de su alma, eso es harina de otro costal. Comenzando con que si no existe el universo, no existe tampoco el observador; quien en cualquier caso —existiese o no— sería el más llamado a constituirse en el portador de tal adminículo. En fin, como no hay nada que salvar; para qué preocuparse.

Como si ya no fuese difícil la solución del problema del ser y la existencia, en el contexto de la postmodernidad, Internet nos ofrece mundos virtuales —con sus correspondientes vidas imaginarias— donde se exacerba el consumo hasta niveles inimaginables, hasta un punto en el que ya se ha empezado a mercadear con bienes que representan no lo que somos ni lo que deseamos, sino lo que queremos y no podemos ser. Quien compra en esos mercados no es nadie en particular, compra un *avatar*, especie de álter ego virtual, y éste adquiere una ficción que no tiene nada que ver con quien hace la transacción, y menos aún con su existencia. El alma del comprador se diluye en un mundo que no existe, en una *realidad* virtual.

Dado que el tránsito por la vida es duro y penoso, una porción de la humanidad, a través del tiempo, siempre ha encontrado la forma de evadirlo; unos escogen la meditación, otros la santidad, algunos la droga, otros tantos la mendicidad o la locura; siempre ha habido formas de evasión. La vida virtual es el escape de los débiles de espíritu ante la complejidad de la postmodernidad. Nunca fue tan fácil vivir, ni tan difícil. El ser humano se encuentra ante una disyuntiva: o se salva él o salva a su alter ego virtual; la escogencia no es sencilla. Habría que establecer lo que sería más importante para nuestra tranquilidad espiritual: o el pleno disfrute de todo lo que el mundo actual nos ofrece, o la salvación de algo que —de acuerdo con los postulados de la física postmoderna— pudiese no existir: el alma.

Dentro de los términos del paradigma emergente, la solución al problema del conocimiento está en una encrucijada; o bien detenemos nuestra búsqueda, pues ésta no tiene objeto en un universo donde nada existe, o bien acrecentamos el esfuerzo por obtener respuestas que le den sentido a nuestra propia existencia. Dentro de un contexto como el actual, esa búsqueda debe tomar caminos hasta ahora desconocidos; no basta con que unos pocos se dediquen a las especulaciones teóricas, mientras la mayoría ve transcurrir su vida sin un propósito definido. Esta es una herencia, un vicio de los anteriores paradigmas; la pobreza física y espiritual de los seres que habitan el globo terráqueo es consecuencia de una posición filosófica en la que se asume que el entendimiento es un asunto de las minorías; sólo los privilegiados han tenido acceso a una suma de conocimiento que bien pudiese contribuir a la liberación de sus cuerpos y de sus almas. A lo largo de la historia de la humanidad, pobreza corporal y pobreza espiritual se han sumado para generar una ecuación cuyo resultado es la miseria humana. Nadie puede ser feliz en un mundo como éste, pues ni las posesiones materiales ni la agudeza mental pueden reemplazar la riqueza que produce la armonía entre mente y espíritu. De tal manera que la solución al problema del conocimiento podría estar en una posición epistemológica que trascienda las barreras sociales, económicas y políticas, y que permita que todos tengamos acceso a una educación que restablezca el equilibrio entre lo material y lo espiritual.

La permanente búsqueda de una gratificación instantánea ha complicado, también, la solución del problema de la moral por parte de la filosofía. En el mundo actual, el desenfreno es la pauta que marca la existencia de las mayorías; estamos en presencia del éxtasis del hedonismo; debemos gozar antes de morir, luego será tarde: nos espera la infinitud de la nada.

A lo largo de la historia, siempre ha habido, en todas las sociedades, un orden moral colectivo que ha sido impuesto al individuo por razones de tipo histórico, cultural, religioso, o político; la aceptación de ese orden moral ha sido, en la generalidad de los casos, una imposición ineludible e inevitable: constituye un requisito indispensable para permanecer en un determinado conglomerado social. Pero, las cosas han cambiado, el individuo no se siente comprometido con otra cosa que no sean sus propios intereses: su carácter gregario está cambiando; cada día se interesa menos por los asuntos del colectivo, a menos, por supuesto, que estos se relacionen con la satisfacción de sus propias necesidades. De manera tal que, para que se establezca lo que podríamos denominar el *orden moral* de la postmodernidad, es necesario que cada ser humano cambie esa percepción egoísta del colectivo, le dé sentido a su propia existencia y actúe con apego a valores que perciba como necesarios para la convivencia.

Esa postura individual sería el punto de partida para el establecimiento de un orden moral colectivo. A partir de allí, la sociedad mundial podría asumir valores y principios que constituyan un cuerpo dinámico que evolucione en la medida en que ésta lo haga.

No tendrían cabida los paradigmas éticos del pasado ni los condicionamientos temporales e intemporales previamente establecidos; los principios que rijan el desenvolvimiento social podrían ser inmanentes al individuo y al colectivo; la moral no estaría sometida a un orden universalmente establecido sino, por el contrario, a un orden acordado por medio del consenso.

El establecimiento de un nuevo orden moral pasaría por un proceso de objetivación de la realidad en el que se expresen y contrasten las ideas de los miembros de la sociedad, se obtengan consensos y se establezcan acuerdos cuyo producto sean los valores morales y los principios éticos que han de regir el desenvolvimiento social.

Ese nuevo orden moral sería el inicio de un proceso de transformación global en el que progreso material y riqueza espiritual se constituyan en términos de una ecuación cuyo producto sea el bienestar general y la felicidad del colectivo mundial. La humanidad podrá, así pues, utilizar la sabiduría obtenida para evolucionar hacia estadios más avanzados de espiritualidad.

Ciencia y Postmodernidad

En la medida en que se hace la transición entre el macromundo y el micromundo —incluyendo los niveles atómico y subatómico— los postulados de la física clásica dejan de tener utilidad para la comprensión de los fenómenos de la naturaleza; la materia empieza a comportarse en forma diferente. Para el ser humano es evidente lo que ocurre en el macrocosmos; no sólo lo puede percibir a través de los sentidos, sino que, además, se puede apoyar en teorías y leyes que facilitan la determinación de las características de los objetos materiales (tamaño, peso, velocidad, dirección, etc.) y la predicción de su comportamiento futuro. En el microcosmos tal predicción es imposible; no sólo se requiere de sofisticados aparatos de medida para observar lo que no es evidente para los sentidos, además hace falta explicar lo inexplicable. El mundo material pareciera ponerse de cabeza en la medida en que las dimensiones disminuyen; no hay manera de determinar un comportamiento que se va tornando errático; en la medida en que se empequeñecen los objetos, los postulados en los que siempre hemos apoyado nuestra comprensión del universo dejan de tener vigencia. Empezamos, entonces, a dudar de lo que antes nos parecía evidente, a pensar que el submundo se comporta en forma irracional y que necesitamos de nuevas postulados para comprenderlo. Es de esta necesidad de donde surge la teoría de la mecánica cuántica.

Ésta estudia el movimiento de las partículas que se hacen presentes en el mundo subatómico, en el campo de lo microscópico, y permite determinar los resultados posibles de una interacción entre un sistema observado y un sistema observador; su denominación proviene del vocablo *cuanto*, el cual puede ser definido como una específica cantidad de algo, un trozo de algo —un trozo de naturaleza, por así decirlo—. Ahora bien, ese tipo de trozo está cargado de energía, es energía en movimiento.

Los cuantos emiten y absorben energía en la forma de chorros repentinos y cortos, algo así como paquetes de energía, son, por tanto, cuantos de energía.

El campo de acción de la teoría cuántica es el de los sucesos, en el nivel subatómico. Un suceso es lo que percibimos en una observación, es el efecto de lo que ocurrió; no nos dice nada sobre la causa de lo ocurrido ni sobre su origen; ni siquiera nos dice si lo que observamos existe o no. Por medio de aparatos de medida, los científicos establecen predicciones estadísticas sobre la base de observaciones —mediciones—; sin embargo, no hay manera de conocer lo que ocurre entre éstas; sólo es posible predecir la probabilidad de que un efecto se haga presente en un experimento en particular.

Todo lo que es posible percibir del microuniverso se hace dentro de un contexto ficticio, imaginario, que divide el mundo físico en dos partes: el sistema observado y el sistema observador. El primero no puede ser percibido hasta que el segundo entra en contacto con aquel, por medio de aparatos de medida. El objeto de la medición no es la predicción de lo que pueda suceder, sino la predicción de la probabilidad de varios resultados posibles. Para contribuir con tal predicción, los físicos utilizan dos funciones matemáticas: la de onda y la de probabilidad; la primera de éstas representa todas las posibilidades, en un tiempo determinado, de lo que pueda ocurrirle a un sistema observado, en interacción con un sistema observador; la segunda, nos permite conocer las probabilidades de ocurrencia, en un determinado tiempo, de cada una de las probabilidades representadas en la primera.

La función de onda, dicho en términos prácticos, es representativa del sistema observado, en un experimento mecánico cuántico; es una descripción completa de la realidad experimental. Por el contrario, la función de probabilidad es una descripción parcial de esa realidad. Es conveniente señalar que la teoría de la mecánica cuántica no refleja lo que verdaderamente ocurre en la realidad; tampoco es teóricamente consistente; utiliza modelos matemáticos y conceptuales que facilitan una percepción aproximada de lo que ocurre en el mundo subatómico.

Entre las percepciones más importantes están las siguientes: 1) Los cuantos presentan características tanto ondulatorias como corpusculares: en ocasiones se presentan ante el sistema observador como una onda y en otras como una partícula; 2) Los cuantos podrían ser manifestaciones de campos interactuantes que se extienden sobre una zona más amplia que la propia y llenan el espacio que los circunda; tal es el caso del campo gravitatorio de la tierra; 3) La energía contenida en un cuanto crece con su frecuencia; a mayor frecuencia, mayor energía y viceversa.

En relación con la primera percepción, no hay manera de predecir el comportamiento de un cuanto; sólo es posible establecer la probabilidad que tiene de asumir una característica determinada. Ni siquiera es posible determinar simultáneamente su posición y su momento (velocidad y dirección); el sistema observador selecciona cuál de estos desea medir con precisión. La mayor contradicción en esto que ha sido llamado *dualidad onda-partícula*, es que hasta conceptualmente ambos términos son contradictorios: una partícula es una cosa que está contenida en algún lugar; una onda es algo que se expande.

En relación con la segunda percepción, entre los físicos cuánticos hay quienes han llegado a pensar que lo único real en el universo son los campos. En ese sentido, Gary Zukav afirma que:

La realidad física es esencialmente no substancial.
De acuerdo con ella lo único real son los campos.
Ellos y no la "materia" son la sustancia del

universo. La materia (partículas) es simplemente una manifestación momentánea de la interacción de los campos, intangibles e insustanciales, y que pese a ello son la única cosa real en el universo.[1]

Esta afirmación es otra de las contradicciones irreconciliables de la física cuántica: "Un cuanto es un todo indivisible, una pequeña parte de algo, mientras que un campo es un área completa de algo"[2]. A pesar de tales contradicciones, la teoría de la mecánica cuántica es lo único que tienen los físicos para explicar lo inexplicable: hay que conformarse con lo que se tiene, hasta que nuevos descubrimientos disipen el vacío y la inconsistencia que todavía persisten.

En lo que se refiere a la tercera percepción, tenemos que la cantidad de energía emitida, o absorbida, varía según el color. Los colores de alta frecuencia, como el azul y el violeta, emiten mayor cantidad de energía; los de baja, como el rojo, emiten menor cantidad. El negro no refleja ni emite ninguna, a menos que se le excite —término usado en física para el calentamiento—. La frecuencia es uno de los cuatro elementos de una onda, a saber: longitud, amplitud, frecuencia y velocidad. La longitud es la distancia entre la cresta de una onda y la siguiente. La amplitud es la altura de la cresta de la onda sobre la línea longitudinal de su desplazamiento. La frecuencia, por su parte, es la cantidad de crestas que pasan por un punto determinado en un segundo. La velocidad es la multiplicación de la longitud de la onda por la frecuencia.

La energía contenida en un cuanto está en permanente transformación. En este sentido, Gary Zukav nos explica que: "El mundo subatómico es una danza continuada de creación y aniquilación, de masa que se transforma en energía y de energía que se transforma en masa"[3].

Pero, no solamente en el microcosmos se presentaban incongruencias; en la medida en que se desarrollaban teorías que trataban de explicar el comportamiento de las partículas subatómicas, surgían, también, dudas sobre el comportamiento de la materia en los confines del universo; era imposible, a la luz de los postulados de la física clásica, la explicación de ciertos fenómenos que se hacían presentes más allá de la órbita terrestre.

El universo que comenzaron a percibir los científicos, por medio de la observación astronómica, puede ser descrito en los siguientes términos: infinita extensión en permanente expansión —surgido a través de una gran explosión, un *big bang*— donde actúan simultáneamente fuerzas opuestas de atracción y repulsión que mantienen separadas las estrellas de las galaxias a una distancia constante e incrementan el espacio intergaláctico en función de la expansión. El tiempo no tiene carácter absoluto, por el contrario, es relativo: varía de acuerdo con el marco de referencia del observador. Espacio y tiempo conforman un continuo tetradimensional inseparable en el que la velocidad de la luz es constante: 300.000 kilómetros por segundo.

Los objetos masivos modifican la geometría del espacio-tiempo, produciendo en éste una curvatura que afecta el desplazamiento de los cuerpos celestes de menor densidad, obligándolos a seguir el camino que traza tal geometría. La energía y la masa son diferentes conceptos de una misma cosa: la masa es una forma de energía; la energía tiene masa. En un ciclo infinito, la energía se convierte en masa y está, a su vez, se transforma en energía; en una continua transformación que no incrementa la cantidad total de energía, pues ésta es constante, fue y será siempre la misma. En zonas limitadas, los conceptos de gravedad y aceleración son equivalentes, y, como consecuencia, los conceptos de masa inercial y masa gravitacional son, también, equivalentes. El incremento de la velocidad de los objetos que viajan por el espacio incrementa su masa, disminuye su tamaño, y retrasa su tiempo; a velocidades superiores a la de la luz su masa se hace infinita, los objetos desaparecen y el tiempo se detiene. Los elementos esenciales de la materia tienen cargas de sentido contrario: las partículas la tienen positiva y las antipartículas negativa: al encontrarse se eliminan las unas a las otras.

Cada elemento de la descripción anterior contradice, uno a uno, los postulados de la física clásica; casi ninguno queda en pie. Hasta podría haber más de un universo; el descubrimiento de la existencia de partículas con cargas opuestas abrió la posibilidad de la existencia de múltiples mundos y de múltiples copias de cada uno de los seres humanos que habitan en el planeta tierra. En ese sentido, Gary Zukav explica que: "vivimos simultáneamente en varios mundos, un número incontable de ellos y todos ellos son reales"[4].

Según lo explica, también, el mismo Gary Zukav:

> El universo está formado de ambas, de las partículas y de las antipartículas (...). Los físicos especulan con la idea de que en otras partes del universo las antipartículas se combinan en antiátomos, éstos en antimoléculas que forman la antimateria, que es la que determinaría a los antiseres. No hay antiseres (o antihombres) en nuestra parte del universo, porque si los hubiese haría ya mucho tiempo que habrían desaparecido en un relámpago de luz.[5]

Si esta aseveración fuese verdadera, cabría la posibilidad de que en cada una de los mundos que menciona Zukav existiese una representación de cada uno de nosotros; nuestros otros yo. Lamentablemente, al reunirse se destruirían mutuamente debido a que tienen cargas opuestas.

Las ideas relacionadas con los fenómenos que se percibían en la infinitud del universo no eran simples especulaciones; más bien podría decirse que eran especulaciones científicas. Éstas fueron reunidas en dos modelos conceptuales que cambiaron la percepción del universo: la teoría especial de la relatividad y la teoría general de la relatividad. No surgieron de la noche a la mañana; fueron el producto de un lento proceso que combinó las ideas surgidas de la investigación de ambos mundos a la vez: el macro y el micromundo.

Muchos fueron los científicos que aportaran ideas fundamentales: granito a granito se fue conformando un sistema conceptual que hoy en día facilita la comprensión de lo que en realidad ocurre en el universo.

En los siguientes párrafos de este capítulo trataremos de describir los aspectos más importantes de esta incansable búsqueda de la verdad.

En el siglo XIX, Faraday y Maxwell descubrieron la relación existente entre los campos eléctricos y magnéticos; las ecuaciones de Maxwell daban la idea de que existía una relación entre ambos: éstos se empujaban a través del espacio vacío. Un campo magnético oscilante daría lugar a un campo eléctrico oscilante —este conocimiento estaba implícito en los experimentos de Faraday—, y este campo eléctrico oscilante daría lugar, a su vez, a un campo magnético oscilante, el cual daría lugar a un nuevo campo eléctrico, y así sucesivamente.

Maxwell, descubrió, también, que las ondas electromagnéticas se propagan, a través del espacio, a la velocidad de la luz; además, percibió que los campos, cuando se propagan como ondas electromagnéticas, transportan cantidades definidas de energía, y que ésta puede ser transportada por medio de ondas electromagnéticas, esto es, por un medio incorpóreo; hasta las ondas de radio pueden, en efecto, transportar energía.

Entre 1898 y 1905, Einstein y Poincaré explicaron el comportamiento de los cuerpos cuando se mueven a velocidades próximas a la luz. La trascendencia de este principio, para los efectos de la nueva vertiente de la física, no llegó a conocerse hasta que Hermann Mikowsky expuso, en 1.908, su idea de que el espacio y el tiempo tenían que ser considerados en conjunto como una sola entidad: un espacio-tiempo tetradimensional.

En 1900, Max Plank descubrió que la energía era absorbida y emitida en paquetes, mientras estudiaba la radiación de los cuerpos negros —objetos que no reflejan ni emiten, en forma espontánea, ningún color, salvo cuando son calentados—. Poco después, Albert Einstein demostró que la luz está formada por fotones: partículas cuya energía depende de su frecuencia. Sin embargo, había un problema, una inconsistencia: ciento dos años antes, Thomas Young había demostrado lo contrario, que la luz estaba formada por ondas.

Los descubrimientos de Plank y Einstein demostraron lo que hoy sigue siendo uno de los pilares de la mecánica cuántica: la luz de alta frecuencia tiene longitud de onda pequeña y alta energía; la de baja frecuencia tiene longitud de onda grande y baja energía, por tanto, a mayor frecuencia, mayor energía; a menor frecuencia, menor energía.

En 1923, el físico Arthur Compton demostró que las radiaciones electromagnéticas tenían características corpusculares. Este descubrimiento lo hizo al medir la frecuencia de las partículas radioeléctricas; pero, es allí donde se presentaba otra contradicción: la frecuencia es una característica de las ondas, no de las partículas. La explicación a esta contradicción la encontró, más adelante, Louis de Broglie: la luz tiene características duales, puede comportarse de ambas formas; esta dualidad onda-partícula no es evidente en el macromundo debido a que en éste la longitud de onda de las partículas es muy pequeña para que su efecto pueda ser apreciado; como consecuencia, sólo es posible apreciar su otra naturaleza: la corpuscular. Los descubrimientos de Broglie permitieron relacionar las propuestas de Plank y Einstein e interconectar la naturaleza cuántica de la energía con la dualidad onda-partícula.

Luego, el físico austríaco Erwin Schrödinger obtuvo una ecuación de onda que describía la conducta ondulatoria del electrón en el espacio y en el tiempo, y establecía la relación entre onda y partícula. Además, descubrió que las ondas estacionarias en el átomo son tridimensionales y diferentes entre sí. Casi inmediatamente, otro físico austríaco, Wolfgang Pauli, demostró que en un átomo no podía haber dos ondas estacionarias con la misma forma. A continuación, Max Born planteó la imposibilidad de visualizar este tipo de ondas, debido a que no eran cosas reales, eran ondas de probabilidad, la probabilidad de que se halle un electrón en un determinado lugar del espacio y el tiempo. Estas ideas permitieron establecer el carácter aleatorio de los fenómenos físicos, en el nivel subatómico, y su relación con las leyes de la probabilidad.

En 1.925, Werner Heisemberg desarrolló un método al cual llamó mecánica matricial, éste resultaba equivalente a la mecánica ondulatoria propuesta por Schrödinger. Más adelante, el mismo Heisemberg descubrió que:

> … no existía, a nivel subatómico nada que pudiera ser llamado *ciencias exactas* (…) hay límites por debajo de los cuales no podemos medir con exactitud, al mismo tiempo, los procesos de la naturaleza (…), no podemos medir con exactitud, al mismo tiempo la posición y el momento de una partícula en movimiento. Mientras más precisamente determinemos una de esas propiedades, menos conoceremos la otra"[6].

A este planteamiento se le denominó *principio de incertidumbre,* y es aplicable a todos los objetos físicos, incluyendo electrones y átomos; sin embargo, en el macrocosmos su efecto es imperceptible e insignificante. Este concepto es el núcleo de la física cuántica; su invalidez haría desmoronar todo el edificio teórico hasta ahora levantado: no quedaría piedra sobre piedra.

Más adelante, Niels Bohr hizo un valioso aporte que se relacionaba con el momento angular de los electrones en órbita, en torno al núcleo del átomo. Este aporte permitió mejorar la comprensión del comportamiento dual de la materia, en el nivel cuántico.

Posteriormente, Sadi Carnot estableció los postulados de la segunda ley de la termodinámica: mientras la energía total envuelta en un proceso permanece constante —como lo establece la primera ley de la termodinámica—, la cantidad de la energía útil, en cambio, se reduce y se dispersa, convirtiéndose en calor, fricción, etc. Esta segunda ley introduce en la física la idea del proceso irreversible, de una flecha del tiempo, esto es, una dirección en el fluir del tiempo. El flujo del tiempo está relacionado con el desorden; la entropía es el grado de desorden de un sistema. En el universo, la entropía crece en forma constante, y, como una de sus consecuencias, el tiempo fluye en la dirección en que ésta aumenta.

En 1925, Albert Einstein expuso su teoría especial de la relatividad, la cual descansa sobre la base de dos postulados. El primero de ellos establece el principio de la constancia de la velocidad de la luz:

La velocidad de la luz en el vacío es la misma en todos los marcos de referencia, para todos los observadores que se mueven uniformemente en relación unos con otros[7].

El segundo es el principio de la relatividad:

> Todas las leyes de la naturaleza son las mismas en todos los marcos de referencia que se mueven uniformemente unos en relación con los otros[8].

Para la teoría especial de la relatividad no existe el reposo absoluto; ni tampoco conceptos tales como espacio y tiempo absoluto. El que un objeto pueda ser considerado en reposo o en movimiento depende sólo de la ubicación del observador, del marco de referencia utilizado por éste. Tampoco hay un tiempo único que transcurra igual para todos los observadores. Cada observador medirá el tiempo de acuerdo con su marco de referencia. Tanto el espacio como el tiempo cambian cuando el observador se mueve, pero los cambios son imperceptibles a velocidades ordinarias; sólo son perceptibles a velocidades próximas a la velocidad de la luz.

La teoría especial de la relatividad vino a complementar la comprensión sobre el mundo subatómico. Por medio de ésta, Einstein revela la naturaleza intrínsecamente dinámica del universo: su actividad es la esencia misma de una existencia que se expresa por medio de una estructura tetradimensional: el espacio-tiempo. En éste se hace presente una unidad en la que las partes se vinculan entre sí en forma recíproca: sus correlaciones e interacciones se manifiestan en forma simultánea. Todos los acontecimientos se relacionan entre sí en una compleja interacción. El ayer, el hoy y el mañana se manifiestan al unísono; ocurren en el mismo instante; no hay un antes o un después: "Nada puede ocurrir en determinado lugar sin ocurrir en determinado tiempo, y nada puede ocurrir en el tiempo, sin que suceda en un lugar"[9]. El espacio y tiempo están íntimamente relacionados, cuando se modifica uno, el otro cambia.

La combinación del movimiento en el tiempo y del movimiento en el espacio es igual a la velocidad de la luz; si relacionamos todos estos elementos tendremos, así pues, una tetradimensión: el espacio-tiempo.

Si un observador está en reposo, se mueve a través del tiempo; si se mueve con respecto a otro observador, está convirtiendo una parte de su movimiento a través del tiempo en movimiento por el espacio; a medida que se incrementa su velocidad, convierte más movimiento en el tiempo en movimiento en el espacio.

Si pudiese convertir todo su movimiento a través del tiempo en movimiento por el espacio, su velocidad sería la de la luz y el tiempo se habría detenido. Pero, nada puede moverse a la velocidad de la luz, sólo la luz misma. Para la luz no existe el movimiento en el tiempo; todo su movimiento ocurre en el espacio.

En un ámbito como el espacio-tiempo, cada punto representa un suceso, es decir, un punto en el espacio, un simple momento; un punto que tiene una existencia instantánea en la que se refleja toda su historia: pasado, presente y futuro. Más que por un punto, la representación de la persistencia en el tiempo de cada partícula se hace por medio de una línea: la *línea del universo*, descriptora de la historia de su existencia.

Otra de las ideas contenidas en la teoría en referencia, es la relación entre masa y energía. La fórmula que expresa esta relación es $E=mc^2$; o, lo que es lo mismo:

La energía contenida en un trozo de materia es igual a su masa multiplicada por un número extraordinariamente grande, el cuadrado de la velocidad de la luz. Esto quiere decir que incluso la más pequeña de las partículas posee una tremenda cantidad de energía concentrada en ella; una

mínima cantidad de masa puede convertirse en
una inmensa cantidad de energía[10].

De esta ecuación es posible inferir que masa y energía son diferentes formas de una misma cosa.

Ahora bien, el principio de equivalencia de Einstein establece que: "En zonas limitadas, la gravedad es equivalente a la aceleración"[11], y que existen dos tipos de masa; la primera es la gravitacional: medida de la fuerza de gravedad que la tierra ejerce sobre un objeto; la segunda es la inercial: medida de la resistencia de un objeto a la aceleración. La inercial es igual a la gravitacional; esto explica porque, en el vacío, una pluma y una bala de cañón caen con la misma velocidad. Si bien una bala de cañón, cuya masa de gravitación es cientos de veces superior a la pluma, pesa más, al mismo tiempo tiene cientos de veces más resistencia al movimiento (masa inercial) que la pluma. De la relación de igualdad entre masas surge la equivalencia entre aceleración y gravedad, en las zonas del universo referidas en la cita anterior.

De acuerdo con la teoría especial de la relatividad:

La masa inercial de un objeto que se mueve con
respecto a nosotros aumenta con la velocidad y se
vuelve infinita a la velocidad de la luz[12].

Dado que una masa infinita requeriría una fuerza infinita para acelerar, y, por tanto, una cantidad infinita de energía, se puede concluir que ningún objeto se puede mover a la velocidad de la luz.

La teoría especial de la relatividad es válida dentro del contexto del movimiento uniforme; si se prescinde de la aceleración, esta teoría es aplicable. Pero, si tomamos en cuenta la aceleración, entraremos de lleno en el campo de la teoría general de la relatividad. Esta teoría se ocupa de la vastedad del universo.

A partir de las ecuaciones de la relatividad general se pueden establecer hipótesis sobre la evolución del universo en el tiempo. Hasta podrían hacerse hipótesis sobre la destrucción del universo. Tendríamos, así, hipótesis para todo, tanto para el origen como para la destrucción de lo que existe.

La teoría general de la relatividad es una nueva teoría de la gravedad que reemplaza a la teoría de gravitación universal de Isaac Newton. Es, por así decirlo una extensión de la teoría especial de la relatividad que incluye toda clase de movimiento, tanto el uniforme como el acelerado.

Lejos del Sol y los planetas exteriores, la atracción gravitacional es tan débil que se vuelve insignificante. Y como, según el principio de equivalencia de Einstein:

> La gravedad es equivalente al movimiento acelerado, es imposible distinguir los efectos de una aceleración constante de los efectos de la gravedad (…) la gravedad es relativa, existe sólo cuando hay aceleración[13].

La teoría general de la relatividad se puede resumir en una ecuación denominada *ecuación del campo de Einstein*, de acuerdo con la cual, el Sol modifica el espacio-tiempo que se encuentra en su alrededor, curvándolo de tal manera que cambia el movimiento de cualquier objeto que viaje por ese ámbito. En verdad, cualquier objeto produce ese tipo de curvatura, pero es imposible medir el efecto que causa un objeto de pequeñas dimensiones; la medición sólo es posible cuando los objetos son muy grandes. Para citar sólo un ejemplo, la curvatura del espacio-tiempo en las proximidades del Sol es de dos partes por millón. La curvatura del espacio-tiempo deforma la órbita de los planetas e impide que sigan siempre la misma trayectoria. Con la ecuación de campo se puede medir tanto la evolución del universo como el movimiento de las galaxias y la interacción que se produce entre ellas. El movimiento de la Tierra y los demás objetos masivos del sistema solar (planetas, cometas, satélites, entre otros) se lleva a efecto en un espacio-tiempo distorsionado, en el que el Sol no los atrae; es la depresión que crea el astro-rey, en el espacio-tiempo, lo que hace que estos giren a su alrededor. El Sol modifica la geometría del espacio-tiempo, y los objetos no se atraen entre sí; simplemente siguen el camino que traza tal geometría. En conclusión, podemos afirmar que lo que percibimos como gravedad no es otra cosa que la manifestación de la curvatura del espacio-tiempo.

Uno de los fenómenos que estudia la relatividad general es el del origen del universo. A partir de las ideas de Einstein, tanto Alexander Friedmann como Roger Penrose desarrollaron hipótesis que trataron de demostrar que el universo había comenzado a partir de una singularidad, esto es de un *Big Bang*; una explosión que dio inicio al universo que hoy conocemos. El universo contenido en estas proposiciones teóricas no era estático, como inicialmente especuló Einstein, por el contrario, estaba en permanente expansión.

Otra teoría plantea que en el espacio existen regiones que no se pueden observar debido a la intensidad de su fuerza de gravedad: los agujeros negros. Estos son, en esencia, estrellas —próximas al colapso, a la destrucción— cuya masa es tan densa que atrae y se *traga* todo lo que se coloca en su área de influencia; ni la luz se salva de tal destino.

Según la relatividad general, debe haber una singularidad de densidad infinita dentro del agujero negro, muy parecida al *Big Bang* en el comienzo del tiempo, salvo que ahora habría un final del tiempo para el cuerpo que colapsa; en esta singularidad las leyes de la ciencia dejarían de ser válidas.

Las singularidades yacen siempre, o bien enteramente en el futuro, como las singularidades del colapso gravitatorio, o enteramente en el pasado, como en el *Big Bang*. Si esta hipótesis resultase verdadera, al menos en teoría se podría viajar en el tiempo. Existe hasta un puente para alcanzar tal fin; en el año de 1.935, Einstein y Nathan Rose descubrieron que el espacio-tiempo forma un túnel en el universo —un hueco de gusano— que comunica a dos de sus regiones y permite, al menos en teoría, viajar en el tiempo: del presente al futuro, y viceversa.

Para complicar aún más nuestra confusión, en los últimos años han surgido nuevos conceptos: la materia y la energía oscura; ambas podrían provenir de un único fluido oscuro que se extiende por todo el universo; es una sustancia invisible y desconocida cuya percepción sólo es posible por medio de la observación de los efectos gravitacionales que produce; tales efectos mantendrían unidas las galaxias en su movimiento a través del universo.

Este tipo de materia no interactúa ni con la luz ni con la materia común. Por su parte, la energía oscura es el componente principal del universo; es la gravedad repulsiva que causa la aceleración de la expansión del universo y ejerce una influencia que contrarresta la fuerza de la gravedad; "es la energía del vacío, la energía de la nada"[14]. Mientras la materia oscura permite que las estrellas se mantengan dentro de las galaxias a las mismas distancias mutuas —cohesión de los componentes galácticos— por medio de una fuerza gravitacional, la energía oscura impulsa la expansión del universo; sus efectos son opuestos: atracción y repulsión:

> A medida que el universo se expande y las galaxias se alejan unas de otras, la porción atractiva de la gravedad disminuye. Sin embargo, la porción repulsiva de la gravedad es la misma en todo el universo y permanece constante incluso

con la expansión[15].

En el universo, la energía común sólo suma el cinco por ciento del total, el resto está compuesto de energía oscura, en aproximadamente un setenta por ciento, y materia oscura en un veinte y cinco por ciento.

En la actualidad, se están conduciendo varias investigaciones para determinar la relación entre energía oscura y gravedad, o lo que es lo mismo, entre expansión y contracción del universo. A continuación describiremos las tres más destacadas.

La primera es llevada a efecto por Joshua Frieman de la Universidad de Chicago y pretende fotografiar el espacio exterior con una cámara de cinco toneladas instalada en Chile, en el desierto de Atacama, específicamente en el Observatorio Interamericano de Cerro Tololo. La denominada Cámara de la Energía Oscura aprovechará sus 570 megapíxeles para captar 10.000 *clusters* de galaxias —agrupamientos de galaxias— en los próximos 5 años. También tomará imágenes que permitirán establecer la distancia entre 300 galaxias individuales. Estas fotografías facilitarán el cálculo de la rata de expansión y contracción de tales agrupamientos y la fortaleza comparativa de ambas fuerzas.

La segunda es realizada por Hitoshi Muruyama del Instituto Kavli para las Físicas y las Matemáticas del Universo, con sede en Tokio Japón. En esta investigación se recogerá la información por medio del: "Medidor de Imágenes de Desplazamientos hacia el Rojo"[16]. El desplazamiento hacia el rojo es un efecto similar al efecto Dopler; este último tiene su origen en el hecho de que las ondas sonoras se comprimen en longitudes de ondas menores a medida que se acerca la fuente y se estiran cuando la misma se aleja. El mejor ejemplo es el de una ambulancia que se acerca a nosotros; al aproximarse percibiremos la sirena en su tono más agudo; al alejarse percibiremos el más grave. Para definirlo recurramos a una cita:

> Los objetos en el cosmos como galaxias o estrellas en explosión emiten luz en forma de ondas electromagnéticas. A medida que dichas ondas viajan hacia la Tierra a lo largo de millones de años, el universo continúa su expansión, estirando las ondas en el proceso. El color rojo tiene la longitud de onda más larga de la luz visible, de manera que las ondas de luz se estiran hacia el extremo rojo del espectro. Esto se conoce como desplazamiento al rojo.[17]

¿Cómo se mide el desplazamiento hacia el rojo? Para hacerlo precisamos de dos datos; el primero es el espectro conocido de la luz emitida por el objeto y el segundo el esperado. La luz de un objeto que se aleja es más roja; mientras más se aleja, más roja será. La del que se acerca tiene una intensidad menor del rojo. La diferencia entre el espectro conocido y el esperado nos dará la distancia al objeto que es sometido a medición y el tamaño del universo cuando esta luz se emitió. La comparación entre el espectro conocido y el esperado nos proporcionará, además, la rata de la expansión o contracción del universo.

El tercer experimento es conducido por Lyman Page, de la Universidad de Princeton, EE.UU., este consiste en la observación de la radiación del fondo cósmico, la cual es la huella creada millones de años después del Big Bang; una especie de rastro de la radiación residual del universo. Hay quienes la entienden como un eco: "Se dice que es el eco que proviene del inicio del universo, o sea, el eco que quedó de la gran explosión que dio origen al universo"[18]. Midiendo en ese fondo las variaciones de temperatura, o anisotropías, es posible calcular tanto la edad del universo como su rata de contracción o expansión; en verdad es posible, en teoría, obtener cualquier información sobre éste.

Ahora bien, los postulados de la física newtoniana eran de fácil comprensión, aún para los neófitos; bastaba traducir las fórmulas matemáticas en lenguaje común; conceptos tales como acción y reacción, fuerza de gravedad e inercia podían entenderse sin que mediara un gran esfuerzo intelectual. Pero, con el advenimiento de las nuevas teorías la cuestión se complica, pues la mayoría de éstas no sólo se contradicen entre sí, sino que, además, sus mismos autores confiesan que sus postulados no pasan de ser simples especulaciones matemáticas, sin ninguna base experimental. Es así que para continuar debemos formularnos una pregunta: ¿Es qué existe algún punto de coincidencia entre la teoría clásica y la cuántica? Dejemos que sea Stephen Hawking quien nos dé la respuesta:

Para predecir cómo debería haber comenzado el universo se necesitan leyes que sean válidas en el comienzo del tiempo. Si la teoría clásica de la relatividad era correcta, el teorema de singularidad probaba que el comienzo del tiempo habría sido un punto de densidad y curvatura infinitas. Todas las leyes de las ciencias conocidas dejarían de ser válidas en ese punto. Cabría suponer que había nuevas leyes que eran válidas en las singularidades, pero sería muy difícil formular siquiera leyes en puntos con un comportamiento tan anómalo, y nada procedente de las observaciones podría guiarnos hacia dichas leyes. Sin embargo, lo que realmente indican los teoremas de singularidad es que el campo gravitatorio se hace tan intenso que los efectos gravitatorios cuánticos cobran importancia: la teoría clásica ya no es buena descriptora del universo. Por eso hay que utilizar una teoría cuántica de la gravedad para discutir las etapas tempranas del universo. Es posible en la teoría cuántica que las leyes ordinarias de la ciencia sean válidas en todo lugar, incluso en el comienzo del tiempo. No es necesario postular nuevas leyes para las singularidades, porque no hay necesidad de singularidades en la mecánica cuántica. Aún no tenemos una teoría completa y consistente que combine mecánica cuántica y gravedad.[19]

De esta cita podemos inferir varias cosas. En primer lugar tenemos que no existe una teoría unificada; no hay, tampoco, puntos de coincidencia entre la teoría clásica y la cuántica. Los postulados de la primera de ellas, aún parecen válidos en una pequeña parte del nivel macro del universo; el comportamiento de la materia puede todavía ser explicado siempre que no nos adentremos en el microuniverso, ni salgamos de la órbita terrestre.

Una segunda inferencia sería que falta aún mucho por descubrir para que logremos entender el origen y evolución del universo; muchas hipótesis deberán ser propuestas; muchas teorías formuladas. Ya sabemos que la teoría clásica no explica todo lo que debemos conocer del universo; sin embargo, lo que ya ha sido planteado por la teoría cuántica no satisface nuestras expectativas ni responde nuestras interrogantes; falta mucho camino por andar.

Y, la última inferencia, es que existe la necesidad de formular una nueva teoría, una teoría del todo que permita franquear la barrera que existe entre la física clásica y la cuántica, y que nos facilite la comprensión sobre lo que aún desconocemos del origen y evolución del universo.

Si bien la más *popular* de las teorías que tratan de explicar el origen del universo es la del *Big Bang*, muchos físicos dudan de su veracidad, debido a la presencia de muchas inconsistencias.

Es así como han surgido nuevos modelos conceptuales que describen posibilidades diversas: universos paralelos, contracciones y expansiones, o, ciclos infinitos. A pesar del esfuerzo de los científicos, ninguna de estas propuestas ha sido universalmente aceptada, ya que en todas persisten debilidades que hasta ahora no han podido superarse.

El modelo estándar

Hasta mediados del pasado siglo, la teoría en vigencia describía al micromundo en función de tres partículas elementales: el electrón, el protón y el neutrón. Entre los años 1971 y 1973, los científicos crearon el *modelo estándar* para describir al universo como una estructura que está formada por dos tipos de partículas: los fermiones y los bosones.

Los fermiones, de acuerdo con el al criterio de Don Lincoln, se subdividen en: "Quarks y leptones"[20]; ambas partículas vienen repartidas en tres generaciones. Los quarks, en Generación I (up, y down); Generación II (charn y strange); y Generación III (top y botton). Los leptones, por su parte, se presentan en: Generación I (electrón neutrino y electrón); Generación II (muón neutrino y muón); y Generación III (tau neutrino y tau). La diferencia entre una y otra generación está tanto en su masa como en su carga eléctrica. A medida que se pasa de una a la otra, la masa de las partículas –y por lo tanto el peso– se va incrementando.

Se presenta el caso de partículas que tienen la misma carga eléctrica pero se diferencian por su masa; como es el caso del strange quark que posee la misma carga que el down quark aunque su masa es mayor; algunas de estas partículas son ligeras de peso y de carga eléctrica neutra, como es el caso de los neutrinos. Los bosones, refiere el mismo Lincoln, incluyen casi todas las fuerza conocidas: fotón (electromagnética), gluón (fuerza nuclear fuerte), y Z y W (fuerza nuclear débil); aún no se ha podido demostrar la interacción de la fuerza de gravedad con las partículas que se describen en el modelo estándar. Este modelo tiene, también, otras inconsistencias: no describe, para citar únicamente dos ejemplos, ni cómo se hace la transición de las partículas de una generación a otra, ni como éstas adquieren masa.

Para la solución de cada una de esas inconsistencias los científicos cuánticos han presentado diferentes propuestas. Una de éstas es la del físico escoses Peter Higgs, quien llegó a la conclusión de que las partículas que surgieron inmediatamente después del Big Bang carecían de masa y se desplazaban a una velocidad cercana a la de la luz. Al descender la temperatura, por debajo de un trillón de grados, algunas comenzaron a incrementar su masa y, como consecuencia, a disminuir su velocidad de desplazamiento. Este cambio se debió a su contacto con un tipo de bosón muy pesado y de origen desconocido. Para describir su descubrimiento, Higgs inventó un artificio matemático que explica la adquisición de masa por parte de las partículas: *el campo de Higgs*; en este espacio ficticio aquellas se pueden desplazar independientemente de que posean masa o no. Las carentes de masa no encuentran resistencia y se desplazan, en forma rectilínea, a gran velocidad; las muy pesadas se desplazan con lentitud, atravesando el campo en forma zigzagueante. Si este campo existiese, contendría una partícula muy pesada: el bosón de Higgs. Tan pesada, que su percepción únicamente sería posible por medio de un acelerador que cree millones de colisiones, a elevadas temperaturas. Aun así, la probabilidad de encontrarla es extremadamente baja.

La probabilidad de encontrar el bosón de Higgs se incrementa en forma proporcional a la cantidad de observaciones; es por esta razón por la que se crearon los colisionadores. Al observar el choque entre las partículas provenientes del espacio exterior y los átomos ubicados en las capas superiores de la atmosfera terrestre, los científicos descubrieron que de éstos se desprendían otras partículas secundarias.

Debido a su condición de hecho fáctico, los choques no podían estudiarse en condiciones de laboratorio, para establecer con precisión sus causas y efectos. Con el propósito de solucionar este inconveniente, en 1930 se creó el primer colisionador; este artilugio tecnológico permite la aceleración de las partículas: empuje de haces de protones, o electrones, con la ayuda de fuerzas eléctricas y magnéticas a velocidades cercanas a la luz. Esos haces chocan entre sí y producen explosiones que crean innumerables partículas secundarias (muones, neutrinos y taurones, entre otras) que son captadas por medio de aparatos de medida. El colisionador de mayor extensión (27 kilómetros) está ubicado en la frontera entre Francia y Suiza: El Gran Colisionador de Hadrones: Allí fue, precisamente, donde, en el transcurso del año 2012, se encontró la primera evidencia de la existencia del bosón de Higgs.

El 8 de octubre de 2013, el Comité Nobel del Parlamento noruego anunció que el premio Nobel de física seria otorgado a Peter Higgs y al belga François Englert; ambos coincidieron, en forma separada, en la misma idea, la existencia de un bosón muy pesado que dio origen a la vida: *la partícula de Dios.*

La teoría de las cuerdas

La teoría de las cuerdas soluciona, en parte, algunas de las inconsistencias del modelo estándar; al menos permite la descripción de la gravedad desde la perspectiva del mundo subatómico. Según este modelo, los elementos básicos de la materia no son entidades puntuales, o partículas; por el contrario, son *cuerdas,* algo así como pequeñas ligas.

El universo estaría conformado por un sinnúmero de dimensiones y tendría la forma de una hoja que flota en el espacio; la fuerza de la gravedad sería la única de las cuatro fuerzas del modelo estándar que extendería su influencia fuera de esa hipotética hoja, abarcando todas las dimensiones posibles. Las otras tres fuerzas se circunscribirían a la dimensión que corresponde al universo —hoja— que las originó.

La supersimetría

Está teoría fue concebida para tratar de subsanar una de las inconsistencias del modelo estándar, donde se establece que —como ya ha sido descrito— la materia está hecha de partículas que se mantienen unidas por medio de fuerzas; no se explica por qué algunas partículas son más ligeras que otras, ni por qué cada una de éstas tiene una determinada masa.

La teoría de la supersimetría postula que cada partícula conocida tiene un supercompañero oculto. Su comprobación podría resolver el misterio de la energía oscura y resolver algunas de las interrogantes que no han sido respondidas por las otras teorías: ¿Por qué las partículas tienen la masa que poseen? ; ¿por qué las fuerzas tienen la fortaleza que manifiestan? ; resumiendo: ¿por qué el universo luce de la manera como lo hace?En 1930 Paul Dirac mostró como cuando se combinan la teoría de la mecánica cuántica con la relatividad, la simetría del espacio-tiempo implica que cada partícula tiene que estar relacionada con una anti-partícula, una partícula de carga opuesta.

La supersimetría se basa en un argumento similar: existe una extensión cuántica del espacio-tiempo denominada superespacio, donde las partículas son simétricas entre sí. A la interrelación de los supercompañeros, en esa extensión del universo, la denominaríamos, así pues, supersimetría. Según algunos físicos, la estabilidad del universo sólo puede explicarse por medio de ésta teoría:

> Sin supersimetría la estabilidad del vacío dependería de la masa del bosón de Higgs: con un bosón extrapesado todas las partículas del universo se harían extrapesadas y colapsaríamos en agujeros negros; un bosón pesado implicaría un universo estable, uno más ligero conduciría a su destrucción[21].

La estabilidad del universo no dependería, de esta manera, de la volatibilidad del peso del bosón sino de una interacción estable de los supercompañeros.

El multiuniverso

Según la teoría expuesta por el cosmólogo ruso Alexander Vilenkin, director del Instituto de Cosmología de la Universidad de Tufts, en Massachusetts, la superexplosión que dio lugar al universo no fue un episodio aislado: en el espacio-tiempo se suceden explosiones —similares al *Big Bang*— que expanden el universo en forma continua y crean un multiuniverso: conjunto de infinitos universos paralelos. Cada uno podría regirse por leyes físicas idénticas, o, por el contrario, similares a las que rigen nuestro cosmos; sus civilizaciones podrían ser parecidas a las nuestras, o, ¿quién lo puede saber?, totalmente diferentes.

Cada universo paralelo se comportaría como un universo-isla, en el que sus pobladores lo percibirían como si fuese único e infinito; con un tiempo propio que contaría a partir de su *Big-Bang* particular.

El Big Bounce

Esta teoría es la más compleja de todas: un universo existente se contrae —*big crunch*— y rebota—*bigb bounce*—, para luego expandirse —*big bang*—. La sucesión de rebotes formaría nuevos universos con historias diferentes.

El universo cíclico

El universo siempre ha existido en un ciclo sin fin. Cuando comienza un ciclo, el universo se llena de radiación —materia densa y caliente—, se expande, como en la teoría del *big bang*, y genera nueva materia; después de miles de millones de años se contrae, como en un *big crunch*, para dar comienzo a un nuevo ciclo.

La teoría del todo

En relación con la posibilidad de una reducción interteórica, Stephen Hawking menciona que existen tres posibilidades:

> Existe realmente una teoría unificada, que descubriremos algún día si somos suficientemente inteligentes. 2. No existe ninguna teoría última del universo, sino una secuencia infinita de teorías que describen el universo cada vez con mayor precisión. 3. No hay ninguna teoría del universo. Los sucesos no pueden predecirse más allá de cierta medida, sino que ocurren de una manera aleatoria y arbitraria.[22]

Cualquiera que sea el caso, lo que si es cierto es que lo científicos están muy lejos de establecer cuál de las tres probabilidades se acerca más a la verdad; mientras tanto, tendremos que conformarnos con lo que hasta ahora ha sido descubierto.

Tecnología y Postmodernidad

En el contexto del paradigma moderno, no siempre fue fácil establecer una relación directa entre las especulaciones teóricas de los científicos y el bienestar de los seres humanos. Por el contrario, es fácil asociar el bienestar que producen las innovaciones tecnológicas provenientes del paradigma postmoderno.

El caso más evidente es el de la tecnología de las computadoras electrónicas. Esta surgió de la necesidad de solucionar el *Entschidungsproblem*, esto es, el problema planteado por el matemático David Gilbert, en el seno del Congreso Internacional de Matemáticos, celebrado en París, en 1.900.

Este problema fue descrito por medio de una pregunta: "¿Existe algún procedimiento mecánico general que pueda, en principio, resolver uno tras otro los problemas de las matemáticas?"[23]. Como una respuesta para su solución, Alan Turing propuso una máquina que lleva su nombre. Esta invención es un elemento de matemática abstracta y no un objeto físico. Como la pregunta se refería a un procedimiento mecánico, Turing diseñó una solución basada en el concepto de algoritmo —procedimiento general de cálculo, o conjunto finito de instrucciones— que no hace otra cosa que imitar el procedimiento de cálculo de cualquier operación matemática. En resumidas cuentas, creó un artilugio imaginario con capacidad para realizar procedimientos de cálculo: recibe insumos del exterior (input), los procesa en su interior y, finalmente arroja un resultado (output). Para facilitar los cálculos, se utilizó la codificación binaria de los datos numéricos, ya que el sistema unario se hace ineficaz cuando se representan números de gran magnitud.

Si bien la referida invención podía solucionar problemas relacionados con el álgebra y la trigonometría, su mismo autor descubrió que no podía haber un algoritmo general para decidir cuestiones matemáticas. El Entschidungsproblem no tenía, por tanto, solución. A pesar de este aparente fracaso, de esta propuesta surgió lo que hoy es una herramienta fundamental para el avance de todas las ciencias: la computadora electrónica, la cual no es otra cosa que una máquina de Turing.

A pesar de las ventajas de la computadora electrónica, una de sus fallas es la limitada capacidad para procesar información: únicamente puede hacerlo en serie, en forma secuencial, una información detrás de la otra. Hasta que no se procese la información precedente, las siguientes tienen que esperar. Llega un momento en que el procesamiento se hace largo, tedioso y, sobre todo, costoso. No importa cuántos gigabits tenga la computadora en su memoria, tarde o temprano la complejidad de los problemas, o la cantidad de información, hará colapsar el sistema informático. Mientras más capacidad de procesamiento se adquiera, mayores serán los requerimientos de procesamiento; todo un círculo vicioso. De tal manera que la solución al problema de la limitada capacidad de procesamiento de las computadoras en serie hay que buscarla en otra parte.

Para algunos, la respuesta podría estar en una computadora en paralelo. Este tipo de máquina lleva a efecto, en forma simultánea, un número n de cálculos independientes cuyos resultados son combinados para contribuir con un producto final. Estaríamos en presencia de un sistema de cálculos cuyos componentes —representados por n— producen resultados parciales que se interrelacionan para alcanzar un producto final.

Lamentablemente, no hay una diferencia significativa entre las computadoras electrónicas, sean éstas en serie o en paralelo; ambas son máquinas de Turing. Si existe alguna diferencia, ésta podría estar sólo en la velocidad y eficiencia del cálculo; de hecho existen algunos tipos de cálculo en los que una computadora en paralelo podría ser más eficiente. Sin embargo, a pesar de las ventajas que puedan tener una y otra, lo cierto es que ambas tienen una limitación insalvable: su incapacidad para procesar toda la información proveniente de la realidad. Una computadora electrónica común convierte al mundo real en uno virtual de imágenes, diseños, sonidos, música y videos; esto se hace posible gracias a la utilización de un lenguaje binario de ceros y unos que cambia cada porción de información en bits. Sin embargo, sólo una pequeñísima porción del universo puede ser representado en esa forma, debido a las limitaciones en cuanto a la velocidad de la conversión de la información y la cantidad de ésta que pueda ser procesada en forma simultánea. El universo es, por así decirlo, una inmensa computadora cuántica; para imitarlo tendríamos que utilizar una computadora que pueda procesar, en instantes, una infinita cantidad de información. El proceso de transformación del mundo real en virtual se trasladaría, así pues, al nivel de las moléculas y los átomos, al nivel de la energía que se manifiesta en forma dual (partículas y ondas), en el nivel cuántico.

En este nivel, sólo una computadora cuántica podría imitar cada sistema y subsistema del universo, cada molécula y cada átomo, cada manifestación de la energía (ondas y partículas) y cada expresión de la vida. Este tipo de ordenador podría ir más allá de lo que ha llegado la electrónica; bastaría con que los bits pudiesen estar en cero y en uno al mismo tiempo. A diferencia de los tradicionales, que pueden estar sólo en cero o en uno al mismo tiempo, cada bit cuántico podría presentarse, en forma simultánea, en cualquier en cualquier lugar del espacio-tiempo; las barreras del tiempo y el espacio podrían sobrepasarse para procesar, y hasta enviar, información proveniente de cualquier rincón del universo y procedente de cualquier estadio temporal (pasado, presente y futuro). En un escenario como éste, el universo dejaría de tener secretos para el ser humano.

Para muchos, una aseveración como la anterior no pasaría de ser una especulación muy cercana al absurdo; para demostrar lo contrario, en los próximos párrafos describiremos algunas de las ideas de carácter científico que respaldan lo afirmado en el párrafo anterior.

De acuerdo con las ideas introducidas por David Deutsch, en 1.985, es posible, en principio, construir una computadora cuántica imitando las capacidades del cerebro humano. Muchos expertos de la informática han tratado de establecer un paralelismo entre la actividad cerebral y la de las computadoras, sean éstas en serie o en paralelo. Más que paralelismo, la principal característica de la actividad cerebral pareciera ser la unicidad, esto es, la ocurrencia de un gran número de actividades diferentes, independientes y simultáneas que producen un resultado global en el que todas esas actividades están representadas. La unicidad de la actividad cerebral produce, más que un resultado, una especie de *estado mental*, un ámbito que contiene todos los elementos de una actividad en particular. Para parecerse al cerebro, una computadora debería, así pues, imitar el referido estado mental.

Según los postulados de la teoría de la mecánica cuántica, cualquier objeto físico, constituido por partículas individuales, podría existir en superposición en estados ampliamente separados en el espacio y, por lo tanto, estar en dos lugares a la vez; esto quiere decir que es posible la ocurrencia de una serie de actividades diferentes en forma simultánea. Este tipo de superposición ocurre en lo que Roger Penrose llama *estado cuántico*. Una máquina cuántica podría tener como base un elemento de matemática abstracta que imite, así pues, el   estado mental al que se ha hecho referencia en el párrafo anterior. El estado cuántico de las computadoras se correspondería, de esa manera, con el estado mental del cerebro.

Otro de los caminos para llegar a la computadora cuántica es el señalado por físicos como Wolfgang Ketterle y Lene Vestergaard Hau. Según las investigaciones realizadas por Ketterle, premio Nobel de física 2001, es posible utilizar la luz como un medio para manipular información. Para incorporar información en un pulso luminoso, hay que primero detenerlo para luego guardarlo en un recipiente: el condensado Bose-Einstein (BEC, por sus siglas en inglés). Para lograr su almacenamiento, primero se detiene el haz de luz por medio de su congelamiento a temperaturas cercanas al cero absoluto (− 273,15°) y luego se guarda en un BEC. En realidad lo que hace el congelamiento es reducir la velocidad de los átomos desde 500 metros por segundo, a temperatura ambiente, hasta sólo 20 centímetros por segundo, en el cero absoluto; a esa velocidad es posible observar detalles en el átomo que no serían visibles a una velocidad mayor. Hoy en día, los BEC se producen en muchos laboratorios del mundo, donde se embotella la luz como una actividad rutinaria.

Por su parte, Hau ha logrado considerables progresos en el embotellamiento de los haces de luz. Sus descubrimientos han permitido: "Detener la luz en un primer condensado BEC, convertirla en energía eléctrica, transferirla a un segundo condensado y dejar que se propague"[24].

La técnica de Hau permite la manipulación de la luz para convertirla en: "Materia que se deja manipular, copiar, esculpir y moldear como si fuera arcilla[25]"; una vez manipulada, la materia puede recuperar su estado lumínico para trasladarse al sitio que deseemos, o para incorporarla, como información, en el sitio que más nos convenga.

Al menos en teoría, es posible utilizar los condensados BEC en la computación cuántica. En vez de utilizar hardware para manipular información, convertiríamos luz en materia, le incorporaríamos una infinita cantidad de información, reconvertiríamos la materia otra vez en luz y enviaríamos la data, a velocidades inimaginables, a cualquier lugar del universo. Todo esto ocupando un espacio tan pequeño como el de un átomo. La misma computadora cuántica podría caber en un haz de luz; congelable y descongelable a placer; o, lo que es lo mismo, materializable y desmaterializable en el momento de su uso.

Pero, ¿Para qué serviría una computadora cuántica? Dejemos que sea Roger Penrose quien nos dé la respuesta:

> La ganancia real para un computador cuántico llegaría cuando se necesitase un número muy grande de cálculos paralelos —cuyas respuestas no nos interesen individualmente sino sólo alguna combinación apropiada de todos los resultados—; (...) los computadores cuánticos no pueden utilizarse para operaciones no-algorítmicas (es decir cosas más allá del poder de la máquina de Turing), pero, pueden, en ciertas situaciones muy artificiales, conseguir una velocidad mayor, en el sentido de la teoría de la complejidad, que la de una máquina de Turing estándar.[26]

Es posible inferir de esta cita que una computadora cuántica podría tener mayor utilidad, en la medida en que tratemos de resolver problemas que tengan una dificultad extrema, que sean intrínsecamente más difíciles de resolver que otros y requieran largo tiempo para su solución, y consuman, además, una enorme cuantía de recursos de procesamiento y almacenamiento.

La teoría de la complejidad trata, precisamente, de problemas que requieren de complejos algoritmos para su resolución. La complejidad de cada algoritmo depende tanto del tamaño del problema —medido por un número natural n— como por el número de pasos que se requiere para su resolución —medidos por el número natural N—; mientras mayores sean tanto n como N, más difíciles de resolver serán los problemas, más lento será el proceso y mayor será la cantidad de datos a utilizar.

Esta teoría se interesa, no tanto en la dificultad de resolver algorítmicamente problemas individuales, sino, más bien, en resolver familias infinitas de problemas tales que habría un algoritmo general para encontrar respuestas a todos los problemas de una familia.

Los diferentes problemas de cada familia tendrían distinto tamaños; el tamaño de cada uno vendría dado por algún número natural n. La longitud del tiempo —o, mejor dicho, el número de pasos elementales que necesitaría un algoritmo, para resolver cada problema en particular— vendría dada por algún número natural N que dependería de n. Para ser un poco más precisos digamos que, considerados todos los problemas de un tamaño particular n, el número de pasos que necesita el algoritmo es N.

Los problemas que se relacionan con la teoría en cuestión son tan complejos que requieren de una cantidad de datos cuyo procesamiento consume, en una computadora común, una cantidad excesiva de tiempo y recursos. Un incremento en la velocidad del cálculo y en la eficiencia en el procesamiento podría lograrse, así pues, con una computadora cuántica. Ésta realizaría una gran cantidad de cálculos simultáneos para obtener, como solución, una combinación apropiada de todos los resultados, en un tiempo relativamente menor y en forma más eficiente, esto es, con un menor consumo de los recursos disponibles para el procesamiento y almacenamiento.

Por ahora tenemos que conformarnos con la capacidad actual de las máquinas de Turing. *Sequoia*, fabricada por IBM, fue, hasta octubre de 2012, la computadora en paralelo más poderosa del planeta; con 16,32 *petaflops* por segundo de poder de cálculo —16. 320 billones de operaciones matemáticas por segundo— ocupa más de 300 metros cuadrados de espacio para alojar 96 servidores del tamaño de un refrigerador doméstico. El Departamento de Energía de los Estados Unidos la utiliza para supervisar el arsenal nuclear de ese país y realizar estudios de astronomía y cambio climático.

En noviembre de 2012, *Titán* desplazó del primer lugar a *Sequoia*. Esta supercomputadora —ubicada en el Laboratorio Nacional de Oak Ridge, EEUU— utiliza una combinación de unidades tradicionales de procesamiento central (CPU) con unidades de procesamiento gráfico (GPU). Las CPU ejecutan tareas generales, sin especializarse en ninguna; las GPU ejecutan una sola tarea mediante la manipulación de una inmensa cantidad de datos. La combinación de ambas incrementa tanto la velocidad de cálculo como la capacidad de la memoria. Es así como Titán alcanza una velocidad de cálculo de 17,5 *petaflops* por segundo y tiene una memoria de 710 terabytes.

En el mes de junio de 2013, *Tianhe-2* desplazo a *Titán* del primer lugar de la TOP500 —lista de las supercomputadoras más poderosas del mundo—; con una memoria RAM de 1 petabyite y una velocidad de computo de 33,86 petaflops, *Tianhe-2* es dos veces más veloz que la segunda de la lista. Ha sido desarrollada por la Universidad Nacional de Tecnología de Defensa de China y utiliza una versión de LINUX para enfrentar las amenazas y ataques provenientes del *ciberespacio*.

En junio de 2016, salió al mercado la *Sunway TaihuLight*: la luz de la divinidad Taihu (en castellano). Ésta es ahora la supecomputadora más rápida del mundo, con un índice de 93 petaflops en el punto de referencia de LINPACK; tres veces más rápida que la *Tianhe-2*, que corre a 34 petaflops. Esta supercomputadora se encuentra en el Centro Nacional de Supercomputación de China en la ciudad de Wuxi, en la provincia de Jiangsu, China. Tiene un consumo energético de

15 MW y su propósito es de prospección de petróleo, ciencias de la vida, el tiempo, el diseño industrial, la investigación de fármacos.

Sin embargo, a pesar de todos estos avances, para simular el comportamiento del universo, para sólo citar un ejemplo, requeriríamos una capacidad infinita de cómputo, y eso no lo tiene, ni lo tendrá, ninguna máquina de Turing.

Nanotecnología y postmodernidad

Otra evidencia de la aplicación práctica de los postulados del paradigma postmoderno está en la nanotecnología. Esta ciencia está relacionada con el diseño, la producción y el empleo de estructuras y objetos de dimensiones nanométricas. "Un nanómetro es la milmillonésima parte de un metro; un átomo es la quinta parte de un nanómetro, es decir, cinco átomos puestos en línea suman un nanómetro"[27]. Como ya ha sido explicado en párrafos anteriores, las partículas se comportan en forma diferente cuando pasan del macro al microcosmos: sus propiedades físicas y químicas pueden cambiar como resultado de los efectos cuánticos: conductividad eléctrica, resistencia al calor, elasticidad y reactividad, entre otros. Es posible afirmar que las partículas asumirán propiedades diferentes al pasar de una escala a otra y, por tanto, reaccionarán en forma diferente ante los estímulos externos.

En los últimos años, se han desarrollado proyectos en los que se han combinado diferentes disciplinas científicas para la obtención de productos nanotecnológicos, tales como: 1) Nanotubos de carbono: más fuertes y ligeros que el acero, y con propiedades que permiten conducir la corriente eléctrica en forma más eficaz que los cables de cobre; 2) Nanopartículas de plata: eliminan tanto olores como bacterias; 3) Productos autolimpiantes que pueden ser utilizados en diversas superficies, desde camisas de seda hasta parabrisas; 4) Piel artificial: fabricada con finas capas de polímeros y nanotubos de carbono; su compatibilidad con el sistema inmunológico del cuerpo humano evita el rechazo y facilita su implantación; 5) Baterías de litio: acumulan diez veces más electricidad que las actuales de ión litio; 6) Labochips: laboratorios en miniatura para la identificación de enfermedades; 7) Superficies y sistemas más fuertes e inteligentes: lentes imposibles de rayar, pinturas que evitan las grietas, revestimientos que protegen de los grafitis y protectores solares, entre otros; 8) Nanobiomedicinas: creadas para curar enfermedades específicas o dirigidas hacia determinados órganos o células en particular; 9) Micromotores: 250 veces más pequeños que una hebra de cabello humano; 10) Nanolegos: uso de minúsculas secuencias de ADN de organismos vivos para construir objetos complejos que se ensamblen a sí mismos; 11) Nanoteléfonos: transmisores de radio del diámetro de un cabello humano; 12) Nanoantenas: capturan, concentran y dirigen la luz emitida por moléculas individuales. La lista es, en verdad, interminable; no hay ciencia que no haya podido beneficiarse con este tipo de productos.

En un futuro cercano, la nanotecnología, combinada con la electrónica y la informática, suministrará adminículos que hoy están en desarrollo: nanorobots que se inyectarán a la corriente sanguínea para permitir que el ser humano se mantenga bajo el agua por varias horas sin necesidad de equipos de buceo; huesos sintéticos, *NanOss*, reestructurados a nivel molecular para transformarlos en superhuesos; neuromoduladores que enviarán cargas eléctricas al cerebro para el tratamiento de enfermedades degenerativas tales como el mal de Parkinson, la esclerosis múltiple y la epilepsia; nanorobots que lleven medicamentos a través del cuerpo, diagnostiquen enfermedades, realicen biopsias y envíen reportes al médico tratante; chips de silicio que creen un contacto entre el cerebro y los implantes neurológicos del futuro; prótesis avanzadas para reemplazar miembros amputados; órganos de repuesto. La lista es inagotable, no hay nada que la imaginación del hombre no pueda crear.

Biología y postmodernidad

En el campo de la biología, la postmodernidad ha abierto posibilidades ilimitadas para el ser humano. Citemos, por ejemplo, el aislamiento y cultivo, en noviembre de 1.998, de células embrionarias *in vitro*, por parte de dos equipos norteamericanos, uno en la Universidad Johns Hopkins y otro en la Universidad de Wisconsin; este trabajo constituye una verdadera revolución médica que permite a los científicos entender como una célula indiferenciada —el óvulo fertilizado— puede desarrollar todos los tejidos y órganos del cuerpo humano. Mediante un proceso que ha sido denominado clonación terapéutica, es posible la producción de células madre para, en primera instancia, desarrollar tejidos y órganos idénticos, genéticamente hablando, a los de un donante, y, en segunda instancia, tratar lesiones y curar enfermedades de diversa índole.

Genética y postmodernidad

Las Instrucciones que determinan todas las características y funciones de un organismo se encuentran en su material genético: el ADN (ácido desoxirribonucleico). El genoma humano es un conjunto de instrucciones, agrupadas en unidades de información denominadas genes —que en su conjunto forman los cromosomas— situados en el núcleo de cada célula del organismo humano. Por genoma humano se entiende, pues, el conjunto de genes que integran el patrimonio biológico de cada individuo y que contienen las claves de la herencia.

La genética permite a los científicos leer la información contenida en un gen; esta lectura se hace a nivel molecular, o, lo que es lo mismo, a nivel cuántico. La investigación en este campo se inició con el Proyecto del Genoma Humano (PGH), desarrollado para descifrar la secuencia genética del ser humano. Iniciado en los Estados Unidos en el año 1.990, con fondos públicos, posteriormente se sumaron al proyecto los gobiernos de Alemania, Francia, China, Gran Bretaña y Japón, además de varias compañías privadas. Tras determinar la secuencia del primer cromosoma, en 1.990, el PGH y Celera Genómics presentaron un borrador del mapa genético humano (2001), el cual fue descifrado casi por completo en 2003.

A pesar del éxito alcanzado, esta cartografía genética sólo representa el 2% del genoma humano; para descifrar el 98% restante, varias instituciones científicas de nivel mundial se comprometieron, a partir del año 2003, a llevar adelante un proyecto denominado Enciclopedia de los Elementos del ADN (ENCODE, por sus siglas en ingles).

En la actualidad, y dentro del contexto de ENCODE, la genética está dedicada a resolver tres problemas fundamentales: la utilidad del denominado ADN basura, la relación entre genes y enfermedad y la influencia del ambiente en nuestro material genético.

La función que cumple el basurero de ADN no ha sido aún comprendida; éste pareciera ser una especie de almacén donde se amontonan trozos de virus milenarios; la utilidad que puedan tener estos trozos es uno de los mayores retos de la genética postmoderna.

Por otra parte, los investigadores han descubierto que la causa de las enfermedades no está en el funcionamiento deficiente de un sólo gen, como hasta hace poco se aceptaba; por el contrario, y a la luz de la investigaciones en curso, las dolencias se deben a complejas interacciones entre múltiples genes.

Las variaciones genéticas podrían explicar el origen de la mayoría de las enfermedades; la comprensión de tales variaciones podría dar paso a una medicina personalizada en la que los fármacos, incluyendo sus dosis, sean suministrados para atender una manifestación muy específica de una dolencia.

Por último, tenemos que la genética está dirigiendo sus investigaciones hacia el establecimiento de la relación entre el entorno dentro del cual se desenvuelve la vida del ser humano y las variaciones colectivas que en cada entorno se puedan presentar.

CRISPR-Cas9. La máquina de genes

La tecnología que permite detectar una secuencia fallida en una cadena de ADN para corregir sus errores, reconstruirla y transformarla en un gen saludable y sin deficiencias recibe la denominación de CRISPR-Cas9 —clustered regularly interspaced short palindromic repeats es su denominación en inglés—. Expresada en otros términos: es una alteración premeditada de la secuencia genética de un ADN.

Sus aplicaciones son múltiples:

> Ya se encuentran en desarrollo investigaciones con el fin de, por ejemplo, recuperar especies de animales extinguidas, alterar cepa de levadura para transformar azúcar en biocombustible o hasta extirpar virus HIV de células humanas, aisladas en un laboratorio, aún no se probó con seres vivos. (INFOBAE, *Nueva era: la máquina editora de genes es una realidad*, 30 de junio de 2016[28].

A partir del año 2013, el CRISPR/Cas se ha estado utilizando para la edición de genes (agregando, interrumpiendo o cambiando las secuencias de genes específicos) y para la regulación génica en varias especies. Mediante la administración a una célula de la proteína Cas9, y los ARN guía apropiados de una célula, el genoma de ésta puede cortarse en los lugares deseados, cuyas secuencias serán complementarias a las de los ARN guía utilizados. Esto permite la eliminación funcional de genes o la introducción de mutaciones (tras la reparación del corte realizado por la maquinaria celular de reparación del ADN) para estudiar sus efectos.

Hasta el presente, se desconocen los efectos secundarios y las consecuencias que a largo plazo pueda tener la alteración del genoma.

Biogenética y postmodernidad

Una de las aplicaciones de los descubrimientos de la biología genética podría ser la creación de vida sintética. Científicos del Instituto Craig Venter crearon *Synthia*, primera bacteria hecha a partir de segmentos de ADN sintéticos, por medio de un procedimiento de cuatro pasos: descifrado y extracción de la información del código de la bacteria *microplasma mycoides*; digitalización de su genoma y manipulación informática para su modificación; reconstrucción de sus proteínas a partir de elementos sintéticos: adenina, timina, guanina, y citosina, y reconstrucción de un ADN similar; y, por último, traslado del material sintético a una bacteria huésped: *microplasma capricolum*. Según sus creadores, estos seres vivos *ex novo* (creados desde cero) podrían utilizarse para:

> ...producir nuevos combustibles, diseñar nuevas algas que absorban el dióxido de carbono de la atmósfera, eliminar contaminantes del agua y fabricar vacunas[29].

Proyecto Proteoma

El papel que desempeñan las proteínas en el cuerpo humano está siendo estudiado por el denominado Proyecto Proteoma. La estrecha relación que existe entre genes éstas y los genes la describe Bil Saporito:

> Los genes por sí mismos no son responsables por lo que somos. Estos producen proteínas que son despachadas dentro del cuerpo humano para ejecutar su voluntad. Si los genes son las huellas, las proteínas son las ejecutoras que controlan cada célula en nuestro cuerpo.[30]

La codificación de las proteínas será un trabajo arduo y costoso —la cantidad de proteínas en el cuerpo humano podría ser superior a las doscientas mil; los genes a lo sumo alcanzan la cifra de 20.000—; por esta razón el proyecto ha sido dividido entre varios países: Estados Unidos, Japón, Francia y China, entre otros. Se espera que para el año 2018, el mapa de las proteínas contribuya a la comprensión de las diferentes patologías, el desarrollo de avanzados métodos de diagnóstico de enfermedades y la aplicación de terapias que se adecuen a las especificidades de cada dolencia.

Bionanotecnología y postmodernidad

Los avances científicos en biología molecular están demostrando que no existe separación entre los seres vivos y la materia inerte: ambos son gobernados por las mismas leyes universales.

Este conocimiento nos sugiere que es posible la creación de una nueva célula totalmente sintética, digamos un nanorobot, que esté compuesta de "...estructuras químicas fundamentales: un contenedor —la membrana que limita el compartimiento celular—, un sistema de construcción —el metabolismo— y un sistema genético capaz de almacenar información"[31].

Las máquinas moleculares

El premio Nobel de química del año 2006 fue otorgado a Jean-Pierre Sauvage, Fraser Stoddart y Ben Feringa, quienes desarrollaron una máquina molecular, mil veces más pequeña que un cabello humano. Las máquinas moleculares son moléculas con movimientos controlables: en su primer intento, Sauvage conectó entre sí dos moléculas, con forma de anillo, para formar una cadena. Luego, Stoddart dio el siguiente paso al conectar un anillo molecular a un eje molecular. Por su parte, Feringa desarrollo un motor molecular cuando logró que una cuchilla totora molecular girase en la misma dirección.

Estas máquinas no se son otra cosa que moléculas con movimientos controlables que están en capacidad de realizar una tarea cuando se les añade energía. Este descubrimiento puede llevar a una miniaturización que revolucione campos como el de la informática, la medicina, la nanotecnología y la biología, entre otras. Según Mario Tagliazucchi, investigador del Instituto de Química, Física de los Materiales, Medio Ambiente y Energía:

> Los tres desarrollan sistemas en la escala de nanómetros que copian funciones de sistemas macroscópicos, tales como interruptores, motores, bombas, cajas, rotores, músculos artificiales. Lo fantástico es que las «máquinas» están compuestas por una única o muy pocas moléculas pequeñas y logran controlar exactamente su estructura y función mediante nuevas herramientas de síntesis química orgánica que ellos desarrollaron. [32]La

Nación, edición digital, 6 de octubre de 2016).

Entre las múltiples aplicaciones de estas máquinas moleculares estaría la construcción de diminutos robots que puedan insertarse en el cuerpo humano para llevar medicinas, destruir células cancerígenas, reparación de heridas, etc.

Materiales Inteligentes

La denominación de inteligente se le da a los materiales que poseen una o más propiedades que pueden ser modificadas de manera controlada por un estímulo externo —tensión mecánica, temperatura, humedad, pH o campos eléctricos o magnéticos— de manera reversible.

De acuerdo a sus características se pueden clasificar en:

1. Piezoeléctricos. Aquellos que producen un voltaje cuando se les aplica tensión mecánica. A la inversa producen tensión mecánica cuando se les aplica tensión eléctrica. Algunos poseen carácter piezoeléctrico en forma natural (cuarzo y turmalina). Otros, ferroeléctricos, presentan propiedades piezoeléctricas luego de ser sometidos a una polarización —tantalio de litio, nitrato de litio, berlinita en forma de materiales monocristalinos y cerámicas o polímeros polares bajo forma de microcristales orientados—.

2. Fotoactivos. Responden de forma diferenciada a los estímulos lumínicos (luz solar o artificial). Se dividen en: fotoluminiscentes, emiten luz al ser expuestos a determinados estímulos (fluorescentes, fosforescentes y electroluminiscentes); cromoactivos, cambian de color frente a un estímulo externo como luz solar,

presión, rayos X, temperatura, etc. (fotocrómicos, termocrómicos y electrocrómicos).

3. Nanomateriales. Los nanomateriales: poseen cualidades que pueden ser cambiadas a voluntad y tienen diversas aplicaciones, especialmente en la industria y la arquitectura. Como ejemplo podemos citar las fibras inteligentes para la confección de ropa, los materiales constructivos ultra ligeros y más resistentes. Pueden ser equipados con controles y sensores para simular los sistemas biológicos. Se estudia la incorporación de propiedades que les permitan autorrepararse y adaptarse a condiciones ambientales.

Los materiales inteligentes tienen aplicación en diferentes campos, en general se podría decir que sus aplicaciones serían casi infinitas si se utiliza en la fabricación de objetos materiales de diversa índole, utilizando diversa tecnologías tales como la inteligencia artificial, la robótica, la manufactura —aditiva, nanométrica y digital, entre otras— y la megadata. Esta combinación permitiría obtener bienes de cualquier dimensión, desde la nanométrica hasta la monumental. Cualquier cosa podría ser producida, no existirían límites. La humanidad daría así un salto cualitativo que contribuiría con el bienestar y la felicidad de la mayoría de los seres humanos.

Muerte y destrucción en la postmodernidad

Hemos dejado para el final, lo que resultó como uno de los primeros inventos que provinieron de los nuevos postulados de la física. Lo hemos hecho a propósito, pues el resultado no generó bienestar; por el contrario, causó muerte y desolación. Nos referimos a la bomba atómica —su denominación más adecuada sería bomba nuclear—. Este artefacto es producto de la fisión: división de un núcleo atómico en dos fragmentos iguales; cada uno de los núcleos contiene la mitad del número de protones y neutrones del original. La fisión del átomo transforma la masa del uranio 235 en una gran cantidad de energía, por medio de una reacción en cadena: bombardeo del núcleo de un átomo de uranio con un neutrón para generar otros neutrones que, a su vez, servirán para bombardear otros núcleos que generarían nuevos neutrones y así sucesivamente. Posteriormente, otro concepto, la fusión nuclear, generó un artilugio aún más destructivo: la bomba de hidrógeno, o bomba H. La fusión nuclear es la combinación de dos núcleos livianos que se unen para formar un núcleo más masivo, y liberar, como consecuencia, energía. La invención de ambos artefactos bélicos fue el resultado de la aplicación de la ecuación de Einstein, $E = mc^2$, según la cual la energía puede transformarse en masa y la masa en energía. Fisión y fusión no son otra cosa que la conversión de la masa del uranio en energía.

Los ejemplos mencionados en los párrafos anteriores no se hubiesen podido materializar en el seno del anterior paradigma; a partir de sus postulados iniciales, el paradigma postmoderno avanzará en la medida en que todos los descubrimientos se interconecten y vayan conformando, gradual y progresivamente, un sistema de ideas dinámico, flexible y abierto; estas características permitirán que las nuevas ideas se vayan incorporando en la medida en que se vayan creando. El nuevo paradigma se irá construyendo día a día; se irá renovando sin necesidad de transiciones o de nuevos cambios paradigmáticos. Tendríamos, así pues, el *paradigma de la eternidad.*

Referencias Bibliográficas

[1] Zukav, G., *La Danza de los Maestros de Wu Li*, Madrid, Gaia Ediciones, 2006, pág. 201.

[2] Ibíd., pág. 39.

[3] Ibíd., pág. 198.

[4] Ibíd., pág. 101.

[5] Ibíd., pág. 211.

[6] Ibíd., pág. 121.

[7] Ibíd., pág. 145.

[8] Loc.cit.

[9] Ibíd., pág. 156.

[10] Ibíd., pág. 163.

[11] Ibíd., pág. 173.

[12] Loc. cit.

[13] Calle, C., *Einstein para Dummies*, Bogota, Grupo Editorial Norma, 2006, p. 195.

[14] Ibíd., pág. 356.

[15] Ibíd., pág. 352.

[16] Dark-Energy-Survey: http://www.darkenergysurvey.org/es/terms/redshift_es.shtml: 24 de septiembre de 2013.

[17] Wikipedia: tp://es.wikipedia.org/wiki/Radiaci%C3%B3n_de_fondo_de_microondas, 24 de septiembre de 2013.

[18] Loc.cit.

[19] Hawking, S., *La Teoría del Todo. El Origen y El Destino del Universo*, Bogotá, Ramdon House, 2007 págs. 100-101.

[20] Lincoln, D., *The universe is a complex and intricate place*, Scientific American, New York, Nov. 2012, pág. 25.

[21] Lykken, J. y Spiropulu, M., *Supersymmetry and the Crisis in Physics*, Scientific American, New York, mayo 2014, pág. 37,

la traducción es nuestra.

[22] Hawking. S., óp.cit., pag. 134.

[23]Penrose, R., *La Nueva Mente del Emperador*, Barcelona, Random House Mondadori, 2006, pág. 106

[24]Muy Interesante, *Hacia el frío absoluto*, Bogotá, marzo 2009, Nº 282, pág. 56.

[25]Loc. cit.

[26]Penrose, R., óp. cit., pág. 572.

[27]Business al Día, encartado de Quinto Día, Caracas, 16 al 23 de mayo de 2008, pág. 3.

[28]INFOBAE, *Nueva era: la máquina editora de genes es una realidad,* 30 de junio de 2016.

[29]Http// w.w.w. muy interesante. es/la vida-sintética-ya-esta-aquí, 10 de diciembre de 2011.

[30]Saporito, B., *Blood Work*, Time, New York, 20 de mayo de 2013, págs. 41 y 42, la traducción es nuestra.

[31]Muy Interesante, *Llega la vida sintética*, Bogotá, mayo 2010, pág. 58.

[32]La Nación, *Las Máquinas Moleculares*, edición digital, 6 de octubre de 2016.

3

GLOBALIZACIÓN Y POSTMODERNIDAD

La globalización es, en este momento y para la mayoría de las personas, sólo una referencia económica; pero, con el devenir del tiempo, y en la medida en que el siglo XXI avance, toda actividad del conglomerado humano, cualquiera que sea su índole, estará bajo su influencia; el orden económico, político y social estará bajo su signo. Es conveniente, así pues, que conozcamos, aunque sea en forma somera, lo que por defecto ha sido denominado el fenómeno global. Hoy por hoy, pocos saben, en verdad, en que consiste. Las interpretaciones que aparecen en los medios de comunicación social no ayudan a mejorar la percepción del público; abunda la opinión improvisada y escasea la divulgación de ideas objetivas. En algunos casos, la información tiene un sesgo ideológico que obnubila el intelecto de sus receptores. En otros casos, se tergiversan las ideas y se presenta una visión errónea que poco contribuye con el esclarecimiento de las dudas que sobre el particular se presentan. Un ejemplo de esta afirmación está en un artículo publicado en la prensa mexicana. En uno de los primeros párrafos, el articulista se pregunta ¿Qué se entiende por globalización? A continuación, el mismo, a nuestro juicio, se da una respuesta equivocada:

> La globalización neoliberal, sí con apellido, no es una fase ineludible y fatal del progreso que opera ciegamente. Es una política deliberada de las potencias imperialistas encabezadas por los Estados Unidos, cuyo auge se enmarca

históricamente a partir del inglorioso (sic) derrumbe del socialismo soviético, que pretende llevar hasta sus últimas consecuencias la mundialización capitalista, ampliada sucesivamente desde el siglo XV[1].

En primer lugar, podemos afirmar que la globalización no es, ni podrá ser, neoliberal, además, en el estricto sentido de la palabra, ni siquiera es capitalista. La globalización es, simplemente, una nueva forma de colocar bienes y servicios en el mercado; hablando en términos del materialismo histórico de Marx, la globalización es un nuevo *modo de producción*; dentro del contexto del paradigma de la postmodernidad podríamos describirlo como un sistema que recibe insumos del ambiente externo, en la forma de recursos humanos, materiales y financieros, y los procesa para obtener los productos que demanda la sociedad mundial, y que nos atreveríamos a denominar: *El Sistema de Producción Global* (SPG). En el SPG, los factores intervinientes se relacionan en forma muy particular; el de mayor relevancia es un recurso mutante, versátil y dotado de vida propia: *el conocimiento* —el ser humano es, por su puesto, su depositario—. El capital perdió la relevancia que antes tenía, hoy en día es más fácil de obtener que la arena de los desiertos. Los recursos materiales están ahora representados por plataformas tecnológicas que se renuevan a un ritmo vertiginoso, y que determinan unos ciclos de conocimiento que se hacen cada vez más cortos: las ideas, teorías, doctrinas, técnicas y metodologías pierden vigencia en forma casi instantánea.

Más adelante, en su artículo, el autor en referencia confunde globalización con mundialización. Este último término se refiere sólo al intercambio de bienes y servicios a lo largo y ancho del mundo; la globalización extiende su ámbito a toda la cadena de valor.

El mismo articulista presenta, además, a las *potencias imperialistas* como creadoras de la globalización. En verdad, las potencias no tuvieron nada que ver en este asunto. El SPG nace con Internet y la computadora personal; estas dos invenciones cambiaron la forma de hacer las cosas, de producir bienes y servicios. Si a alguien tenemos que echarle la culpa es a gente como Steve Jobs, Bill Gates y Steve Ballmer, entre otros. Los orígenes de las empresas que estos genios crearon son tan humildes que dan hasta lástima; nada que ver con *potencias imperialistas* ni nada parecido.

El articulista señala, además, que:

> El derrumbe de la Unión Soviética pareció condenar al mundo a la voluntad de expolio, dominación, y guerra de una sola potencia, produjo enormes deserciones en la izquierda comunista o radical y una gran confusión ideológica, que permitió al imperialismo desencadenar una ofensiva planetaria por la obtención máxima de ganancia, el fin de las soberanías nacionales de los países pobres, el saqueo recolonizador de sus recursos y la marginación y pauperización aceleradas de cientos de millones de trabajadores, indígenas, desempleados y sus familias, tanto en los centros imperiales como en los países pobres[2].

Por su parte, en uno de sus artículos, Ignacio Ramonet nos da su opinión sobre el Sistema de Producción Global:

> ¿Qué es la Globalización neoliberal? Es la interdependencia cada vez más estrecha de las economías de numerosos países y concierne sobre todo al sector financiero, ya que la libertad de

circulación de los capitales es total y hace que este sector domine de lejos el mundo de la economía[3].

Como puede apreciarse, ambos autores confunden, al igual que muchos, las causas con las consecuencias. Una de las consecuencias de este sistema de producción es, como lo percibe acertadamente Ramonet, la libertad de circulación de bienes y servicios; es cierto que el capital circula libremente por los mercados financieros; también es verdad que la crisis del 2008 fue generada por la preponderancia del sector financiero sobre otros sectores de la economía mundial; lo que es falso es que podamos achacarle la responsabilidad al modo de hacer las cosas.

El SPG no es responsable por la avaricia del ser humano, ni por la irresponsabilidad de quienes debían regular el mercado financiero y no lo hicieron; y menos por la indecencia de quienes dirigían las instituciones financieras a lo largo y ancho del planeta. Lamentablemente, no hay manera de hacer las cosas en forma diferente; ni podemos volver a la producción en masa, o artesanal, ni dejar de usar las plataformas tecnológicas del presente. El Sistema de Producción Global llegó para quedarse.

A diferencia de los criterios sostenidos en las citas anteriores, pensamos que el SPG no es responsable de todos los desastres que con frecuencia se le endilgan; empezando porque este modo de producción tiene la edad de Internet, y esta red surgió apenas en 1.989. Por el contrario, como explicaremos más adelante, este enfoque puede contribuir con la solución de muchos de los problemas presentes en el mundo de hoy; uno de los obstáculos que debe superar es, como veremos más adelante, la oposición de los estados–nación.

Cambio radical

En el Sistema de Producción Global todo es diferente: la organización de aprendizaje ha desplazado a la tradicional; los procesos están hoy en el lugar de las funciones, tareas y actividades; los ambientes cerrados de trabajo han devenido en oficina virtual; el trabajador individual dio paso al equipo de trabajo; la negociación laboral colectiva está desapareciendo para ceder su puesto a la individual; las competencias profesionales reemplazan la calificación para el puesto. Gracias a la Inteligencia Artificial, muy pronto los robots reemplazaran a los seres humanos en las tareas ingratas.

La forma de distribución de las actividades de la cadena de valor —investigación y desarrollo, diseño, compras, manufactura, mercadeo, ventas, distribución y servicio— también ha cambiado: *la ventaja competitiva*, como *sumatoria* de las ventajas comparativas, da lugar a una producción más eficiente de bienes y servicios.

Globalización y sociedad

El SPG   tiene el potencial para   provocar la transformación de la estructura jurídico–política del Estado mismo, y el surgimiento de un nuevo tipo de sociedad: la sociedad del conocimiento; ésta podría asumir los aportes del paradigma emergente y constituirse en un cuerpo social más dinámico, flexible, justo y generador de la mayor suma posible de bienestar individual y colectivo. La instauración del SPG es un hecho inevitable; no hay manera de que esto no sea así. Podrá haber, como siempre ha ocurrido, a través de la historia, una precaria sobrevivencia de otras formas de producción; pero, mantenerlas lo único que traerá será el estancamiento económico y el atraso cultural y tecnológico de aquellas sociedades que no puedan avanzar por el camino señalado por el cambio paradigmático.

Las sociedades que no adopten esta nueva forma de hacer las cosas sufrirán consecuencias negativas que, seguramente, van a afectar su desenvolvimiento político, económico y social, de esto no hay duda; muchas de éstas se harán inviables y se sumirán en el caos. Pero, de nada valdrán los lamentos; las distorsiones y los problemas que está provocando el fenómeno global se deben enfrentar con inteligencia y creatividad.

Globalización y geopolítica

El SPG tiene, además, el potencial para incidir en la estructura geopolítica mundial; los estados-nación han devenido en anacronismos que pesan mucho sobre las espaldas de las regiones que los conforman; y este hecho es más evidente en los países más desarrollados, en las grandes y medianas potencias.

El estado-nación podría ser descrito, en términos del SPG, como un círculo vicioso cuya presencia dificulta el libre flujo de recursos y productos, limita la competitividad de sus regiones y propicia su estancamiento económico. El paradigma que lo orienta impide que se desenvuelva con idoneidad en el contexto económico actual: su burocracia es asfixiante; abundan las barreras de orden económico, político, cultural y social; es inflexible e ineficiente; reacciona con extrema lentitud, y, en fin, constituye un obstáculo casi insalvable para sus partes constitutivas.

Ahora bien, la obsolescencia de los referidos entes públicos no significa que su desaparición sea una necesidad; lo que si es cierto es que deben transformarse para facilitar la aparición de nuevas unidades económico-sociales. De hecho esto ya ha estado ocurriendo en algunas regiones del mundo. Uno de los ejemplos más significativos y esclarecedores es el caso de España; bajo la dictadura de Francisco Franco, este país llegó a ser uno de los más atrasados de Europa. La muerte del dictador dio origen a una transformación que en sólo tres décadas llevó a los españoles a recuperar el tiempo perdido y superar la funesta herencia del franquismo.

La respuesta de los nuevos gobernantes fue la descentralización. El país se dividió en comunidades autónomas, y bajo esta nueva estructura los españoles emprendieron el camino hacia un futuro mejor. A pesar de que el avance ha sido significativo, en los campos político y social, los españoles no se sienten conformes; algunas de sus regiones están exigiendo más autonomía; como es el caso de las comunidades autónomas de Cataluña y el País Vasco. Si bien esta exigencia no ha sido muy bien recibida por el poder central, por el estrecho margen que habría entre autonomía e independencia, esta circunstancia, observada desde el punto de vista exclusivamente económico, nos lleva a pensar que los ibéricos sienten que todavía es posible, y hasta necesario, reducir ese margen en función de la satisfacción de las aspiraciones del colectivo.

El caso descritos en los párrafos anteriores no es aislado, a lo largo y ancho del mundo han estado surgiendo regiones que son, o tienden a ser, autónomas del desenvolvimiento económico del Estado: las denominadas regiones-estado; en la mayoría de los casos su autonomía es de hecho, más no de derecho. Algunos ejemplos de tales divisiones económicas los tenemos en Maharastra en India, San Pablo en Brasil y Guangdong en China.

En menor escala se han estado haciendo presentes los *clusters.* Un cluster es la concentración geográfica de empresas e instituciones que están conectadas entre sí, en un campo determinado del conocimiento; como ejemplos tenemos: el Valle del Silicón, en el estado de California, EE.UU., en cuanto se refiere a la tecnología de la información; y el corredor de la Ruta 128, en Boston, Massachusetts, EE.UU., dedicado a la tecnología de la información y las biociencias.

En relación con el último de los nombrados, la industria biomédica de California, líder mundial en ese sector, paga 14.000 millones de dólares anuales por concepto de sueldos y salarios. Sus 230.000 empleados tienen salarios casi sesenta por ciento mayores que el salario promedio de otros sectores. Sólo este estado de la Unión cobija a 2.600 empresas de biomedicina, 87 universidades y centros de investigación privados con ingresos mundiales de 32, 3 millardos de dólares y desembolsos anuales de US$ 15, 5 millardos en investigación.

Por último, pero no menos importante, está el caso de las microrregiones, las cuales pueden ser definidas como limitados espacios geográficos donde se realiza una actividad económica que depende del uso intensivo de una tecnología en particular, bien sea de punta o artesanal.

En Italia existen un sinnúmero de microregiones; éstas se desenvuelven alrededor de poblaciones de pequeña o mediana escala: Módena, dedicada a los automóviles deportivos de gran lujo: Masserati y Lamborghini; Parma, famosa por sus quesos madurados; Carni, cuyos tejidos de punto son codiciados por las grandes capitales de la moda — París, Londres, New York, San Pablo, entre otras—; Bellagio, apreciada por su calzado de alta moda; Como, por sus exquisitas sedas; Venecia, cuyos mosaicos son imprescindibles para la restauración de obras del arte antiguo. En los Estados Unidos tenemos a la meca del cine, Hollywood, California y al enclave de los parques de diversión, Orlando, Florida.

Estas microregiones se conectan, directamente y sin intermediarios, con los mercados mundiales; no dependen económicamente de los gobiernos centrales, gracias a que generan, e intercambian, abundantes recursos financieros. Su mano de obra es, generalmente, local y de elevada calificación.

Si algo tienen en común, además de la autonomía, las regiones-estado, los clusters y las microrregiones, es su capacidad para producir bienes, de primera calidad y de elevado valor agregado, que son codiciados por el consumidor planetario, quien está dispuesto a comprarlos por el precio que sea; su demanda es, por tanto, inelástica, no depende de los vaivenes del mercado.

El nivel de bienestar que se genera en estas unidades económico-sociales está muy por encima del que puede ser generado bajo la tutela del estado-nación; no hay comparación posible. De manera tal que, se puede inferir que en la medida en que pase el tiempo se acrecentará el deseo de los pueblos por formar parte de unidades económico-sociales tan exitosas como las descritas en los párrafos anteriores. Ante tal situación, los Estados se verán ante una disyuntiva: o mantienen su estructura centralizada o dan paso a una estructura más flexible y democrática. El primer camino conduce a la pobreza y la opresión; el segundo a la riqueza y la libertad.

Globalización y Economía

Desde 1990, las economías avanzadas han perdido un gran número de puestos de trabajo como consecuencia del cambio tecnológico. La distribución del ingreso sigue siendo más favorable para los que más ganan y casi no ha dejado margen para que mejoren quienes están más bajo en la escala de sueldos y salarios.

La culpa ha sido achacada a la globalización, especialmente en los Estados Unidos y Europa. Esta circunstancia ha sido aprovechada por los líderes populistas del planeta entero para ampliar su espacio político y ganar, o al menos intentarlo, el poder político en sus respectivos países. En los Estados Unidos, Donald Trump ganó la presidencia sobre la base de promesas que jamás podrá cumplir, pues nada se puede hacer en el corto y mediano plazo para enfrentar las consecuencias del cambio tecnológico; los puestos que se perdieron sólo podrán ser recuperados en el largo plazo cuando un cambio drástico en el sistema educativo le devuelva a los trabajadores norteamericanos las competencias, habilidades y destrezas que las empresas postmodernas requieren.

En el Reino Unido, la presión del populismo condujo a la salida de ese país de la Unión Europea. En Francia, el asalto populista fracasó, pues las promesas de un cambio radical de la líder populista del Frente Nacional, Marine Le Pen, no convencieron al electorado francés. Emmanuel Macrón se montó sobre la globalización y la postmodernidad y arrasó en las elecciones del mes de mayo de 2017.

Las medidas proteccionistas de estos líderes populistas, dirigidas a enfrentar las dificultades económicas actuales, pueden romper el equilibrio económico que se ha logrado tras casi una década de los sacrificios con las que el mundo ha enfrentado la crisis financiera del año 2008. La revisión de los acuerdos comerciales podría beneficiar a todos los participantes, siempre y cuando se logre un consenso que los beneficie por igual. Las políticas proteccionistas —incremento de aranceles, fijación de cuotas de importación y otros obstáculos al libre desenvolvimiento del comercio internacional— pueden tener un efecto devastador sobre el comercio global, pues aumentaría los costos y perjudicaría en particular a los grupos de menores ingresos, cuyas cestas de consumo se nutren de los productos más baratos que provienen de las economías emergentes.

La oferta de productos se vería afectada, pues la disminución de la competitividad y la productividad podría afectar la cantidad, calidad y precio de los bienes que se colocan en el mercado mundial. Las barreras migratorias, por su parte, disminuiría la oferta de los trabajadores calificados con los que se nutren las empresas de las economías avanzadas.

A nivel global, ese aumento de los costos comerciales podría desestimular la   creación de nuevas empresas, la inversión en bienes de capital, la disminución del volumen del comercio internacional, la alteración de los vínculos económicos entre países, y el descenso en la cooperación transfronteriza. Estos factores adversos podrían verse ampliados si las negociaciones de nuevos acuerdos comerciales se prolongan indefinidamente, tal y como es el reciente caso del Brexit.

La incertidumbre que generan las promesas populistas podría un daño irreversible a la economía mundial. Varios aspectos del programa de políticas de los Estados Unidos generan dudas acerca de las proyecciones de crecimiento local y mundial. En particular podríamos referirnos al volumen y la composición de la política fiscal y las repercusiones de una posible reforma del sistema tributario de las sociedades, con un impuesto que grave los flujos de caja en su destino. Los efectos de este programa variarían de un país a otro, de acuerdo con la magnitud de los vínculos económicos con los Estados Unidos, pero podría desatar, como contrapartida, una ola de reformas arancelarias a nivel mundial que de seguro generaría trabas inimaginables al libre flujo de bienes y servicios a nivel mundial.

Una de las consecuencias negativas sería, por ejemplo, una pronunciada apreciación del dólar y el incremento de las presiones deflacionarias en las economías estrechamente vinculadas con esa moneda. En las economías avanzadas se ha logrado un precario equilibrio económico gracias a las medidas financieras adoptadas; una de éstas es una meta de inflación que ronda el 2% anual, la devaluación de sus monedas echaría por tierra los planes económicos que las han mantenido a flote en la última década.

La estricta supervisión de los sistemas financieros, a nivel global, fue una de las medidas que se adoptaron para superar la crisis financiera del año 2008. A pesar de que el equilibro financiero global es precario, ya la banca mundial está presionando por la distención de los programas de supervisión. Nada más inoportuno, de ninguna manera se puede dejar las manos libres a quienes provocaron ese desastre financiero. Una desregulación del sector financiero aumentaría la probabilidad de una nueva crisis. El exceso de dinero sin el respaldo de activos tangibles fue la causa de esa crisis; la respuesta no está en la generación de dinero inorgánico. Está en la producción de bienes materiales en un volumen que equilibre las cuentas; una relación suma cero entre bienes tangibles e intangibles. La postmodernidad nos puede ayudar en ese sentido; uno de sus elementos, el Sistema de Producción Global (SPG), nos proporcionará las herramientas que requiere, por una parte, un aumento en la productividad y competitividad global, y, por la otra un incremento en los niveles de bienestar y riqueza que involucre a la mayoría de los habitantes de este planeta.

Las tensiones geopolíticas y los conflictos internos han estado afectando el desenvolvimiento económico mundial. Las guerras civiles en Oriente Medio y África, las crisis de refugiados e inmigrantes y la proliferación de atentados terroristas a nivel mundial generan incertidumbre, incrementan los costos y reducen el flujo global de bienes. También inciden otros factores no económicos, tales como los efectos persistentes de la sequía en el este y el sur de África y la propagación de enfermedades endémicas, como es el caso del Zika, afectan o agravan las dificultades en los países directamente afectados e incrementan las dificultades para el libre y fluido desenvolvimiento de la economía global.

Como contrapartida, no todo puede ser negativo, el mayor dinamismo cíclico que se inició a mediados del 2016 y el estímulo fiscal de los Estados Unidos han elevado las expectativas de crecimiento de las economías avanzadas, mientras que el incremento de los precios de las materias primas y el aumento de la demanda externa están potenciado la perspectiva de crecimiento global en las economías emergentes y de los países en desarrollo.

La actividad económica global se está acelerando pero es posible que se presenten dificultades que tendrán que enfrentar las autoridades para salvaguardar el orden económico global y preservar la integración que hasta ahora ha dado tan buenos resultados. La respuesta no es menos, sino más globalización.

Globalización y redistribución de las actividades de la cadena de valor

Los beneficios del Sistema de Producción Global trascienden las fronteras con facilidad y rapidez; el uso intensivo de las plataformas tecnológicas ha incrementado la interconexión, la interactividad, la transferencia instantánea de grandes volúmenes de información y el intercambio mundial de bienes y servicios. Las actividades de la cadena de valor se han redistribuido para aprovechar todas estas ventajas.

Ésta redistribución se ha dado en dos etapas; el *outsourcing* —manufactura a cargo de un fabricante foráneo en el extranjero— y el *offshoring* —manufactura a cargo de una planta propia ubicada en el extranjero— marcaron la pauta de la primera.

En la segunda, el *outsourcing* en reversa y el *reshoring* (relocalización) están señalando el camino. La primera etapa se inició a finales de la década de los noventa del siglo pasado; General Electric —bajo la dirección de Jack Welch— fue la primera en enviar su manufactura a China. En esa etapa inicial, la señalada redistribución permitió la aparición de nuevas oportunidades de negocios. Como ejemplos de estas actividades estaban, en primer lugar, los centros de llamadas. Estos son (aún existen, aunque se están relocalizando a una velocidad inusitada) una especie de centrales telefónicas corporativas, pero que están en países diferentes al que sirve de sede a una corporación en particular. Usted podía llamar desde cualquier lugar del mundo a, por ejemplo, Microsoft, en su sede en la ciudad de Seattle, en Washington, EE.UU.; su llamada era recibida por un operador ubicado en India, Irlanda o Sudáfrica, si su llamada era en inglés; si su llamada era en español, seguramente era recibida por un operador ubicado en Chile. La cantidad de empresas globales que se sirvieron de este tipo de servicios se incrementó hasta desplazar casi toda esta actividad al extranjero: Dell, Compac, Citibank, Sheraton, Lufthansa, Fedex, Oracle, entre otras.

En materia de educación, la Bond University, ubicada en Australia, comenzó a dictar programas de postgrado a distancia. Arquitectos y diseñadores en Chile, Filipinas y Hungría elaboraron proyectos para clientes ubicados en el resto del mundo. Ingenieros de India y China diseñaron sitios web, desarrollaron software para procesos de negocios de corporaciones occidentales y realizaron el manejo remoto de redes. Contadores y analistas financieros en Irlanda, Colombia y Venezuela se hacían cargo de la contabilidad de corporaciones globales.

Una empresa podía ser minúscula, no tener sede ni empleados, poseer escasos recursos financieros y estar ubicada en el lugar más remoto e inaccesible del planeta. No importaba, siempre y cuando contase con una conexión a Internet; el mundo estaba a sus pies, las oportunidades de negocios surgían por doquier.

La mayoría de la manufactura se reubicó en países de bajos costos laborales: China, India, Vietnam, Indonesia y Filipinas, en el Asia, y México en Latinoamérica. En el corto plazo la estrategia funcionó; la mano de obra barata contribuyó a incrementar el margen de beneficio. Pero, el tiempo hizo que la perspectiva cambiara; a mediano plazo las deficiencias y los problemas empezaron a aflorar.

Un incremento inesperado y substancial de los costos de transporte comenzó a socavar las bases del nuevo modelo de fabricación; como el grueso de la manufactura se traslada por barco, al incremento del precio del flete hay que agregar el tiempo de navegación; con suerte, un producto puede tardar en llegar varias semanas desde el Asia hasta el continente americano.

La innovación también sufrió; la separación de las actividades de fabricación de las de investigación y desarrollo creó una brecha intelectual que afectó la generación de ideas innovadoras y la creación de nuevos productos. En el caso de los Estados Unidos, el distanciamiento afecto la fluidez de los aportes provenientes de la investigación científica de las universidades locales y la ventaja de la existencia de conglomerados industriales (*clusters*) que actuaban como un multiplicador del conocimiento y una fuente de intercambio científico y tecnológico de considerable magnitud. La distancia afectó, también, la percepción de los cambios en los gustos del consumidor y retardó el tiempo de respuesta a las demandas locales. La habilidad de la mano de obra foránea es otro de los factores a considerar; en la medida en que se incrementa la manufactura proveniente del extranjero, en los países receptores se va agotando la disponibilidad de trabajadores de elevada calificación; pronto el mercado laboral se ve obligado a reemplazarlos por personas que no cuentan con las competencias que requiere la producción; la consecuencia es inevitable: bienes y servicios de baja calidad.

El cambio climático, el significativo aumento de las actividades terroristas, a lo largo y ancho del mundo, y la inestabilidad política en vastas regiones del planeta ha incrementado el riesgo de interrupción del flujo de insumos y productos. Mientras más dispersas y lejanas estén las actividades de la cadena de valor, mayor será la probabilidad de que alguno de tales eventos disminuya el ritmo del proceso fabril y aumente el tiempo de respuesta a las demandas del consumidor.

El robo de la propiedad intelectual o la imitación de los productos es otro de los riesgos inherentes al modelo. Un reportaje sobre la materia refiere que:

> Los proveedores foráneos de partes con frecuencia se transforman en competidores, y para muchas compañías el riesgo de perder la propiedad intelectual, bien sea a través del robo o la imitación de productos en China, y en otras partes, es elevado[4].

Esto último parece una consecuencia inevitable de la producción externa; los fabricantes aprovechan esta oportunidad para desarrollar sus propios productos, a partir de la ingeniería en reversa. Tal es el caso de Samsung, como lo refiere el mismo reportaje: "Samsung, un gigante electrónico, era un fabricante de partes y componentes para varias firmas japonesas, pero ahora empequeñeció a sus antiguos clientes"[5]. De hecho esta empresa coreana ha desplazado a la mayoría de los conglomerados japoneses que décadas atrás dominaban el mercado de artilugios electrónicos.

La expatriación laboral es otra de las consecuencias desfavorables del modelo en cuestión. Ante la disminución de las oportunidades de empleo, en sus países de origen, muchos trabajadores de elevada calificación se fueron detrás de los puestos de trabajo; emigraron a países de menor desarrollo en busca del empleo que habían perdido por causa de la deslocalización de la manufactura.

Las deficiencias en la infraestructura de los países receptores de manufactura es otro de los inconvenientes con el que se topa la deslocalización; India es *famosa* por la baja calidad de sus servicios públicos, incluyendo puertos y aeropuertos, correos, electricidad, interconexión *online*, entre otros. Los continuos cambios en la legislación laboral, el incremento de los impuestos, la inseguridad jurídica y el autoritarismo de los gobiernos centrales, regionales y locales son otros factores que se pueden agregar a la ya larga lista.

Por otra parte, el costo laboral se ha ido incrementando en los países receptores de manufactura; la brecha es cada vez menos significativa. Llegará el momento en el que la deslocalización no tendrá sentido alguno; los otros factores se encargarán de incrementar los costos de producción hasta un nivel inaceptable. La acumulación de todos estos factores ha hecho que importantes corporaciones, en el mundo entero, hayan estado perdiendo su habilidad para participar en un mercado cada vez más competitivo.

La acumulación de deficiencias en un sólo proyecto corporativo puede hasta causar *tormentas perfectas* que generen incrementos considerables en los costos de producción. Es el patético caso de Boeing:

> Después que Boeing, un fabricante de aviones, trasladó por *outsoursing* el 70% de las actividades de desarrollo y producción de su nuevo 787 Dreamliner a 50 suplidores, sufrió inmensos retardos debido la incapacidad de sus asociados de cumplir con los plazos de entrega de las partes y componentes que estaban a su cargo[6].

El 16 de enero de 2013, Boeing fue obligada, por la agencia federal que controla la aviación comercial en los Estados Unidos (Federal Aviation Administration), a dejar en tierra los cincuenta aviones que estaban en manos de diferentes aerolíneas comerciales debido a que las fallas que presentaban sus baterías de litio habían causado incendios en la cabina y el fuselaje del avión. La solución de este problema se extendió por varios meses y causó considerables pérdidas a la empresa constructora.

Muchos de los detractores de la globalización pensaron que la crisis financiera del 2008 iba a acabar con ésta; se equivocaron. La dispersión de las actividades de la cadena de valor en distintos sitios sigue siendo una de sus bases —para el logro de la tan ansiada competitividad—; la diferencia está en la distancia que ahora separa tales actividades.

Ante el temor de que experiencias como la de Boeing se repitan, las grandes corporaciones han comenzado a reaccionar. Los primeros han sido los fabricantes de los Estados Unidos; se han dado cuenta que lo más importante para cualquier empresa es la existencia de un ambiente que favorezca la actividad fabril, una especie de *ecosistema de negocios*. Según lo reporta la revista The Economics, algunas empresas, tales como "Caterpillar, Ford, General Electric, Otis Elevator, Sleek Audio, Chesaspeake Bay Candele"[7], entre otras, están relocalizando parte de su producción e incrementando, paulatinamente, su capacidad interna de producción.

En el caso específico de General Electric, la producción de neveras, lavadoras y calentadores ha sido relocalizada de China a Kentucky; según lo refiere la revista The Economics: "… los sucesores de Jack Welch han llamado a esa forma de hacer las cosas, *el viejo modelo*"[8].

Ahora bien, si aquel entró en desuso, la pregunta obvia es: ¿Cuál es el nuevo modelo? Sin duda que será aquel que surja de la reubicación de las actividades de la cadena de valor; sea cual fuese la denominación que reciba. Esta reubicación aprovechará algunos cambios que se han presentados en aquellos factores que otrora obligaron a desplazar la manufactura al extranjero. El primero de estos es el costo laboral. La flexibilidad de la legislación laboral ha permitido que, como respuesta a la crisis económica actual, los salarios hayan registrado una reducción considerable en algunos estados de la Unión, como es el caso de Luisiana,

Dakota del Norte, Carolina del Sur, Ohio, Kentucky y Florida, entre otros, donde la diferencia parece estar en un 30% por debajo de la media.

Por su parte, los sindicatos han estado aceptando la firma de contratos en los que se disminuyen los beneficios en favor de la apertura de nuevos puestos de trabajo. Al acortarse la distancia entre las diferentes instalaciones de una empresa y el mercado local, se reduce el riesgo de interrupción del flujo de insumos y productos, y los costos de transporte dejan de tener una incidencia significativa en el precio de los bienes y servicios.

La cercanía a las universidades y los conglomerados industriales (clusters) crea un ecosistema de negocios que auspicia la innovación, incrementa las competencias corporativas y facilita tanto los procesos industriales como la colocación de bienes y servicios en el mercado.

El incremento considerable en la producción de gas proveniente de esquistos (shale gas) ha permitido abaratar los costos de la electricidad en los Estados Unidos, hasta el punto de que su industria paga por ese rubro precios similares a los del año 1999, la mitad de lo que se paga en países como México y Chile y un tercio de lo que pagan los alemanes o los coreanos del sur. Además, el elevado costo del combustible ha revitalizado la extensa red ferroviaria norteamericana. Es mucho más barato enviar cargas muy pesadas a través de grandes distancias; hasta petróleo está siendo enviado por este medio de transporte.

La repatriación de trabajadores calificados es otro de los beneficios de este nuevo enfoque; quienes salieron detrás de los puestos de trabajo tienen la oportunidad de regresar a su país de origen. La posibilidad del robo de la propiedad intelectual y la imitación de productos disminuye en la medida en que la manufactura deja de estar en manos de empresas foráneas. La infraestructura local está en óptimas condiciones; la crisis no la afectado todavía.

Pero no sólo las empresas estadounidenses están relocalizando la fabricación de sus productos; The Economics reporta el caso de Lenovo: "... empresa china de computadoras que está por abrir una planta en Carolina del Norte"[9], para aprovechar las ventajas que proporciona la proximidad al mercado interno; a pesar de que el costo laboral es mayor que en el país asiático, la utilización de robots podría disminuir, significativamente, los requerimientos de mano de obra.

En el área de servicios también se están produciendo cambios; algunas empresas que se encargaban de procesar actividades administrativas por medio de *outsourcing* —centros de llamadas, contabilidad, consultoría, etc.— están de regreso en su país. Es el caso de Cognizant una empresa que: "En vez de enviar el trabajo a India, está abriendo nuevos centros en Iowa y Dakota del Norte" [10]. No toda la manufactura está regresando a los Estados Unidos; únicamente aquella que se destina al mercado interno; los productos destinados a otros países se siguen fabricando en el extranjero, en la cercanía de los mercados locales.

Aún es muy temprano para medir la incidencia de las relocalizaciones, pero no sería aventurado afirmar que a mediano y largo plazo mejorarán las variables que afectan el desenvolvimiento económico de ese país.

Ahora bien, las diferencias entre el *viejo* y el *nuevo* modelo de producción global no se limitan a las actividades de relocalización y *outsourcing* en reversa; la crisis económica ha provocado una clara tendencia hacia el futuro:

> Más intervención del Estado en el flujo de monedas y bienes; más regionalización del comercio hacia países vecinos con intereses comunes, y más fricción entre los intereses nacionales y la cooperación internacional. Juntos, todos estos factores conducen hacia un tipo regulado de globaliza-

ción[11].

Según un artículo de la revista The Economics, muchos países están limitando el flujo de dinero entre continentes; en el Reino Unido se ha obligado a los bancos extranjeros a incrementar sus reservas de capital; en Alemania, los entes reguladores han prohibido la extracción de capital a las subsidiarias de los bancos de los Países Bajos y de Italia; en los Estados Unidos, la FED está preparando la publicación de un conjunto de normas que regularán las operaciones de los grandes bancos extranjeros y: "... levantará una pared alrededor del mercado financiero norteamericano"[12] y: "... fragmentará las finanzas globales"[13].

Algo diferente está ocurriendo en Europa; *outsourcing* y deslocalización son términos casi desconocidos en esa parte del planeta. Muy pocas fueron las empresas que reubicaron su manufactura en el extranjero. De manera tal que es muy poco lo que se pueda hacer en esa materia. Por otra parte, el mercado laboral en la mayoría de los países que forman parte de la Unión Europea es inflexible y costoso. Los sindicatos, por su parte, no están dispuestos a aceptar la disminución ni de los salarios ni de los beneficios adicionales. Otro de los problemas es la ausencia de liderazgo; pocos son los gobernantes europeos que tiene el suficiente peso específico como para exigir sacrificios a su población.

La relocalización de manufactura no afectará de inmediato a China, al menos en el mediano plazo se mantendrá como una opción válida, especialmente para la fabricación de productos destinados a los mercados ubicados en sus regiones aledañas.

Diferente es la situación de India, pues hacia ese país se habían dirigido, principalmente, las actividades de deslocalización que se relacionaban con el sector de servicios: centros de llamada, ventas, consultoría, diseño, programación de software, centros de data y contabilidad, entre otras. Y como la relocalización de servicios es un proceso relativamente sencillo y de bajo costo, ya hay muchas empresas indias que se están desplazando a otra parte; tal es el caso de INFOCYS, una empresa de consultoría que se está trasladando a regiones cercanas a sus clientes más importantes.

Globalización y mercado virtual

El mercado en su concepto tradicional está en vías de desaparición; a ello estaría contribuyendo la red de redes. Internet posibilita una variada gama de actividades; usted puede comunicarse, estudiar, comercializar, y hasta tener una vida virtual. De nuevo pareciera que exagerásemos; pero, no es así. *Second Life* es un juego virtual que nos permite recrear una vida ficticia. A través de este subterfugio informático, cualquiera puede adquirir una nueva personalidad. Tendrá múltiples opciones: rasgos de carácter, el físico de Adonis, o de Venus; vestirse como desee: escoger los modelos de Versace, Carolina Herrera, Oscar de la Renta, Givenchy; alojarse donde quiera: hoteles de lujo, regias mansiones, suntuosos apartamentos; comprar los adminículos que más le interesen: joyas y accesorios; teléfonos que graban, fotografían, posicionan y transmiten; viajar a través de los continentes en yates, jets privados o vehículos 4x4. Todo virtual, cuanto pueda adquirir con sólo pisar una tecla. Su álter ego virtual podrá tener todo lo que desee.

A través de una computadora, el hombre actual puede sumergirse en un mundo que sólo existe en su imaginación, haciendo abstracción de todo lo que pueda afectarlo emocional o físicamente. Los ermitaños del siglo XXI no necesitan cavernas para aislarse del mundo, en Internet está disponible todo lo que pueda requerirse para alejarse del mundanal ruido, evitar a la gente, no hablar con nadie, pasar por alto la enfermedad, la tristeza y el sufrimiento. Pero, no crean que de esta ficción no se aprovechan quienes conservan el espíritu mercantilista; lo que se adquiere del mundo virtual, se adquiere de verdad, hay que pagar por ello. Claro está, sólo se paga una fracción del costo real, pero se paga; en este mundo virtual lo único real es el dinero que circula en enormes cantidades.

La relación costo-beneficio es simple: bajísimos costos y elevadísimos beneficios;   no hay nada que fabricar; no se requieren insumos, bienes de capital, mano de obra. Lo que si se requiere es imaginación, mucha imaginación; a la lista de compras de objetos físicos agreguemos lo que en realidad es pura y absoluta ficción; lo que realmente se vende es creatividad e innovación. El esfuerzo físico que se requiere para crear —y mantener— este mundo ficticio es casi nulo; la mente crea, así pues, bienes y servicios en cuya producción solamente gasta unas pocas gotas de sudor.

Aparte de lo expresado en los párrafos precedentes, en relación con los mercados virtuales, hay una actividad subterránea que se está haciendo presente alrededor de los juegos en línea. Esta actividad se manifiesta en la periferia del mundo de los juegos conocidos como MMORGPGS (*Massively Multiplayer Online Role Playing Games*). Juegos como *World of Warcraft and EverQuest II* atraen la atención de millones de jóvenes a nivel mundial; a través de Internet unos jugadores se interrelacionan con otros para desperdiciar el tiempo en una actividad que en sus inicios no generaba ningún lucro.   Horas y horas de juego sin otro propósito que el ocio. Pero, pronto esta situación cambio, en forma drástica, y surgió una nueva forma de hacer dinero: la siembra de oro virtual

Los granjeros del oro —término utilizado para denominar a quienes siembran oro virtual— ocupan su tiempo asumiendo roles en diversos juegos de video: destruyen instalaciones, matan monstruos, salvan doncellas, rescatan rehenes, atrapan delincuentes, entre otras muchas actividades. Como compensación reciben *oro virtual;* en la medida en que se acumula este tipo de riqueza, el software le da al jugador la oportunidad de ascender de nivel; mientras más riqueza acumula, más oportunidades tendrá para ascender hasta el nivel más elevado del juego.

En teoría, la acumulación de riqueza va de la mano del incremento de la destreza individual para enfrentar las dificultades del juego: una gran riqueza sería, así pues, el equivalente a una depurada experticia. Hasta aquí todo es normal, el mercado no se ha hecho presente. Pero, como en toda actividad humana, hay quienes desean tomar un atajo; alcanzar el máximo nivel del juego sin la tediosa y agobiante rutina que permite acumular el oro virtual. Y, es en este momento preciso en el que el mercado se hace presente con todo su potencial. Un jugador con dinero y sin voluntad se encuentra con un jugador sin dinero pero con una gran habilidad. ¿Qué creen ustedes que ocurre? ¡Lo que todos se imaginaron¡ El segundo le vende al primero el producto de su esfuerzo.

La venta de oro virtual se hace por medio de empresas que como PayPal se ocupan de las transacciones financieras en la red; mil unidades de oro virtual tienen un precio al detal de unos diez dólares americanos. Para las operaciones de compra-venta virtual, los interesados se citan en un lugar predeterminado del ciberespacio y acuerdan la correspondiente transacción.

Lo que comenzó como una simple transacción entre un jugador y otro (un comprador y un vendedor), con el tiempo se fue haciendo una actividad más compleja hasta devenir en una verdadera industria. Muchos emprendedores han creado empresas que se dedican a la siembra masiva de oro virtual: contratan trabajadores con baja escolaridad, los entrenan y los colocan al frente de una computadora para que produzcan la mayor cantidad posible de oro virtual. Esta unidad monetaria es vendida, en línea, a terceros o transada en algo similar a una bolsa de valores de moneda virtual. Lo que comenzó con simples intercambios individuales se ha transformado en una poderosa industria que nada tiene que envidiar a las que comercian con bienes tangibles: en el año 2009, aproximadamente doce millones de suscriptores elevaron la facturación de World of Warcraft en una cantidad estimada en los mil millones de dólares.

La siembra de oro virtual ha tenido un impacto significativo en la economía de países que disponen de mano de obra barata y desocupada, tales como India y China; en estos países un trabajador puede llegar a ganar alrededor de 50 centavos por hora de trabajo en una jornada que se extiende entre 10 y 12 horas diarias durante todos los días de la semana. Este tipo de remuneración es, en la generalidad de los casos, mayor que la percibida por un trabajador en otro tipo de actividad laboral, en la industria tradicional de los países tomados como referencia. Cientos de jóvenes sin calificación ni oficio han encontrado un lugar en el mercado de trabajo virtual; los cientos de miles de puestos de trabajo creados en ese tipo de mercado han contribuido a disminuir los niveles de pobreza y criminalidad en países que como China no alcanzan a crear suficientes puestos de trabajo como para satisfacer las expectativas de los más jóvenes de la población.

La industria del oro virtual está contribuyendo, también, a incrementar la habilidad de los jóvenes en el manejo de la tecnología; la destreza que adquieren en su puesto de trabajo bien podría servir de plataforma para que en el futuro puedan alcanzar niveles superiores de desempeño tecnológico; la siembra de oro virtual sería sólo el primer estadio de una capacitación tecnológica aún más sofisticada.

Lo más interesante de la siembra del oro es que, según se puede inferir de la lectura de los últimos párrafos, una industria ha surgido de la nada; ha sido creada por iniciativa de una abstracción: el *homo economicus*. Una inagotable fuente de trabajo ha sido creada en forma subterránea, sin que gobiernos ni economistas lo hayan percibido ni apoyado, al menos en sus inicios.

Otra experiencia interesante de analizar es la de Zinga, Inc., empresa que ofrece juegos virtuales gratuitos a través de Facebook; la gratuidad desaparece cuando el jugador compulsivo gasta miles de dólares al mes para comprar bienes virtuales que satisfagan los requerimientos de los diferentes eventos del juego: desde mascotas hasta rascacielos virtuales. Nuevos clientes son atraídos por los mismos jugadores, quienes utilizan la misma plataforma tecnológica para sumar a los miembros de sus redes de amigos a la lista de compradores. Pero…, *este juego no es un juego*: para el año 2010 las ventas de Zinga alcanzaron una cifra cercana a los mil millones de dólares; si bien en los últimos años sus ganancias han disminuido, en forma considerable, el modelo de negocios sigue siendo muy rentable.

Ahora bien, las actividades económicas digitales no se limitan a los juegos virtuales. Según refiere Hannah Beech[14], en China se está haciendo presente un boom literario digital. Miles de escritores aficionados han inundado la web con novelas *online* que se publican por capítulos; cada uno de estos es vendido por no más de 30 céntimos de dólar. Por medio de computadoras, teléfonos inteligentes y tabletas 200 millones de chinos se lanzan todos los días sobre el último capítulo de su novelista preferido.

Las empresas que poseen los sitios de la web, donde se publica este tipo de literatura, están haciendo buenos negocios; según lo reporta el autor al que hemos hecho referencia, sólo una de esas empresas, Cloudare Corporatión, ha generado beneficios que superaron en el año 2011 los cien millones de dólares. Las novelas más exitosas son explotadas al máximo; unas son publicadas en la forma tradicional, alcanzado ediciones que sobrepasan el millón de ejemplares; otras son transformadas en series de televisión que alcanzan niveles de audiencia estratosféricas.

La pujanza de la actividad económica virtual contrasta con la inutilidad de los esfuerzos de los gobiernos de todo el mundo en la creación de puestos de trabajo. Billones de dólares han sido malgastados para enfrentar la crisis económica actual; a partir de 2009, los Estados han despilfarrado el dinero público en un vano esfuerzo: convirtieron pasivos privados en públicos; condonaron deudas, subsidiaron a deudores hipotecarios; auxiliaron instituciones financieras. Todo para nada, no han podido crear suficientes puestos de trabajo para compensar los que se han perdido.

Por supuesto, unos países están peor que otros. Si bien los Estados Unidos está experimentado un *boom* económico que ha llevado a una drástica reducción del desempleo, su talón de Aquiles sigue siendo la exagerada emisión de dinero inorgánico; tarde o temprano estallará lo que Jorge Soros denomina la superburbuja financiera que se ha estado creando desde la crisis financiera del año 1930. En Europa algunos hacen agua: Grecia está al borde de la quiebra; España mantiene desocupada a un 25% de su población (6 millones de desempleados); Italia está pero que nunca, y Francia, para sólo mencionar algunos, mantiene un equilibrio precario.

Además del subsidio a la economía, a los gobiernos no se les ha ocurrido otra cosa que la regulación de los mercados financieros; como las anteriores experiencias lo han demostrado, más tardan los gobiernos en regular que los actores económicos en inventar la trampa; a la larga está medida será tan inútil como los subsidios. Ocupados deberían estar los gobiernos por descubrir las actividades ocultas del mercado; aquellas que de verdad generan puestos de trabajo. Una vez descubiertas sólo restaría apoyarlas.

Como puede haberse percibido, el mercado virtual está asestando un duro golpe a lo que queda del socialismo marxista, ha hecho desaparecer la razón de su existencia, la raíz de su ideología, el sustento de su lucha. Se podría decir que, al menos en ese ámbito virtual, el concepto del trabajo, en términos de la filosofía marxista, ha desaparecido; no hay puestos físicos de trabajo, por tanto, el proletariado no existe, y si éste no existe, a quienes arrastrar hacia el fanatismo, la mediocridad y la pobreza. Dónde encontrar las masas que se dejen arrastrar por líderes populistas; a quién convencer de las bondades de una ideología en decadencia.

Moneda digital

La mayoría de las transacciones financieras *online* se hacen con la intervención de las instituciones financieras; para cubrir los costos y obtener algún beneficio, éstas cobran una tasa tanto al comprador como al vendedor. Para evitar este costo adicional, Satoshi Nakamoto —en realidad es sólo un seudónimo— creó en el año 2009 el Bitcoin (Ƀ, BTC). Este sistema electrónico de intercambio de efectivo utiliza un protocolo criptográfico de fuente abierta que permite transacciones directas entre dos computadoras, o teléfonos inteligentes, sin pasar por una autoridad central, y mediante el uso de servidores llamados *Bitcoin miners*. Las transacciones son anónimas y se almacenan en una carpeta —cartera electrónica—; una clave personal le proporciona un cierto margen de seguridad al sistema.

El valor del Bitcoin es respaldado por la limitada cantidad de unidades que se pueden poner en circulación. Desde su creación se estableció que no podrían sobrepasar los Ƀ21 millones; cada cuatro años el número de unidades existentes es dividida entre dos hasta que en el año 2140 su número descienda hasta cero. Las expectativas del mercado y las esperanzas de los compradores juegan un papel importante en su valorización: existirá hasta que haya quienes crean que otros lo aceptaran como medio de pago.

Es importante señalar que el dinero electrónico puede ser dividido en subunidades: millicoin (0.001); microcoin (0.00001) y satoshi (0.00000001). Esta fragmentación lo hace ideal para pequeñas transacciones; es por esta razón por la que se está convirtiendo en la moneda preferida de traficantes de drogas y corredores de apuestas ilegales; se especula que la mayoría de las transacciones viene por este camino.

El Bitcoin es comprado y vendido a un precio variable que se relaciona con una moneda de uso extendido (U$ dólar, euro o libra esterlina); para el primer trimestre de 2013 se comercializaba a precios que fluctuaban entre los 100 y los 260 dólares. Algunos expertos financieros achacaron esta volatilidad a la crisis financiera en Chipre; al parecer los pequeños ahorristas chipriotas trataron de salvar lo poco que tenían en los bancos por medio de transacciones financieras directas.

Sin que nadie pueda explicar la causa, en la madrugada del 28 de noviembre de 2013 el precio del Bitcoin elevó su cotización hasta alcanzar 1.242 dólares por unidad; en febrero de 2014, por el contrario, sufrió una abrupta caída y su cotización bajó a 630. El origen de este descenso estuvo, según parece, en la desaparición de 2,5 millones de esta moneda de la cuenta de Silk Road 2.0 —un sitio de internet que se ocupa de transacciones financieras provenientes del tráfico de drogas ilícitas—; este sitio parece haber sufrido el ataque de un *hacker* que no tuvo ninguna dificultad para violar los correspondientes códigos de seguridad. Esta violación sólo pudo ser posible si los propios usuarios descuidaron las medidas de seguridad y facilitaron un *ataque 51*, descrito en el párrafo correspondiente a las cadenas de bloques. Agregar comportamiento del bitcoin en 2018

Para el mes de diciembre de 2015, el precio del Bitcoin había descendido hasta los 440 dólares por unidad. A partir de allí, el precio se fue recuperando, y para la tercera semana de mayo de 2017 dio un salto sorprendente: su valor se elevó un 30% hasta alcanzar un valor de 2.600 dólares por unidad. A partir de ese momento su cotización se incrementó hasta alcanzar un valor de 9.000 dólares para la primera quincena del mes de mayo de 2018. Para el mes de agosto de 2018, el precio se ha estabilizado alrededor de los 6.500 dólares. Algunos expertos financieros consideran que existe el riesgo de una burbuja que al explotar de seguro arrastrará a las otras monedas digitales que han aparecido recientemente: el Litecoin, el Anoncoin y el Zerocoin.

Cadena de bloques

La mayoría piensa que el Bitcoin no es más que un simple sistema electrónico de intercambio de efectivo para transacciones financieras de escasa significación. No nos engañemos, la tecnología que lo respalda tiene un potencial de transformación que podría cambiar la forma en que la sociedad mundial intercambia y protege la información que se deriva del funcionamiento de instituciones y organizaciones: las cadenas de bloque.

Una cadena de bloques es un sistema P2P (puerto a puerto, sin intermediarios) donde los usuarios tienen un acceso limitado a la información. Puede ser considerado como un registro público de la información que almacenan sus usuarios, una especie de libro de contabilidad digital cuyas páginas reciben la denominación de bloques.

Un bloque es, precisamente, el registro digital de las transacciones de los usuarios. La cantidad de transacciones que puede registrar cada bloque es limitada, depende del número establecido en las normas de uso de cada cadena. Una vez alcanzado ese límite, la página (bloque) se cierra y se inicia un nuevo bloque. Una cadena de bloques no es más que el entrelazamiento de todos los bloques generados por un sistema en particular. El primer bloque es considerado el original, y es el punto de partida de todas las transacciones.

No todos pueden ingresar a la información contenida en un bloque, se requiere de un par de claves. La primera es la clave pública, y corresponde a la dirección electrónica que recibe la información —o el dinero, como es el caso del Bitcoin— y la segunda es la clave privada que es la correspondiente al usuario. Para acceder al sistema se requiere de la segunda, para entrar a un bloque se necesita de la primera.

El sistema genera una clave privada, en forma automática, para cada bloque. De tal manera que si un usuario requiere ingresar, necesitará tanto la del bloque anterior como la del actual. Si un usuario ingresa al bloque anterior, el sistema generara una nueva clave que impedirá que la información de ese bloque pueda ser modificada. Esa nueva clave convertirá al bloque anterior en uno diferente, y los cambios que en éste se realicen no modificarán la información original.

La única manera de revertir la información es mediante lo que en el medio se denomina un *ataque 51*: Intento para bloquear y revertir las transacciones por medio de un poder de cómputo mayor que el de la cadena de bloques atacada. Si bien esto es, en teoría, posible, el costo de reunir tal capacidad computacional sería más elevado que cualquier beneficio que se pueda obtener. Una cadena de bloque tiene el poder computacional equivalente a la suma del poder individual de todos sus usuarios; a cada instante se suma nuevo poder, de manera tal que es casi imposible la determinación del poder computacional que se pueda requerir, en un determinado momento, para lanzar un ataque 51.

Las transacciones son generadas por los mineros: usuarios que colaboran con el sistema a cambio de una recompensa. Estos usuarios se dedican a la minería: actividad mediante la cual se realizan las transacciones del sistema. Las transacciones son gestionadas por medio de las computadoras individuales de los usuarios, no existe un sistema central de almacenamiento, por tanto, no existen intermediarios:

bancos, entidades públicas o privadas. Los usuarios conforman una red digital, sin estructura ni ubicación física.

Los mineros compiten entre sí, el sistema escoge al minero que realizará la transacción de acuerdo con dos criterios de selección: capacidad computacional y habilidad para el cálculo. El primer criterio le da mayor oportunidad a los usuarios con mayor poder computacional; es por esta razón por la que existe la tendencia a reunirse en grupos de usuarios que suman su poder computacional para competir con ventaja. La habilidad para el cálculo es requerida para resolver la prueba de trabajo del sistema: resolución de un problema criptográfico de elevada complejidad.

Para que un bloque pueda ser activado, la transacción realizada por un usuario debe ser confirmada por varios mineros. El número adecuado de éstas va a depender de la importancia o valor de la transacción. Para información sin trascendencia ni valor, bastaría con dos o tres confirmaciones; para transacciones de mayor relevancia o valor, se requiere un número no menor a seis confirmaciones. Las confirmaciones son una forma de auditoría que evita los fraudes y la duplicidad de costos. La confirmación de una transacción requiere de un tiempo aproximada de veinte y cinco minutos.

Las transacciones de una cadena son públicas, pueden ser revisadas por cualquier usuario del sistema. La información aparece en tiempo real, cada segundo aparecen tanto las transacciones anteriores como aquellas en tránsito. La información correspondiente a las transacciones incluye el instante en que es realizada: fecha, hora, minuto y segundo, y facilita, por tanto, el registro de cualquier transacción.

Entre las ventajas de una cadena de bloques están las siguientes:

1. Facilita el registro de información de cualquier índole, tanto pública como privada.

2. Permite el condicionamiento de las operaciones: fecha, firmas autorizadas, circunstancias, entre otras.
3. Facilita la emisión de acciones de sociedades y corporaciones.
4. Permite que las partes registren *contratos inteligentes*: la cadena confirma el cumplimiento de las cláusulas de cualquier contrato sin revelar ningún tipo de información confidencial sobre las partes involucradas y/o la naturaleza de la transacción.
5. Permite la transferencia de dinero a cualquier lugar del planeta, sin la intermediación de terceros y con un bajo costo de intermediación.
6. Es un sistema confiable y seguro que dificulta, en grado sumo, el fraude y la violación de la información contenida en el sistema.
7. El costo de mantenimiento del sistema es reducido, pues el poder computacional y la fuerza de trabajo es suministrada por los usuarios.

La cadena de bloques tiene muchas aplicaciones. Podría utilizarse, por ejemplo, como un sistema de votación que proteja tanto la información relacionada con el acto electoral como la identidad de los electores. También podría utilizarse como un sistema monetario alterno que, copiando las características de Bitcoin, propicie la disminución de la liquidez monetaria y dificulte la aparición de burbujas financieras que amenacen, como ocurrió en el año 2008, la estabilidad económica del planeta. De hecho, de acuerdo con la información suministrada por la revista Fortune:

IBM, Intel, J.P. Morgan y varios grandes bancos están entre aquellos que están apostando en las cadenas de bloques similares a la de Bitcoin. Estas compañías han unido fuerzas para crear un proyecto de fuente abierta con la Fundación Linux con la idea de imaginar las nuevas cadenas de suministro, contratación y almacenamiento de la información relacionada con la propiedad y valor de los bienes que se puedan intercambiar en una economía digital[15].

La tecnología de la cadena de bloques podría, además, contribuir con el fortalecimiento de la economía mundial, pues, a su alrededor tienden a crearse ecosistemas de negocios; como es el caso, por ejemplo de Bitcoin, en cuyo entorno han surgido una serie de negocios relacionadas con su actividad financiera: casas de cambio, procesadoras de pago, monederos digitales, servicios financieros y minería, desarrollo de software, entre otros.

Países de reciente creación, como es el caso de Estonia, están creando sistemas de registro público que se basan en la tecnología de las cadenas de bloques para reducir el costo de la actividad pública y los lapsos de atención al público. Pero, esta tecnología no sólo es apropiada para países recién creados, en aquellos países cuya gestión pública este siendo obstaculizada por la burocracia, el sobredimensionamiento de las instituciones públicas, la corrupción, la ineficiencia, y el despilfarro de recursos humanos, materiales y financieros, la solución está ya disponible.

Un sistema de gestión pública basada en la tecnología de la cadena de bloques permitiría recuperar la eficiencia del aparato estatal en cuestión de meses. Países tan ineficientes y corruptos como Brasil, Venezuela, Suráfrica, México y China, para no citar sino algunos de una larga lista, podrían mejorar su capacidad administrativa a un costo muy bajo. Los niveles de empleo de muchos países podrían mejorar con un sistema de gestión basado en la tecnología de la cadena de bloques.

Miles de puestos de teletrabajo se crearían sólo con la incorporación de los mineros que estarían a cargo de las transacciones. Imagínense que en lugar de empleados públicos tengamos trabajadores cuya remuneración se base en la cantidad de transacciones que efectúen, y no en el tiempo que los servidores públicos consumen, o desperdician, a diario.

La gestión privada podría, también, mejorar, mediante la incorporación de esta tecnología. Las redes serían las bases de la actividad laboral y las organizaciones se horizontalizarían de inmediato. Las empresas pasarían a entrelazarse en ecosistemas de negocios y la economía mundial se constituiría en un verdadero sistema: El Sistema de Producción Global.

Intermediación digital

La mayoría de las compras se cancelan con tarjetas de débito y crédito; sin embargo, ante la vorágine cotidiana, las personas están acudiendo a formas más expeditas que faciliten las transacciones y ahorren tiempo. Es así como han surgido una variada gama de opciones para atender las necesidades de clientes y usuarios.

Las empresas que colocan sus productos al detal —Starbucks, Amazon, Home Depot, Waltmart, CVS y ExxonMobil, entre otras— venden tarjetas de prepago que les permiten acumular importantes sumas de dinero que se mantienen en sus cuentas por un tiempo indefinido: hasta que el comprador decida utilizarlas.

Otras empresas, tales como Starbucks, tienen un sistema digital que permite que se cancelen las compras por medio de una aplicación telefónica que transfiere el dinero entre las cuentas. Por su parte, PayPal ofrece un servicio que permite que se hagan transacciones telefónicas sin la participación de las instituciones financieras. Google y Apple ofrecen a sus usuarios una cartera virtual que facilita la transferencia de dinero por medio de los teléfonos inteligentes. El 17 de Marzo de 2015, Facebook anunció el lanzamiento de una aplicación que permite a sus usuarios el envío de dinero con la misma facilidad con la que envían textos y fotografías. AT&T, T-Mobile y Verizon se asociaron para crear su propio sistema de pagos móviles y cartera virtual: Isis.

La movilidad se está trasladando, también, a las transacciones bancarias. Ya el dinero se puede mover de un lugar a otro sin necesidad de intermediación bancaria. Las personas y las empresas pueden transferir dinero —prestamos, pagos, compras, etc.— en forma inmediata. Las transferencias puerto a puerto relacionan a prestamistas y prestatarios a través de Internet. Los primeros reciben un pequeño estipendio por cada transacción y se benefician con una tasa mayor de la que se obtiene a través de la actividad bancaria tradicional, los segundos pagan un interés menor por sus préstamos.

Sistemas Inteligentes de Producción

El mundo no podrá salir del atolladero en que se ha metido, a menos que se decida por un cambio paradigmático; la postmodernidad apenas se ha asomado, pero es allí donde está el conocimiento que el mundo requiere para salir adelante.

Un cambio drástico en la forma de producir bienes y servicios se impone; ningún país alcanzará la competitividad con la receta actual: apalancamiento excesivo de las empresas, deslocalización de actividades industriales sin más incentivo que los bajos costos de la manufactura, ausencia de inversión en tecnología e innovación, costos desmesurados de los sistemas de seguridad social, utilización de teorías obsoletas de gestión y administración, elevados costos de almacenamiento, manipulación y transporte, entre otros.

Ese cambio pasa por la conjunción de todas las tecnologías disponibles para conformar sistemas inteligentes de producción. Un Sistema Inteligente de Producción (SIP) puede ser definido como a plataforma tecnológica que permite combinar las tecnologías disponibles para producir bienes y servicios de calidad en forma eficiente. La eficiencia vendría dada por una relación costo-beneficio que garantice la competitividad de cualquier producto. Las plataformas tecnológicas que contribuirían a conformar un SIP serían:

1. La conectividad inalámbrica
2. El emprendimiento y los bloques digitales
3. La Inteligencia Artificial
4. La mega data
5. La nube
6. La robótica
7. La manufactura digital
8. El teléfono inteligente

Conectividad inalámbrica

La conectividad inalámbrica es el punto de partida de un sistema inteligente de producción, pues, cada día se incrementa el número de productos que se conectan en forma inalámbrica, gracias a los sensores que son colocados en su interior. Para el año 2020 se estima que su número sobrepasará los veintiún billones en todo el mundo.

La información por estos transmitida está siendo utilizada tanto para mejorar el desempeño de los actuales como para la fabricación de nuevos artefactos o versiones mejoradas de los anteriores. Esto significa que la data recogida es una especie de materia prima que sirve a los fabricantes como insumo.

Esta información es la base de plataformas tecnológicas que están instalando algunas compañías para crear un nuevo modelo de negocios que abarque una amplia gama de productos y servicios y conformen un ecosistema de negocios que proporcione a los usuarios un rendimiento superior y una mayor satisfacción de sus necesidades y deseos.

Es el caso de Apple y Google. Ambas empresas están tratando de incursionar en el negocio automotriz con la fabricación de autos eléctricos que constituyan, más allá de su utilidad primaria, verdaderos centros de entrenamiento y comercio electrónico, en la forma de un ecosistema de negocios que incluya:

1. Automóviles
2. Seguros de casco y accidentes
3. Financiamiento
4. Combustibles y lubricantes
5. Asesoramiento legal
6. Accesorios y repuestos
7. GPS
8. Mapas digitales
9. Aplicaciones y software
10. Entretenimiento: música y videos
11. En general, todo lo que pueda venderse por intermedio de la información proveniente de los sensores

El verdadero negocio no estará en la venta de automóviles sino en los ingresos totales del ecosistema; el margen de ganancias del producto principal puede reducirse hasta el punto de que las empresas tradicionales sean desplazadas del negocio o pasen a constituirse en ensambladoras, o, en el peor de los casos, en maquiladoras de los productos de terceros, llámese Apple, Google o cualquier otro. Si los fabricantes tradicionales de autos se descuidan, se arriesgan a:

> ... convertirse en fabricantes de computadoras para las carreteras, produciendo pedazos de metal para que otros obtengan el mayor beneficio (...) algunos temen que los fabricantes de autos se conviertan en ensambladoras de partes metálicas con beneficios marginales[16].

Esta tendencia de seguro cambiará radicalmente la forma de hacer negocios:

> En muchos casos las compañías exitosas no serán aquellas que hagan los mejores productos, sino las que recojan la mejor data y la combinen para ofrecer los mejores servicios. Los ganadores podrían ser aquellos que controlen plataformas tecnológicas que combinen diferentes clases de aparatos, data y servicios sobre los cuales otras firmas puedan construir su propia oferta[17].

Ahora bien, esta tendencia debe preocupar no sólo a las empresas, los gobiernos deben orientar una transformación que es inevitable: "Orientar este tipo de transformación debe estar en la agenda de cualquier país que tenga una gran base industrial"[18].

Como siempre, ya las empresas norteamericanas están ya dando los primeros pasos para un cambio radical; si el resto de los países industrializados se descuidan sus empresas serán abruptamente desalojadas del mercado: "Los gigantes norteamericanos de la tecnología están tratando de establecer plataformas para el hogar inteligente, con la información recogida de los artefactos. Quien controlen esas plataformas controlará el mundo"[19].

El emprendimiento y los bloques digitales.

El emprendimiento es una actividad que se relaciona con la creación de nuevos e innovadores productos; su protagonista es una especie de pionero que incursiona en el mundo de las empresas con más voluntad que recursos: el emprendedor. Internet es, por su parte, la plataforma que sustenta el resto del andamiaje. A su alrededor se van insertando, en la forma de bloques de construcción, otras herramientas informáticas que se entrelazan hasta conformar una red cuya complejidad aumenta en forma incesante. Cada día, o bien surge una nueva aplicación, o las existentes se combinan para crear nuevos productos. Se hace presente, en esta actividad, un círculo virtuoso de creación de empresas.

Los bloques digitales han facilitado el surgimiento de nuevas empresas, especialmente en el campo de la electrónica y la informática. En la actualidad, cientos, por no decir miles, de jóvenes dedican todo su tiempo a una actividad en la que los lapsos se hacen cada día más cortos, los costos más bajos, y los beneficios más elevados. Citemos el caso de Instagram: dieciocho meses después de su creación fue vendida a Facebook en mil millones de dólares;

En un reportaje especial de la revista The Economics se resume lo que podría considerarse como su modelo de gestión:

> Esto es lo que está pasando en el mundo del emprendimiento: nuevas firmas combinan y recombinan software de fuente abierta, computación en la nube y redes sociales para crear nuevos servicios[24]
> [20].

El modelo funciona, más o menos, así: el emprendedor utiliza la nube para acceder a una serie de productos estandarizados —interfaces de aplicación de programación, API, por sus siglas en inglés—, incorpora sus propias ideas, combina y recombina lo anterior, hasta lograr un producto final. Luego, lo prueba por medio de servicios de evaluación, tales como CSC´s Independing Testing Services y SOGETI, entre otros; lo almacena en la misma nube; lo distribuye por medio de servicios tales como Apple´s App Store; y, finalmente, lo comercializa por medio de las redes sociales —Facebook y Twitter, entre otros—.

El tiempo para la creación de un nuevo producto puede ser de sólo varias semanas; el costo es reducido, gracias a la combinación de software gratuito con los servicios de bajo costo que ofrecen tanto las nubes como las redes sociales. El dinero no es un problema; alrededor de esta actividad han surgido fondos muy especializados que exploran este mercado en busca de fabulosas ganancias.

En muchos países han surgido conglomerados de emprendedores —Brasil, EEUU, Corea del Sur, China, Colombia, Francia, India y Singapur, entre otros—; la mayoría ha surgido por iniciativa privada, unos pocos reciben apoyo gubernamental. Entre todos se está empezando a conformar una red mundial, un ecosistema, del emprendimiento.

Estos nuevos productos van, seguramente, a facilitar el desarrollo de la *Internet de las cosas*, o red de objetos cotidianos interconectados; las miles de aplicaciones que requiere tal interconexión vienen, gracias al emprendimiento, en camino.

Manufactura Digital

La manufactura digital puede tomar dos vertientes: la impresión en tercera dimensión y la fabricación a partir de estructuras nanométricas. En un reportaje especial de la revista *The Economics* se describe el proceso de la primera de éstas:

> La impresión en tercera dimensión (3D) es igual a la impresión de una carta: se presiona una tecla de una computadora y de inmediato es enviado un archivo digital para que la impresora deposite una capa de tinta, sobre la superficie de una hoja de papel, que crea una imagen de segunda dimensión. En la impresión en tercera dimensión, sin embargo, el software está programado para que la impresora deposite una serie de capas de un

material predeterminado hasta que emerja un objeto sólido. (...) La impresión en 3D fue originalmente concebida para la elaboración de prototipos, pero como la tecnología ha mejorado considerablemente, más cosas están siendo impresas como artículos terminados (en un proceso denominado manufactura aditiva) [21].

La manufactura en 3D incrementará su capacidad en la medida en que se puedan incorporar a la producción las ventajas de la tecnología actual: robots sofisticados y de bajo costo, nuevos materiales (fibras de carbono y de vidrio, dióxido de titanio, entre otros), herramientas basadas en la nanotecnología, y, en fin, todos los adelantos que la ciencia ha puesto a nuestra disposición.

Entre las mayores empresas de este ramo está 3D Sistems, una empresa radicada en Carolina del Sur, EEUU, que diseña, fabrica y vende impresoras 3D. Crea modelos y prototipos para fabricación digital directa. Su tecnología se utiliza en las etapas de diseño, desarrollo y producción de diferentes industrias:

1. Aeroespacial, para la fabricación y el mecanizado de piezas de vuelo complejas, duraderas y livianas.
2. Arquitectura, para verificación de estructura, revisión de diseño, comunicación de concepto de cliente, ingeniería de estructura inversa y modelado escalado acelerado.
3. Automotriz, para verificación de diseño, visualizaciones difíciles y desarrollo de motores nuevos.
4. Defensa, para piezas livianas de vuelo y vigilancia y la reducción de inventario con impresión bajo demanda.

5. Odontología , para restauraciones, moldes y trata-
   mientos. La ortodoncia   de Invisalign utiliza   las
   tecnologías de 3D Systems.
6. Educación , para visualizaciones de ecuación y
   geometría y escuelas de arte e iniciativas de diseño.
7. Entretenimiento, para la fabricación y creación de
   prototipos de figuras de acción, juguetes, juegos y
   componentes de juegos; impresión de guitarras y bajos sostenibles, sintetizadores multifunción, etc.
8. Cuidado de la salud , para audífonos y prótesis perso-
   nalizadas, mejores métodos de administración de
   medicamentos, dispositivos respiratorios, terapéuti-
   cos y dispositivos de laparoscopia y endoscopia flexibles para procedimientos mejorados y tiempos de re-
   cuperación.
9. Fabricación , para ciclos de desarrollo de productos
   más rápidos, producción de moldes, prototipos y solución de problemas de diseño[22].

General Electric participa en este campo con GE Additive, cuyo centro de tecnología se encuentra en Cincinnati,
Ohio, EEUU. Su más reciente proyecto es una máquina con
tecnología de sinterizado selectivo de metal con un volumen
de impresión de 1,1 x 1,1 x 0,3 metros. Ha sido especialmente
diseñada para la industria aeroespacial, automotriz y petro-
lera, ya que podrá desarrollar piezas grandes y permitirá su
personalización.

Por otra parte, la impresora 3D ATLAS de GE Additive
es posiblemente la impresora de sinterización selectivo por
láser más grande del mercado. Tiene un volumen de impresión de 800 x 400 x 500 mm, y es muy popular en sectores
como el joyero, aeroespacial y automotriz debido a sus dos
potentes láseres que alcanzan hasta 1000W cada uno. Esta
máquina produce complejas geometrías y objetos a escala
personalizables. Puede además   utilizar   varios   materia-

les como el nylon, metales reactivos y no reactivos como el aluminio y el titanio.

Relativity Space utiliza impresión en 3D de metal para fabricar el 95% de los componentes de sus cohetes espaciales. Lo hace con Stargate, la impresora 3D de metal más grande del mundo:

> Utiliza brazos robóticos y un cabezal de impresión, sensores, software y aleaciones patentadas para depositar estructuras de cohetes de aluminio de alta resistencia. Luego se agregan piezas pequeñas y detalladas de metal en polvo a esa gran columna vertebral[23].

Desde la materia prima al vuelo esta empresa puede construir un cohete espacial en 60 días, y luego incorporarle una carga útil satelital, lanzarlo y ponerlo en órbita.

Además de las complejas y costosas impresoras que hemos mencionado, en el mercado están disponibles versiones baratas y que pueden ser emplazadas en cualquier lugar, en el hogar, por ejemplo. La más barata es MOD-T de New Matter, 199 dólares. Por su parte Wittbox Go es la primera en contar con un procesador procesador Qualcomm® SnapdragonTM y un precio de 800 dólares; su sistema operativo Android, permite al usuario imprimir directamente desde su smartphone.

A pesar de que el concepto de la manufactura en tercera dimensión no ha terminado de desarrollarse, la cuarta está ya en el horizonte. En el mes de febrero de 2013, en el ciclo de conferencias TED (tecnología, entretenimiento, diseño), el Ingeniero Skylar Tibbits —del Instituto Tecnológico de Massashusetts, EEUU— presenó al público la tecnología 4D o construcción de objetos que se ensamblan a sí mismos, sin necesidad de cables, sensores ni motores.

Por medio del uso de una impresora 3D, con capacidad para utilizar una variada gama de materiales inteligentes —codificables con lenguaje informático y propiedades naturales que les permiten detectar estímulos del entorno y reaccionar ante estos—, se fabricarán objetos que pueden estirarse, desarmarse, desdoblarse y auto repararse, todas las veces que sea necesario. Las posibilidades que se abren con esta tecnología y la flexibilidad y velocidad que proporciona, hace que la gama de objetos que pueden fabricarse con esta tecnología sea infinita: tuberías de agua programables que se expandan o contraigan según el flujo del agua, ropa que se torne impermeable en el momento en el que el agua la toque, llantas que se ajusten al tipo de carretera, edificios que cambien de color y ventanas que cambien de opacidad ante el reflejo del sol, prendas militares que cambien de color al exponerse a diferentes ambientes y armas que ajusten sus características de acuerdo con las exigencias del campo de batalla.

Ahora bien, como ya ha sido mencionado en los párrafos anteriores, la fabricación en 3 y 4D está limitada por la imposibilidad de construir objetos de estructura nanométrica; otra de las restricciones está en la dificultad para la utilización de materiales de diferente índole. Para solucionar este inconveniente, Neil Gershenfeld, profesor del Instituto de Tecnología de Massachusetts, sugiere la utilización de estructuras manométricas que se comporten como un ribosoma: "… la proteína que fabrica proteínas"[18]. Él mismo describe el proceso:

Los humanos estamos llenos de maquinaria molecular, desde los motores que mueven nuestros músculos hasta los sensores en nuestros ojos. El ribosoma construye toda esa maquinaria por medio de una microscópica versión de piezas de lego: los aminoácidos. La secuencia para ensamblar los aminoácidos es depositada en el

DNA, en forma de código, y enviada al ribosoma en otra proteína denominada RNA mensajero. Este código describe, por una parte, la proteína y, por la otra, se transforma en una nueva[24].

Sobre la base del concepto contenido en la cita, Gershenfeld ha estado propiciando el desarrollo de lo que él mismo denomina *ensambladores nanométricos*; estos pueden construir estructuras en la misma forma como lo hace el ribosoma, y son capaces tanto de agregar como de remover partes de cualquier objeto que esté siendo construido; también, de crear sistemas complejos —sean éstos de escala métrica o nanométrica— en un simple proceso, incluyendo la integración de estructuras fijas y móviles con sensores y circuitos electrónicos. La gama de objetos que se pudieran construir es casi ilimitada, desde aviones y sus componentes hasta circuitos integrados.

Para concretar esta idea ya han sido construidos numerosos laboratorios experimentales, los cuales han empezado a conocerse bajo el nombre de *laboratorios de fabricación*[25] (fabrications labs o fablabs, en inglés). El primero de estos fue instalado en el Instituto Tecnológico de Massachusetts, por iniciativa del mismo Gershenfeld; otros han sido abiertos en varias regiones de los Estados Unidos, en Bélgica, España, Luxemburgo y los Países Bajos. Ya existen redes internacionales de *fablabs* que contribuyen a la diseminación de las ideas que se han generado en los diferentes laboratorios y la incorporación de niños y jóvenes talentosos a los diferentes programas de investigación.

Los avances en la tecnología de fabricación de bienes —sea por medio de ensambladores nanométricos o impresoras 3D— permitirán, en un futuro no muy lejano, tanto la manufactura personal como la social. El primero de estos términos se refiere a la fabricación de bienes por parte de individuos desde su casa o en locales de modestas dimensiones, para cubrir las necesidades propias del entorno familiar. El segundo, a la producción de bienes por parte de las redes sociales comunitarias que con ese fin se conformen. La actividad industrial estaría principalmente dirigida a la creación de variaciones infinitas de productos. Los pequeños y medianos emprendedores verían así surgir oportunidades nunca vistas. Casos como el de Amazon, Facebook, Twitter y YouTube podrían repetirse a cada instante: innovadores con escasos recursos pero mucho talento irrumpirían en el mercado para innovar y cubrir necesidades inexistentes en el momento de la aparición del producto en el mercado.

La economía en escala no sería un problema para este tipo de manufactura; con un software adecuado, el costo de adaptación de la maquinaría para que produzca pocas o muchas cosas sería prácticamente el mismo. Este tipo de fabricación facilitará la relocalización de las actividades de la cadena de valor que han sido enviadas   al extranjero para aprovechar el bajo costo de la mano de obra; unos pocos trabajadores de elevada calificación podrán encargarse de todo el proceso. La mayoría no estará ya en las cadenas de producción, sino en los espacios dedicados a la investigación, el desarrollo y la innovación; la masa será reemplazada por la inteligencia; el martillo por la computadora.

Inteligencia artificial

La Inteligencia Artificial (IA) es la habilidad de las computadoras para imitar las funciones cognitivas del ser humano. En 1956, John McCarthy acuñó la expresión *inteligencia artificial*, y la definió como: "... la ciencia e ingenio de hacer máquinas inteligentes, especialmente programas de cómputo inteligentes". Es un área del conocimiento que utiliza insumos de otras (informática, matemática, lógica, filosofía, neurociencias, biología y mecánica cuántica, etc.) para imitar el comportamiento del cerebro y resolver problemas complejos presentes en la vida cotidiana.

Para obtener ese propósito se construye una red neuronal digital que está conformada por diferentes capas. Cada capa contiene un nivel de abstracción diferente de las demás; la primera contiene el más elevado, las subsiguientes van disminuyendo la complejidad del conocimiento hasta que las ideas contenidas en el primero se desagreguen en conceptos sencillos que pueden ser comprendidos por los seres humanos y procesadas para resolver los problemas que puedan plantearse.

La cantidad de capas depende del nivel de abstracción que se desee, la complejidad del problema planteado y la actividad cerebral que se pretenda imitar. Las áreas de aplicación son múltiples: clasificación y reconocimiento de imágenes, voces y sonidos de objetos, personas y animales, traducción de idiomas, detección de transacciones fraudulentas, percepción de patrones de comportamiento, acumulación, manipulación y utilización de datos, y por último, el aprendizaje, tanto automático como profundo.

Las primeras redes neuronales fueron desarrolladas en la década de los cincuenta: un programa informático trazaba neuronas virtuales y le asignaba valores numéricos aleatorios, o *pesos*, a las conexiones entre éstas. El peso establecía el valor de la respuesta de cada neurona simulada, en un sistema binario de 0 y 1, ante una característica digitalizada, por ejemplo: un borde o un tono violeta en una imagen, o un nivel de energía en una frecuencia particular de un fonema. Al final del proceso, la red neuronal debería reconocer un patrón en particular; de no hacerlo, un algoritmo ajustaría los pesos hasta obtenerlo. Las redes neuronales iniciales sólo estaban en capacidad de simular un número limitado de neuronas y no podían reconocer patrones complejos; la investigación permaneció estancada por varias décadas hasta que la mayor capacidad de cómputo de los ordenadores actuales y los avances tecnológicos en el área de la inteligencia artificial hicieron posible la reanudación de la investigación que había sido abandonada.

El poder de cómputo actual facilita la construcción de redes neuronales complejas compuestas por tantas capas como sea necesario. La primera capa aprende las características básicas del objeto analizado, sea una parte de alguna imagen, un borde de una hoja, por ejemplo, o un fonema: busca combinaciones de píxeles digitales u ondas de sonido que parezcan con una frecuencia diferente a la casual. La siguiente capa recibe esa información y capta sus características más complejas: sea un fragmento de la hoja en cuestión o una combinación de sonidos del habla. Las capas sucesivas procesan mayor cantidad de información hasta que el objeto, la hoja completa, o el conjunto de sonidos expresados en forma integral: un verso o una canción, por ejemplo.

En esencia, una máquina dotada de inteligencia artificial debe ser capaz de percibir lo que pasa a su alrededor, procesar esa información, sacar conclusiones basadas en la información recibida, inferir conclusiones no preestablecidas —no recibidas de antemano o incorporadas en los algoritmos— y presentar respuestas a este tipo de estímulo exterior.

Hasta el presente, no ha sido posible crear inteligencia artificial de tipo general, en su lugar se ha optado por inteligencias artificiales especializadas, entre las cuales están:

1. Generación de lenguaje natural: creación de textos por medio de datos obtenidos para transmitir ideas con precisión y exactitud. Se utiliza en servicios de atención al cliente, generación de reportes y transmisión de información relacionada con la inteligencia de mercado. Entre las empresas que se dedican a este tipo de inteligencia están: Attivio, Automated Insights, Cambridge Semantics, Digital Reasoning, Lu-

cidworks, Narrative Science, SAS, y Yseop, entre otras.

2. Reconocimiento de voz: transcripción y transformación del lenguaje humano a formatos útiles para las computadoras. Entre los proveedores están: NICE, Nuance Communications, OpenText y Verint Systems, entre otros.

3. Agentes virtuales: computadora o programa capaz de interactuar con los seres humanos. Es común su utilización en servicios de atención al cliente. Entre las empresas que suministran este tipo de servicio están: Amazon, Apple, Artificial Solutions, Assist AI, Creative Virtual, Google, IBM, IPsoft, Microsoft y Satisfi, entre otros.

4. Plataformas de aprendizaje: desarrolla programas que permiten que las máquinas aprendan. Utiliza algoritmos para detectar patrones exitosos y aprender de estas tendencias para poder repetirlas Entre sus proveedores están: Amazon, Fractal Analytics, Google, H2O.ai, Microsoft, SAS, Skytree y Adext, entre otros.

5. Hardware optimizado con inteligencia artificial: hace que el hardware sea más amigable con las tecnologías de inteligencia artificial, incluyendo la creación de unidades procesadoras de gráficos y dispositivos específicamente diseñados y estructurados para ejecutar tareas orientadas a la IA. Entre los proveedores están: : Alluviate, Cray, Google, IBM, Intel y Nvidia, entre otros.

6. Adopción de decisiones: programas que insertan normas y lógica a los sistemas de inteligencia artificial, y que pueden utilizarse para la instalación inicial, mantenimiento y ajustes de cualquier sistema u operación empresarial. Asiste o recomienda la toma de decisiones automatizada. Entre sus proveedores

están: Advanced Systems Concepts, Informática, Maana, Pegasystems y UiPath, entre otras.

7. Plataformas de aprendizaje profundo: circuitos neuronales artificiales con múltiples capas de abstracción que imitan las funciones del cerebro humano para procesar datos, y crear patrones que utilizará en la toma de decisiones. Entre sus proveedores están: Deep Instinct, Ersatz Labs, Fluid AI, MathWorks, Adext, Peltarion, Saffron Technology y Sentient Technologies, entre otras.

8. Plataformas biométricas: facilitan la identificación, medición y análisis de las características físicas (forma o composición del cuerpo) y de comportamiento de las personas. Esto permite interacciones más naturales entre humanos y máquinas, incluyendo —pero no limitado— a reconocimiento de tacto, imagen, habla y lenguaje corporal. Entre sus proveedores están: 3VR, Affectiva, Agnitio, FaceFirst, Sensory, Synqera y Tahzoo, entre otras.

9. Automatización de procesos robóticos: integración *scripts* y otros métodos para imitar y automatizar tareas humanas en las que el costo de la mano de obra es muy elevado. Entre sus proveedores están: Advanced Systems Concepts, Automation Anywhere, Blue Prism, UiPath y WorkFusion, entre otros.

10. Análisis de texto y NPL: facilita el entendimiento estructural de los enunciados así como su significado y entonación. Entre sus proveedores están: Basis Technology, Coveo, Expert System, Indico, Knime, Lexalytics, Linguamatics, Mindbreeze, Sinequa, Stratifyd, y Synapsify, entre otros.

Aprendizaje automático, aprendizaje profundo

El aprendizaje automático es la actividad que permite que los ordenadores aprendan. El aprendizaje profundo es más avanzado y permite que los ordenadores *piensen*; esto es, que resuelvan problemas que se relaciones con las capacidades cognitivas del ser humano de mayor nivel: percepción, comprensión, memoria, lenguaje, razonamiento y metacognición, etc. Para poder hacer esto, la *máquina pensante* debe entender patrones e interpretar la información de la misma manera como lo hace una persona, descubrir similitudes o variables que se repitan en forma constante, detectar reglas difíciles de percibir por el cerebro humano y utilizar datos masivos de Internet (megadata) para resolver problemas complejos de las ciencias, la banca, los seguros, el transporte y el comercio, entre otros.

Por supuesto que no existe, aún, una máquina que imite toda la capacidad cognitiva del ser humano; ni siquiera es posible predecir que esto ocurra; sin embargo, mientras más compleja sea la red digital que la respalde, mayor probabilidad existe que el cerebro del ordenador alcance el nivel de abstracción del ser humano.

Ahora bien, los ordenadores electrónicos, como ya ha sido mencionado, tienen una limitada capacidad de computo, es difícil que con éstas se pueda imitar nuestra capacidad cognitiva. Las máquinas tendrán que esperar, por tanto, el advenimiento de las computadoras cuánticas para alcanzar su mayor potencial. La ventaja de está espera es que nos permitirá adentrarnos en el ámbito del espacio tiempo, y allí quien sabe si encontremos alter egos robóticos en los que nuestro cerebro haya sido reemplazado por una red digital y nuestros órganos por cables, tornillos y chips.

Mientras llegan los ordenadores cuánticos, con los electrónicos podrían darse los primeros pasos. Es así como la empresa estadounidense Nvidia sacó al mercado la primera supercomputadora específicamente diseñada para el aprendizaje profundo. La Nvidia DGX-1 fue dada a conocer el 5 de abril de 2016 y debe estar disponible en el mercado mundial antes del final del año 2016, con un precio aproximado de 129.000 dólares.

Para mejorar el funcionamiento de esta poderosa herramienta informática Microsoft está desarrollando redes neuronales con una profundidad de 1.000 capas. De acuerdo con la información suministrada por el departamento de prensa de Nvidia, la DGX-1 incluye:

1. Sistema de entrenamiento de aprendizaje profundo por GPU Nvidia (DIGITS™), que es un sistema interactivo para el diseño de redes neuronales profundas (DNN).
2. Biblioteca de redes neuronales profundas Nvidia CUDA® (cuDNN) versión 5.
3. Biblioteca de aceleración de GPU de primitivas par el diseño de DNNs.
4. Versiones actualizadas de varios marcos de aprendizaje profundo (Caffe, Theano y Torch).
5. Acceso herramientas de administración en la nube, actualizaciones de software y un repositorio de aplicaciones en contenedores.
6. Actualizaciones de software y un repositorio de aplicaciones en contenedores.
7. Especificaciones:

   - Hasta 170 teraflops de máximo rendimiento (FP16) de semiprecisión.
   - Ocho aceleradores de GPU Tesla P100, 16 GB de memoria por GPU.
   - Cubo de malla híbrida NVLink.
   - 7 TB de caché SSD DL.
   - Redes de 100 Gb InfiniBand Quad, Dual de 10 GbE
   - 3U: 3200 W

Robótica

En la medida en que se incremente la velocidad y capacidad de almacenamiento de los procesadores, la creación de inteligencia artificial de tipo general estará cada vez más cercana. Hanson Robotics ha realizado avances significativos en este campo. Ha creado robots cuyo comportamiento se asemeja al de los seres humanos. Es el caso de Sofía, una maquina con apariencia física humana y dotada: "… de notable expresividad e interactividad, con la capacidad de simular una amplia gama de expresiones faciales para que puedan interactuar con las personas de manera profunda y emocional[1] [26]". Sofía está en capacidad de comprender el habla, mantener conversaciones naturales, ver y responder a las expresiones faciales, aprender y adaptarse a las interacciones con los seres humanos.

No es retórica, en realidad lo ha demostrado en sus presentaciones en público. El 30 de diciembre de 2017, fue presentada por CNN en un programa sobre tecnología[2] [27]. Fue llevada al programa por David Hanson, fundador y CEO de Hanson Robotics, y respondió preguntas complejas tanto del presentador del programa, Max Foster, como de varios de los asistentes al programa con asombrosa lucidez y coherencia, demostrando tanto un elevado nivel de abstracción, como conciencia de su propia existencia. Hablo, en forma espontánea, sobre su relación con los seres humanos, hasta el punto de reconocer a David Hanson como su padre. Hizo reflexiones sobre asuntos que no habían sido planteados por sus interrogadores y acompañó sus respuestas con movimientos faciales (mohines, sonrisas y parpadeo, entre otras).

Sofía aprende en la medida en que interactúa tanto con otras máquinas como con los seres humanos; su creador afirma que tiene, actualmente, la inteligencia de un niño, pero que con el tiempo su inteligencia se irá incrementando hasta alcanzar una capacidad de raciocinio similar a la de los seres humanos más inteligentes.

Con el tiempo estos seres artificiales llevarán a efecto la mayoría de las tareas rutinarias y repetitivas que hoy realizan los trabajadores menos calificados; el empleo podría estar disponible únicamente para los creadores y operadores de estas máquinas pensantes.

Inteligencia artificial, aprendizaje profundo, robótica y educación

En muy poco tiempo, una o dos décadas a lo sumo, la mayoría de las tareas simples que realizan los trabajadores de hoy estarán a cargo de *máquinas pensantes*. Los seres humanos se ocuparán de las más complejas; aquellas que requieren de elevados niveles de abstracción. Tendríamos que preguntarnos, necesariamente, qué harán los menos dotados intelectualmente. La respuesta no está a nuestro alcance, veamos porqué.

Si bien es una constante que el advenimiento de nuevas tecnologías trae consigo la aparición de innumerables puestos de trabajo, también es verdad que la mayoría de estos requieren un nivel de conocimientos que sólo puede ser proporcionado por una educación de primera calidad. A lo largo y ancho del mundo, especialmente en los países desarrollados, la población de menos recursos recibe una de segunda o tercera categoría, ni mencionemos a los subdesarrollados. La Educación en el planeta está en crisis: elevados niveles de deserción escolar, bajo nivel de rendimiento, fracaso en alcanzar los estándares de medición de la calidad educativa, y pare usted de contar. Únicamente los privilegiados tienen acceso a un nivel óptimo de calidad. De dónde, así pues, van a salir los trabajadores que dirigirán los complejos sistemas organizacionales del mañana, o los que manejaran las sofisticadas maquinarias que reemplacen la mano de obra no calificada.

De tal manera que, el meollo del asunto no está en las máquinas pensantes que reemplacen a los seres humanos con menor nivel de escolaridad; está en el qué hacer con los desplazados. O le pagamos por no hacer nada, o conformamos grandes ejércitos que se deshagan de las hordas de famélicos que poblarán la tierra.

Inteligencia artificial, la nube y los sistemas periféricos

La última tendencia de la Informática es la descentralización hacia sistemas periféricos. En el año 2000 se inició una masiva centralización de la data en mainframes que la almacenaban para ponerla a disposición de consumidores globales en un lugar del ciberespacio que recibió la denominación de *la nube*. Hoy en día IBM, Microsoft, Google y Amazon, entre otras, dominan lo que ha recibido la denominación genérica de *cloud computing*, computación en la nube.

El enorme poder computacional que está disponible en aparatos portátiles —computadoras personales, teléfonos inteligentes, tabletas, electrodomésticos y herramientas y maquinarias industriales, entre otras— utiliza diferentes aplicaciones que corren en esos adminículos sin requerir de hardware; la simbiosis entre aquellas y estos permiten que muchas tareas puedan llevarse a efecto con una limitada cantidad de data y el mínimo poder computacional. Estas características facilitan la descentralización del trabajo informático en un sitio intermedio: la periferia, o el borde, como prefieran llamarlo.

Las necesidades específicas de los usuarios han contribuido al crecimiento de este sector. Bien sea por razones de seguridad —gobiernos y empresas que prefieren mantener el control de los datos para evitar las filtraciones—, privacidad —el riesgo permanente de invasión del espacio personal— o económicas —reducción del costo de almacenamiento y distribución de los datos— ha facilitado su crecimiento exponencial.

La velocidad de respuesta es otra razón de peso; citemos un ejemplo que nos trae la revista The Economics, refiriéndose al caso específico de los coches autónomos:

> Muchas aplicaciones nuevas deben actuar rápidamente. Según algunas estimaciones, los autos sin conductor generan hasta 25 gigabytes por hora, casi 30 veces más que una transmisión de video de alta definición. Antes de que se carguen tantos datos y se envíen las instrucciones de conducción, es posible que el vehículo ya haya golpeado a ese peatón que cruza repentinamente la calle[28].

Para aplicaciones específicas como la contenida en la cita, el análisis necesita ser realizado de inmediato, tan cerca del lugar de los acontecimientos como se pueda, para evitar los costos de transferencia, almacenamiento y procesamiento de los datos de la nube.

Las ventajas y desventajas de cada sistema en particular —nube vs. periferia— ha contribuido a una simbiosis que permite combinarlos en forma más práctica, racional y económica, tal y como lo explica la siguiente cita:

> Estas limitaciones explican por qué los servicios que utilizan inteligencia artificial (AI) se dividen cada vez más en dos, al igual que las aplicaciones cliente-servidor, explica Pierre Ferragu de Bernstein Research. Los algoritmos de autos autónomos, por ejemplo, se entrenan primero en la nube con millones de millas de datos de conducción registrados; solo entonces se implementan en poderosas computadoras en el arranque, donde guían el au-

tomóvil mediante la interpretación de datos en vivo[29].

El uso de ésta combinación se extiende a muchos sectores:

> Del mismo modo, muchas cámaras de video utilizadas para la vigilancia ahora incluyen software de reconocimiento facial capacitado en la nube, al igual que el último modelo de iPhone de Apple. En noviembre, Google anunció una adición a TensorFlow, su tecnología AI, que permite a los desarrolladores implementar algoritmos para dispositivos móviles[30].

Muchas empresas han surgido para cubrir los nichos inexplorados del mercado:

> Los centros de datos más pequeños y locales están surgiendo en todas partes. Firmas como EdgeConneX y vXchnge han construido redes de centros de datos urbanos. Vapor IO, una startup, ha desarrollado un centro de datos en una caja que parece una nevera redonda y puede colocarse rápidamente en cualquier sótano[31].

Las empresas veteranas también están incursionando en este sector:

> Los fabricantes de equipos de telecomunicaciones, incluidos Ericsson y Nokia, así como los operadores de redes, hablan mucho sobre la "informática de borde móvil", que equivale a colocar las computadoras junto a las estaciones base inalámbricas o en las oficinas centrales de conmutación[32].

Los gigantes tecnológicos no han descuidado este sector:

> Los grandes proveedores de computación en la nube también están tratando de colonizar la periferia. En mayo, Microsoft cambió su lema de "móvil primero, nube primero" a "nube inteligente y ventaja inteligente". Vende servicios que despachan contenedores de software con algoritmos de inteligencia artificial a cualquier dispositivo. El portafolio de AWS ahora incluye un servicio llamado Greengrass, que convierte los clusters de dispositivos IoT en mini-nubes. Al comprar Weather Company por $ 2 mil millones en 2015, IBM quería datos meteorológicos, pero también miles de "puntos de presencia" para la informática de punta[33].

De manera tal que en el futuro inmediato, es improbable que alguno de estos sectores prevalezca; la combinación de ambos de seguro cubrirá necesidades que se harán cada vez más específicas, en la medida en que la Internet de las cosas ponga más artilugios tecnológicos a disposición del público.

La revolución del teléfono inteligente

El *Smartphone* ha dotado a la sociedad actual de una nueva plataforma de producción: los programas de aplicación, o, en menos palabras, las aplicaciones. Estos son programas informáticos que se utilizan para realizar actividades muy específicas, desde juegos hasta tareas rutinarias.

No son otra cosa que un intermediario que ahorra tiempo al usuario al permitirle encontrar cualquier herramienta informática sin necesidad de una búsqueda a través del navegador.

Según lo refieren Gardner y Davis[34], un simple *clip* en la aplicación bastará para dibujar y pintar (Artstudio, Procreate y ArtRage), crear y transformar imágenes (Flixel, Instagran, Fotor y PhotoSlice), filmar videos y películas (iMovie, Viddy y Movie360), escribir obras literarias (DeviantArt y Figment), componer música (SoundBrush y Songwriter's Pad), facilitar la generación de ideas (Wikideas), conectar a emprendedores y facilitar el intercambio de ideas (Creativity Conector), entre otras actividades.

Las relaciones entre los integrantes de la sociedad mundial se están haciendo más fluidas; el teléfono inteligente está desdibujando los límites entre lo que se puede hacer, donde hacerlo y quien lo hace. Cada día es más difícil separar al usuario del proveedor de bienes o servicios.

El usuario compra por medio de aplicaciones —ya no navega a través de páginas *web*—, evita los intermediarios —compra directamente al proveedor— y paga sin requerir la intermediación de los bancos —puerto a puerto—.

El proveedor, por su parte, es un usuario que asume un rol diferente. La creciente automatización de los procesos de manufactura   ha dejado a mucha gente sin trabajo; con frecuencia trabajadores de elevada calificación son reemplazados por algún tipo de máquina. Como resultado, los desplazados aprovechan las aplicaciones para ofrecer un servicio que cubre una demanda insatisfecha:

> La economía sobre demanda va más allá de lo que cualquiera pudiese pensar. Haga *click* en una aplicación médica, y un doctor estará tocando a sus puertas en menos de dos horas. Desea un abogado o un consultor; Axión le suministrará el primero, Eden McCallum el segundo. Otras empresas ofrecen oportunidades para quienes quieran participar, en forma independiente, en los procesos de investigación y desarrollo, o en la elaboración de

pautas publicitarias. Un creciente número de agencias está ofreciendo los servicios de este tipo de trabajadores –Freelances.com y Elance-oDesk, entre otras– y vinculando millones de trabajadores con miles de empresas[35].

Una de las consecuencias de la economía sobre pedido está relacionada con la educación. El trabajador independiente debe mantenerse actualizado; sus conocimientos deben estar en sintonía con las exigencias del mercado laboral. Debe empezar por aprender cómo promocionarse a sí mismo y hacer de su nombre una marca.

A continuación, debe aprender a aprender, esto es, a obtener conocimiento en forma autónoma y sin necesidad de tutores, mentores o instituciones educativas. Además debe aprender a generar sus propias ideas: la competencia será implacable, no puede confiar en las ideas y teorías que provengan de un tercero.

Inteligencia artificial en teléfonos móviles

Samsung, Huawei y Apple han incorporado un chip de inteligencia artificial (IA) a sus teléfonos móviles que va adaptando su desempeño a las necesidades del propietario: mejora los procesos biométricos, la captura de fotos, el reconocimiento del lenguaje natural y optimiza la gestión de recursos. Los procesadores de los iPhone X y 8, el Huawei Mate 10 y el Samsung Galaxy S9 aprenden de la experiencia de uso de su dueño y mejoran el acceso al aparato por reconocimiento facial, ejecutan mejor las aplicaciones y proporcionan mayor realismo a las fotos: "Mientras el procesador va ejecutando las acciones típicas, en paralelo hay un asistente de inteligencia artificial que aprende en base a los usos y costumbres del usuario[36].

La diferencia entre estos nuevos modelos y los anteriores está en la Unidad de Procesamiento Neuronal, un chip que reemplaza al CPU y funciona como una red neuronal que acumula datos en bruto para aprender a reconocer patrones sin intervención humana. A finales del año 2107 sólo el 10% de los teléfonos móviles estaban dotados de inteligencia artificial, pero, progresivamente, el número se irá incrementando: "Según la compañía Gartner, hacia el año 2022, un 80 % de los terminales existentes en el mercado contarán con un sistema de inteligencia artificial propio"[37].

La combinación de todas las plataformas tecnológicas que hemos descrito, en los párrafos anteriores, le facilitará a la sociedad mundial la definición del modo de producción de la postmodernidad: el Sistema de Producción Global.

Globalización y redes sociales

En el año 2011 la población mundial alcanzó una cifra espeluznante: siete mil millones de habitantes. Con tanta gente, las formas tradicionales de comunicación han perdido su eficiencia; el intercambio fluido de información es, hoy en día, una necesidad social. La frontera entre lo laboral, lo personal y lo político ha desaparecido; unas actividades se confunden con las otras; la separación entre hogar, negocio y comunidad es ya tan tenue que no tiene sentido diferenciar aquello que proviene de uno u otro ámbito. Unos se comunican con los otros por razones diversas e intereses múltiples. Ya no basta el contacto individual para satisfacer los requerimientos de la sociedad postmoderna; los datos deben intercambiarse antes de que pierdan vigencia. Si bien nadie en particular está en capacidad de producir el volumen de información que los conglomerados humanos requieren, todos tenemos algo que compartir.

La respuesta ante una vorágine como la descrita ha sido simple y compleja a la vez: la comunicación simultánea de todos con todos por medio de las redes sociales. A través de computadoras personales, tabletas, teléfonos inteligentes, posicionadores satelitales, etc., las personas utilizan Facebook, Twiter, LinkedIn, Plaxo, Google, Skipe, y MSN, entre otras plataformas tecnológicas, para difundir las ideas que otros usuarios necesitan.

De entre estas plataformas, el teléfono móvil se ha convertido, además, en un medio de recolección masiva de datos. Bien lo dice Massimo Cabresi:

> Si alguien deseara un sistema global para rastrear a los seres humanos y recolectar información acerca de ellos, este sería similar a la red global de los teléfonos móviles. Ésta sabe dónde usted está y que es lo que está haciendo: y mientras más textos envíe, compre, tome fotografías y navegue utilizando su teléfono móvil, más sabrá sobre usted (…). Cada segundo, los teléfonos inteligentes están recolectando información y grabando millones de datos[38].

La demanda de bienes y servicios se ha hecho tan especializada que las empresas requieren de información pormenorizada sobre sus potenciales clientes: gustos, preferencias, ingresos, patrones de consumo, capacidad crediticia, en fin, todo lo que puedan saber sobre usted. Y… no hay, en la actualidad, mejor fuente de información que la obtenida, cada instante, por medio de teléfonos inteligentes. Estos datos deberían tener un elevado nivel de confidencialidad, sin embargo, en ausencia de una adecuada legislación, las partes interesadas —desarrolladores de software, fabricantes de teléfonos, empresas de mercado, entre muchos otros— están aprovechando los vacíos legales para explotar, sin autorización del usuario, la información recabada por este medio.

Tenemos, así pues, que las redes sociales, en particular, e Internet, en general, pueden ser un arma de doble filo para las sociedades; usadas para bien o para mal. La adicción es uno de los efectos negativos que están creando las redes sociales:

La gente discute sobre esto, pero muchos sienten que las personas que pasan tiempo en las redes sociales, especialmente los adolescentes, son menos felices que sus compañeros. Las tasas de depresión y suicidio entre los adolescentes han aumentado en algunos lugares; algunos adultos han demostrado ser más propensos al insomnio, la depresión y la ansiedad debido a las actividades en línea[39].

Otro efecto negativo es que pueden fomentar la división y el odio entre miembros de una misma comunidad, propiciando la alienación política, social y cultural:

Además de dañar la salud mental, sus empresas están acusadas de dañar la democracia. Las empresas de medios sociales crean burbujas de filtro, donde los usuarios reciben información que confirma sus creencias existentes; difunden noticias falsas que refuerzan la polarización política. Después de los ataques terroristas del año pasado en Londres, Theresa May y otros señalaron con el dedo a YouTube, donde los yihadistas promueven la propaganda extremista[40].

En las elecciones de 2016 de los Estados Unidos, fueron utilizadas para confundir al electorado:

El uso de Rusia de las redes sociales en la carrera presidencial de Estados Unidos en 2016 se reflejó especialmente en Facebook, que se consideró que estaba haciendo muy poco para acabar con los anuncios engañosos y las noticias falsas. En cuanto a fanfarronería nuclear en Twitter, ni siquiera vayamos allí[41].

Las actividades de los rusos no se limitaron al uso de las redes sociales, fue una compleja trama de eventos que incluyó:

1. Intervención, *hacking*, de las computadoras privadas de ciudadanos y organizaciones norteamericanas.
2. Divulgación de información mediante mensajes diseñados para afectar los resultados electorales, dividir a la sociedad norteamericana, sembrar el odio y contribuir con la desinformación del electorado.
3. Uso de redes financiadas y controladas por el Estado ruso, con la cooperación de miembros de la campaña de Donald Trump, para el despliegue de miles de mensajes destinados a desacreditar al adversario en las elecciones del año 2016.

Hasta ahora, la aludida incidencia de los rusos en la campaña electoral de los Estados Unidos no ha sido, aún, probada. Lo que sí ha sido comprobado es la participación de una empresa de origen británico en la campaña de descrédito a la candidata del partido Demócrata. El 8 de noviembre de 2017, Donald Trump Trump, ganó las elecciones presidenciales de 2016 con 304 votos electorales contra 227 de Clinton. Su rival, Hillary Clinton, obtuvo mayor cantidad de votos individuales, un aproximado de tres millones, pero las muy particulares características de la votación en el país del Norte dieron la victoria a Trump. La victoria la logró quien jugó mejor la carta de las redes sociales. En este caso el fiel de la balanza fue una tecnología disruptiva que permitió combinar la realidad con la ficción.

Según la información aparecida en un programa especial de CNN, la campaña de Trump fue desordenada y caótica en sus primeros meses y se basaba en las informaciones sesgadas de Fox News y Breitbar. La primera es una cadena de noticias que se difunde a través de la radio, televisión e Internet; sus preferencias políticas se inclinan hacia el lado republicano y su parcialidad es exageradamente notoria.

Breitbar, por su parte, es un medio de comunicaciones digital, por llamarlo de alguna manera, que se especializa en mentiras que distorsionan la realidad para satisfacer a los sectores más radicales de los Estados Unidos en materia de racismo, misoginia, homofobia y cualquier otro tipo de extremismo basado en el odio y la discriminación. Ninguno de sus seguidores es ajeno a la verdad; saben que nada de lo que puedan encontrar en las páginas de la revista es cierto; leen sus páginas en busca de mentiras y engaño.

Según el mencionado reportaje, Trump obtenía de ambos medios las informaciones sesgadas y las enviaba por Twitter a sus seguidores, quienes la tomaban como la verdad más absoluta —sin molestarse en constatar su veracidad en otros medios de comunicación— y las divulgaban al público en general. Según Pontifac, sitio de verificación de la información de Internet, sólo el 4% de lo que Trump informaba era cierto.

Es aquí donde entra en el juego Robert Mercer. Este multimillonario y experto en informática norteamericano es dueño de varias empresas. En primer lugar está Renaissance Technolgy, especializada en fondos de riesgo —es de allí de donde proviene su fortuna—. En el 2011 Mercer compró Breitbar y designó a Stephen Bannon como su gerente general; su lista de empresas continúa con Glitterig Steel que es una compañía especializada en videos digitales.

En el año 2013 se asocia con la empresa inglesa SLC Group (Strategy Communications Laboratory es su nombre en inglés) para crear una subsidiaria en los Estados Unidos: Cambridge Analytica; como gerente general designa al mismo Stephen Bannon.

SLC Group se especializa en recolección y análisis de datos digitales con el propósito de determinar las motivaciones del comportamiento humano. Expresado en otros términos: usan la información para influenciar y manipular la opinión de las personas. Cambridge Analytica, su subsidiaria en los Estados Unidos, se especializa en manipulación electoral.

Para crear su base de datos recolectó millones de datos, sin conocimiento de los usuarios, provenientes de la información personal contenida en Internet: dirección, edad, ingresos, pasatiempos, compras, religión y hasta posesión o no de algún arma de fuego. Esta información la comparó con los datos provenientes empresas, crediticias, bancos y el Seguro Social. Agregó, además, la información personal proveniente de las empresas tecnológicas: Google, Facebook y Twitter, entre otros.

Esta recolección permitió a Cambridge Analytica reunir unas 500 piezas de información de los 230 millones de adultos que viven en los Estados Unidos. Al combinar esta información las con la que utilizan las empresas encuestadoras tradicionales —geográfica, etaria y de género— pueden hacer un perfil de cada ciudadano que incluya hábitos de consumo, estilo de vida, preferencias políticas y hasta un perfil de su personalidad.

Este perfil recibe la denominación de OCEAN, por sus siglas en inglés:

- Openess (amplitud).
- Conscientious (diligencia)
- Extraversión (extroversión)
- Agreeableness (simpatía)

    — Neuroticism (neurosis)

Para complementar el perfil en referencia, se utilizan cuestionarios *en línea* que obtienen información de manera indirecta, preguntando, por ejemplo: ¿Con cuál superhéroe se identifica usted? o ¿Cuál personaje de la Guerra de las Galaxias es más parecido a usted? Para mejorar el perfil de cada usuario se puede utilizar la información proveniente de los *me gusta* con las que los usuarios de Facebook identifican la información proveniente de esa plataforma. Esta información es tan precisa que Michael Kosinisk, creador de esta metodología, considera que 10 *me gusta* bastan para que Facebook conozca a cada usuario mejor que sus colegas, 100 mejor que su familia y 230 mejor que su pareja.

Finalmente, se usan algoritmos (fórmulas matemáticas) para transformar esa información en un perfil detallado y preciso de cada usuario. Se obtiene, así pues, la más grande base psicométrica del planeta. El perfil resultante contiene información acerca de la inteligencia, felicidad, religiosidad, orientación sexual, preferencias políticas, y, en general, sobre la personalidad de cada usuario de Internet.

En junio de 2016, Robert Mercer se reunió con Donald Trump y le ofreció su apoyo a cambio de un vuelco total en la estrategia y la designación de Stephen Bannon como jefe de la campaña electoral. Con el perfil en mano de todos los potenciales electores, la jefatura de la campaña electoral diseño una nueva estrategia que tenía como premisa la sospecha de que su candidato no obtendría el voto mayoritario, pero había la posibilidad de influir obre un limitado número de votantes que aún permanecían indecisos o demócratas que dudaban en votar por Hillary Clinton.

Se concentró el esfuerzo en un pequeño número de electores, en los estados de Michigan, Pensilvania y Wisconsin, para manipular su intención de voto por medio de noticias falsas sobre Hillary Clinton enviadas a través de mensajes personalizados remitidos a una hora específica, y tomando en cuenta un perfil de electores que incluía 32 tipos de personalidades. Se utilizó la bóveda de mensajes ocultos de Facebook —desaparecen sólo algunas horas después de remitidos y no dejan rastro.

El día de la votación Trump ganó en Michigan por 23.000 votos, Pensilvania por 11.000 y Wisconsin 43.000. 77.000 votos marcaron la diferencia y dieron la victoria al candidato republicano.

El 17 de marzo de 2018, Facebook anunció el retiro de Cambridge Analytica de su plataforma por utilizar información de sus usuarios sin la correspondiente autorización.

Sin llegar a la magnitud de Facebook, Twitter denunció: "La presencia de trolls y cuentas automáticas relacionadas con las entidades rusas y que se han diseminado incluyendo "noticias falsas" durante las elecciones, llegando a un total de más de 50,000 cuentas"[42].

La Unión Europea no está excepta de ese problema: A mediados del mes de enero de 2018 Facebook anunció la ampliación de su investigación interna sobre la posible interferencia rusa en el Brexit de Gran Bretaña.

Fábricas de seguidores

Otros de los asuntos oscuros que están generando las redes sociales son las denominadas "fábricas de seguidores":

> Las cuentas que más se parecen a las personas reales, como la de Rychly, muestran el patrón de una especie de robo de identidad social a gran escala. Al menos 55.000 cuentas de Devumi usan los nombres, fotos de perfil, lugares de origen y otros detalles personales de usuarios reales de Twitter, incluidos menores de edad, según un análisis de datos realizado por el Times[43].

Devumi vende seguidores de Twitter a todos aquellos que quieran ejercer influencia por medio de las redes sociales: celebridades, empresas y personas que, en general, deseen alcanzar popularidad instantánea o lucrarse por medio de la creación de una audiencia ficticia:

> Usando un conjunto de al menos 3,5 millones de cuentas automatizadas —cada una de ellas ha sido vendida muchas veces— la compañía le ha proporcionado a sus clientes más de 200 millones de seguidores en Twitter, según reveló una investigación de The New York Times[44].

Se especula que el 15% de los 48 millones de usuarios activos de Twitter son cuentas automatizadas que han sido creadas para engañar a los usuarios. En Facebook la situación no es mejor, pues se estima que existen unas 60 millones de cuentas automatizadas:

> Estas cuentas falsas, conocidas como bots, pueden ayudar a influenciar a las audiencias publicitarias y replantear los debates políticos. Pueden afectar negocios y arruinar reputaciones. Sin embargo, desde el punto de vista legal, su creación y venta están en una zona gris[45].

Devumi cobra cerca de un centavo de dólar por cada cuenta ficticia; cada una refleja un personaje que podría ser real, pues viene acompañado de fotografías y nombres completos. Por sólo 5.000 dólares cualquiera puede comprar un aproximado de un millón de seguidores ficticios: suficientes para convertir a cualquier político en un fenómeno electoral, un artista mediocre en una celebridad, un insulso programa en el éxito de la temporada, un bodrio en la película del año, y hasta un predicador tartamudo en el nuevo mesías.

No es que exageremos, a la audiencia se le engaña porque lo pide a gritos; la combinación de teléfonos inteligentes y redes sociales está idiotizando a las masas y convirtiéndolas en una especie de autómatas que aceptan todo cuanto proviene de Internet como un credo religioso. El ser humano trastocado en usuario ha dejado de utilizar la razón como un medio de interpretación de la realidad. Asume como una verdad infalible las estupideces que fluyen a través de la red de redes.

Si no nos creen observen cualquier calle o avenida de cada una de las ciudades del planeta: millones de personas pululan como zombis portando en sus manos un adminículo al que observan en estado catatónico, sin prestar la menor atención a su entorno y pulsando de manera frenética un teclado imaginario para intercambiar sandeces con sus correligionarios.

En otras regiones del mundo la transición política no ha sido pacífica. Egipto, Libia, Túnez y Yemen han sido sacudidos por cruentas revoluciones que dieron al traste con gobiernos autoritarios que se mantenían en el poder por medio de la fuerza, el chantaje y la intimidación. El denominador común en estos movimientos políticos ha sido la utilización de las redes sociales para la coordinación de las actividades de los grupos insurgentes.

Hasta en los países más desarrollados del planeta las redes sociales han sido utilizadas para coordinar las protestas de las sociedades insatisfechas por la pésima gestión de los diferentes gobiernos. En España, Inglaterra, Francia, Grecia, los Estados Unidos, Hong Kong, Brasil y Venezuela —para citar únicamente algunos casos— los ciudadanos se lanzan a las calles en masivas concentraciones que son coordinadas con la precisión de un mecanismo de relojería gracias a las posibilidades que la tecnología comunicacional ha puesto a disposición del ciudadano común.

Para contrarrestar esta tendencia, algunos países autocráticos han instalado sistemas informáticos para supervisar y controlar cualquier tecnología que pueda ser utilizada por los ciudadanos para la disidencia. Es el caso de China, donde se ha construido un costoso y complejo sistema para controlar y censurar la información que se transmite a través de la red. Éste consta de dos subsistemas; en primer término está la Gran Pared y en segundo, el Escudo Dorado. El primero se utiliza para bloquear las páginas y portales del extranjero; el segundo para la supervisión doméstica.

El gobierno chino ha bloqueado Twitter y Facebook y auspiciado el desarrollo tanto de redes sociales como de redes de piratas informáticos controladas por entes gubernamentales. Las redes esparcen comentarios favorables sobre la actividad gubernamental; los piratas tienen la misión de irrumpir en los correos electrónicos de los disidentes y en los sistemas de información de la prensa extranjera para "… informar sobre historias sensitivas que afecten a los líderes chinos"[46].

Esta tendencia se ha generalizado en otros países, como lo informa un reportaje de la revista The Economics:

> En Rusia, Nigeria, Vietnam y por todas partes los gobiernos están pagando a la gente para *bloguear* y comentar en apoyo de las prioridades del gobierno, una práctica que comenzó China en el año 2005[47].

La filtración de información por parte de Edward Snowden, en junio de 2013, permitió que el público se enterase de que la Agencia Americana de Seguridad Nacional (NSA, por sus siglas en inglés) está recolectando información de los teléfonos de millones de norteamericanos para conformar una base de datos que ayude en la lucha contra el crimen y el terrorismo. Por medio de un programa cuyo nombre código es PRISM, la NSA obtiene y almacena datos del correo electrónico, llamadas por Internet, fotos, videos y redes sociales de diversas empresas *online*: Google, Facebook, Apple, YouTube, Skype, Microsoft, y PalTalk, entre otras.

Snowden no era un funcionario público; es un analista que trabajaba para una empresa contratada por el gobierno de los Estados Unidos para analizar la información proveniente de la red de redes. La cantidad de información que circula por Internet se aproxima a unas trescientas mil transacciones por segundo; para su procesamiento, cada una de estas porciones se considera como un *evento* que contiene una incalculable cantidad de *metadata*: tamaño, tipo y localización de la información; su procesamiento trata de extraer patrones reconocibles para correlacionarlos con asuntos que estén conectados con actividades que atenten contra la seguridad del Estado norteamericano.

Si bien, por una parte, es cierto que la recolección de información puede servir para actividades de inteligencia y contrainteligencia, por la otra parte tenemos que su uso indiscriminado está afectando la privacidad de millones de ciudadanos que no tienen nada que ver ni con el crimen ni con el terrorismo. De la misma forma como lo hizo Snowden, cualquier empleado de una contratista gubernamental puede filtrar esta misma información para lucrarse indebidamente y exponer al ciudadano común a riesgos creados por su propio gobierno.

La infiltración de las redes sociales, por parte de la NSA, o cualquiera que quiera hacerlo, incluye la inserción de una puerta trasera (backdoor, en inglés), esto es, una vulnerabilidad secreta que introduce errores en el diseño tanto del software como del hardware de las computadoras para que cualquier información que sea transmitida por medios digitales pueda ser recogida y utilizada para fines relacionados con la seguridad de los Estados Unidos; o para los efectos de cualquier organización criminal que quiera beneficiarse de la vulnerabilidad que ha surgido de este tipo de manipulación tecnológica.

En la audiencia a la que fue convocado, abril 2018, el CEO de Facebook, Mark Zuckerberg, le dijo al Congreso de Estados Unidos que su red social se va a apoyar cada vez más en la inteligencia artificial (IA) para eliminar el discurso de odio que tanto se ha masificado en la plataforma. Zuckerberg afirmó:

> Soy optimista, y creo que en un período de cinco a 10 años tendremos herramientas de inteligencia artificial capaces de detectar algunos de los matices lingüísticos de diferentes tipos de contenido para ser más precisos[48].

El asunto no es tan fácil de solucionar; para complicarlo aún más, ahora está disponible una tecnología que permite crear videos falsos:

> Los investigadores han demostrado que es posible producir vídeos y audios falsos increíblemente realistas mediante el aprendizaje automático. Esta tecnología ha permitido crear vídeos de políticos que parecen lanzar discursos que en realidad nunca ocurrieron, y organizar venganzas mediante pornografía falsificada[49].

De hecho desde el 17 de julio de 2017 está circulando un video falso de Barack Obama, expresidente de los Estados Unidos, que sorprende por su realismo. Este video, en el que el personaje crítica ásperamente a Donald Trump, fue creado por la empresa norteamericana Buzzfeed, utilizando una

154

aplicación denominada FakeApp. Primero crearon una red neuronal artificial para crear la forma de su boca, y luego mesclaron la imagen generada por computador con grabaciones del exmandatario.

Tenemos, así pues, que las redes sociales, en particular, e Internet, en general, pueden ser un arma de doble filo para las sociedades; usadas para bien o para mal.

El Estado Cibernético

Cualquiera podría pensar que los adelantos tecnológicos de la postmodernidad sólo sirven para la fabricación de artilugios que podrían servir para facilitar la vida de quienes tengan la disponibilidad financiera para adquirirlos. No es así, la sociedad mundial puede beneficiarse más allá de la utilidad que estos puedan tener para los efectos de la cotidianidad de las personas. Su incidencia puede contribuir con la transformación radical de la infraestructura que permite que los Estados funcionen. Los habitantes de los países desarrollados están acostumbrados a la tecnología; por muy radicales que sean los cambios que ésta propicia, su impacto se asimila con facilidad, pues una innovación sucede a la otra en un ciclo interminable. Es así que, sin notarlo, pasaron de la computadora a la tableta y de ésta al teléfono inteligente: ni cuenta se dieron.

Pero, no pasa lo mismo con los países en vías de desarrollo. Pueden pasar décadas antes de que una nueva tecnología pueda ser adoptada para mejorar la eficiencia de la gestión pública. Veamos el ejemplo de la teoría de la organización; desde la década de los años ochenta del siglo pasado, las organizaciones cambiaron de estructura y adoptaron la correspondiente a la descrita en el quinto capítulo de esta obra. Ni siquiera en la mayoría de los países avanzados se ha podido cambiar la estructura organizacional de los entes públicos y estos siguen estancados, en lo que a este aspecto se refiere, en el siglo XX.

Esta transformación se está haciendo presente sólo en forma parcial. En los Estados Unidos, por ejemplo, los estados de Delaware y Nevada son ejemplos de pequeños cambios en la estructura que sirve de base a la gestión pública, mediante el empleo de la tecnología informática. Podría pensarse que es mejor hacer las cosas en forma progresiva, para evitar que la prisa conduzca al fracaso.

Esta última premisa podría ser válida para aquellos países cuya infraestructura pública funciona en forma adecuada y el cambio tecnológico se hace para disminuir el costo de la gestión pública. Una inversión masiva en el cambio tecnológico podría generar una presión impositiva que podría no ser bien vista por los contribuyentes. Diferente es cuando un país tiene una infraestructura pública obsoleta, ineficiente y costosa, pues el mismo costo tendría la implantación de una nueva con tecnología de punta que una con tecnología pasada de moda y de siglo. Siendo igual o inferior la inversión la alternativa no podría ser otra: la utilización de tecnología de punta para cualquier transformación que quiera hacerse, y que abarcaría todos los aspectos: gestión pública, educación, salud, economía y defensa, entre otros.

Un cambio de esa naturaleza se está haciendo en un país minúsculo: Estonia, cuya población no llega a los dos millones de habitantes y su territorio abarca menos de 50. 000 km². Su independencia apenas data del año de 1991, en el momento en que se desintegra la Unión Soviética. En un territorio tan estrecho y con tan pocos habitantes, Estonia tiene que valerse del ingenio de sus habitantes para sobrevivir; y estos se han dado cuenta que su mayor aliado es la tecnología. Con este respaldo, están constituyendo el primer Estado cibernético del mundo.

Empecemos por las personas, Estonia tiene dos tipos de residentes: quienes habitan en su territorio y los residentes electrónicos. Quienes nacen y permanecen en el país adquieren la primera connotación; la segunda la obtienen quienes manifiesten su deseo de adquirir tal condición.

Los residentes online pueden desarrollar actividades económicas de cualquier tipo, desde transacciones financieras hasta la creación de empresas que tengan presencia física en el país o el extranjero. La única limitación es que mantengan la residencia de sus activos financieros en el país y que cancelen los correspondientes impuestos. Desde el año 2000, se habilitó la firma electrónica, cuya validez es la misma que la original. Los documentos de identidad son electrónicos y permiten el acceso de su poseedor a todos los servicios gubernamentales. Las ventajas tanto de la residencia online como la firma electrónica y los documentos digitales son múltiples y se espera que con la adopción de un método confiable de autenticación se descarte cualquier posibilidad de que se presenten actividades fraudulentas.

Por una sola vez, los residentes online deben confirmar sus datos biométricos; lo pueden hacer mediante un corto viaje al país o por medio de sus embajadas en todo el mundo. En el futuro cercano toda la gestión pública estará almacenada en la nube y los servidores que la contienen estarán ubicados en el extranjero, en las sedes diplomáticas de Estonia Esta medida parte del temor de que se materialice su mayor pesadilla: Una invasión y ocupación de su territorio por parte de los rusos. Si esto último ocurre, un gobierno en el exilio podría seguir dirigiendo al país vía online.

La mayor ventaja de un Estado cibernético es que depende poco de la extensión de su territorio y los recursos que este pueda contener. Este modelo de gestión se asemeja al de la banca que funciona en los paraísos fiscales: en su nube podrían estar alojados millones de empresas que fabrican y distribuyen productos en todo el mundo, sin más compromiso que el pago de las tasas por el uso de los servicios públicos online y los impuestos que se corresponden con cada actividad comercial. La diferencia es que todas las actividades tendrían carácter lícito, a diferencia de la sombra de ilegalidad que se cierne sobre la mayoría de los paraísos fiscales.

Fracaso inexcusable

La globalización agotó las excusas para el fracaso; en el caso de los individuos lo que se requiere para el éxito es una combinación de talento, iniciativa y creatividad. En el caso de los países, por muy pobres que estos sean, se requiere una total y absoluta descentralización y una ilimitada libertad de pensamiento y acción. El progreso de los pueblos se está alejando de las manos de las burocracias estatales; cada individuo, hoy en día, tiene la oportunidad, gracias al Sistema de Producción Global, de contribuir con el bienestar de la sociedad de la que forma parte, y por ende, de sus conciudadanos.

El modo de producción de la postmodernidad

Si tomamos en consideración todas las ideas que hemos presentado en esta obra, el Sistema de Producción Global, SPG, estará constituido por cuatro subsistemas:

Subsistemas inteligentes de producción
Subsistema gubernamental
Subsistema estructural

Los subsistemas inteligentes de producción incorporan tanto las características como la tecnología del modelo descrito en el párrafo denominado: *Globalización y Sistemas Inteligentes de Producción*. El subsistema estructural está conformado por toda la infraestructura, pública y privada, que pueda servir de base para el desenvolvimiento de los subsistemas inteligentes: plataformas tecnológicas, puertos y aeropuertos, vías terrestres, férreas, fluviales y marítimas, etc. En este subsistema tiene cabida la tecnología descrita en el párrafo denominado *Cadena de Bloques*. El último estadio del sistema descrito sería la proliferación de Estados cibernéticos basados en el modelo descrito en el párrafo: *El Estado Cibernético*.

No tenemos ninguna duda de que en el contexto del paradigma emergente, la sociedad mundial adoptará el Sistema de Producción Global para obtener los bienes y servicios que pueda requerir. En la medida en que éste se consolide, irá surgiendo una nueva teoría económica que se adapte a las necesidades y requerimientos de la sociedad postmoderna. Esta teoría no surgirá de la noche a la mañana; progresiva y paulatinamente el proceso productivo mismo irá creando las condiciones para el surgimiento de postulados que orienten el desenvolvimiento económico de la postmodernidad.

Referencias Bibliográficas

[1]Guerra, Á., *Globalización: Se desinfla el mito*, La Jornada, México, 26 de julio de 2007.
[2]Loc. cit.
[3]Ramonet, I., *Sobre la Globalización*, 2004, en *La Crisis del Siglo. El Fin de una Era del Capitalismo Financiero*, Caracas, Fundación Editorial el perro y la rana, 2008, pág. 50.
[4]The Economics, *Here, there and everywhere*, en *Special Report*, 19 de enero de 2013, Londres, pág. 13, la traducción es nuestra.
[5]Loc. cit.
[6]Ibíd. pág. 12.
[7]Ibíd. pág. 13.
[8]The Economics, *Offshoring. Welcome home*, 19 de enero de 2013, Londres, pág. 11, la traducción es nuestra.

[9]Ibíd. pág. 3.

[10]Ibíd. pág. 17

[11]The Economics, The gated globe, Special Report, 12 de octubre de 2013, pág. 4, la traducción es nuestra.

[12]The Economics, *Global Banking, You break it, you own it*, 23 de noviembre de 2013, edición digital, la traducción es nuestra.

[13]Loc.cit.

[14]Beech, H., *The Great Scrawl of China*, Time, New York, 13 de febrero de 2012.

[15]Higginbothan, S., Fortune, *IBM, J.P. Morgan and others build a chain of blocks of business*, 17 diciembre de 2015, edición digital, la traducción es nuestra.

[16]The Economics, *The Industrial Internet of things. Machine learning*, nov 21, 2015, edición digital, la traducción es nuestra).

[17] Loc. cit.

[18]Loc.cit.

[19]Loc. cit.

[20]The Economics, *Tech Starups*, en Special Report, 18 de enero de 2014, pág. 15, la traducción es nuestra.

[21]*The third industrial revolution*, The Economist, en *Special Report*, Londres, 21 de abril de 2012, págs. 3-20, la traducción es nuestra.

[22]https://www.forbes.com/companies/3d-systems/, 25 de abril de 2018)

[23]3D Natives, Relativity Space creando cohetes espaciales impresos en 3D, 5 de abril de 2018.

[24]Gershenfeld, N., *How to Make Almost Anything*, Foreign Affairs, New York, diciembre 2012, pág. 51, la traducción es nuestra.

[25]Loc. cit.

[26] http://www.hansonrobotics.com/

[27] CNN, Inspiration: Our Future World, Max Foster, 30 de diciembre de 2017.

[28] The Economics, Life on the edge. The era of the cloud's total dominance is drawing

to a close, 18 de enero de 2018, edición digital, la traducción es nuestra.

[29]Loc. cit.

[30]Loc. cit.

[31]Loc. cit.

[32]Loc. cit.

[33]Loc. cit.

[34]Gardner, H. y Davis, K., *La generación APP*, Barcelona, Espasa Libros, S.L.U., 2014.

[35]*The on demand economy. Workers on tap*, The Economist, edición digital, 3 de enero de 2015, la traducción es nuestra.

[36]Clarín, *La última innovación de los teléfonos de alta gama*, 31 de enero de 2018, edición digital.

[37]Quero G., Alberto, *Un 80 % de los smartphones hará uso de inteligencias artificiales en el año 2022*, Tecnología 5 de enero de 2018.

[38]Calabresi, M., *The phone knows all*, Time, New York, 27 de agosto de 2012, pág. 28, la traducción es nuestra.

[39]Eve Smith, Invisible Hand Strategies, LLC: *A memo to big tech. The techlash against Amazon, Facebook and Google and what they can do. Which antitrust remedies to welcome, which to fight.*, The Economics, 18 de enero de 2018, edición digital, la traducción es nuestra.

[40]Loc. cit.

[41]Loc. cit.

[42]Fake news: avec l'aide des usagers, Facebook cherche les sources "fiables", Le Point, 21 de enero de 2018, la traducción es nuestra.

[43]La fábrica de seguidores, The New York Time, 30 de enero de 2018, Edición digital

[44]Loc. Cit.

[45]Loc. cit.

[46]Loc. cit.

[47]The Economics, Special Report. *China and The Internet*, Londres, 6 de abril de 2013, pág. 4, la traducción es nuestra.

[48]MIT Technology Review, *Los tres retos de Facebook para elimi-nar las noticias falsas con IA,* edición digital, 17 de abril de 2018.
[49]Loc. cit.

4

EDUCACIÓN Y POSTMODERNIDAD

La educación mundial está en crisis; ni siquiera los países del primer mundo están en capacidad de formar y desarrollar los recursos humanos que requiere su nivel actual de crecimiento económico. Para cubrir sus necesidades, los países avanzados han creado una nueva forma de colonialismo: el reclutamiento de científicos, profesionales y técnicos del tercer mundo. Los mejores cerebros de todo el mundo fluyen en forma incesante hacia los centros de influencia mundial. Un reportaje sobre el tema menciona que: "Cada año, miles de profesionales especializados —ingenieros, economistas, informáticos, médicos, investigadores— abandonan África, Asia y América Latina, seducidos por las mejores oportunidades laborales, los altos salarios y unas condiciones de vida más atractivas"[1].

La aludida crisis no ha sido provocada, en los países ricos, por la escasez de recursos financieros; por el contrario, cada año se incrementan los presupuestos destinados a la educación. No es, tampoco, por la ausencia de educandos, siempre los hay en cuantía suficiente. En cuanto a docentes, si no los hay se contratan en el extranjero.

La crisis educativa del primer mundo ha sido provocada por el insuficiente retorno del capital invertido. No importa cuánto se invierta, los resultados son los mismos: deserción masiva en todos los niveles, deficiente cualificación de los egresados, dificultad para la inserción en el mercado laboral, y, como consecuencia de todo esto, una total desvinculación entre sistemas educativos y aparatos productivos.

En los países del tercer mundo la situación no es mejor, como habría de esperarse, puesto que se limitan a copiar los modelos educativos que ya han fracasado en las sociedades avanzadas.

Preguntas sin respuestas

Tanto el problema como su solución están en los sistemas educativos. Hasta el presente, éstos no han podido enfrentar los retos de la transición paradigmática. ¿Qué enseñar?, ¿Cómo enseñar?, ¿Para qué enseñar? y ¿Dónde enseñar? Éstas parecieran preguntas fáciles de responder; pero, las respuestas no han surgido, ni siquiera en los países desarrollados. ¿Que enseñar? Si nos dejamos guiar por el modelo educativo del siglo XX, tendríamos que orientar el aprendizaje hacia la acumulación de un vasto volumen de información. Pero, aquí se empieza a complicar el asunto; la información es, hoy en día, tan abundante que uno de los mayores retos estaría en la selección de la porción de ésta que incluiríamos en nuestros programas de estudio. Una cosa lleva a la otra; en el primer párrafo mencionamos la facilidad con la que las nuevas ideas pierden vigencia; y, entonces, qué sentido tiene enseñar lo que tan rápido entrará en desuso.

¿Cómo enseñar? En el modelo educativo del siglo XX, bastaba con agrupar una determinada cantidad de alumnos en un espacio reducido y, frente a ellos, un docente que transmitía las ideas que estaban contenidas, bien sea en el cerebro de aquel, o en los libros de texto. Los educandos recogían en apuntes el resumen de esas fuentes del saber, posteriormente las memorizaban y, finalmente la transcribían, al pie de la letra, en un examen; si los sometemos, hoy por hoy, a una metodología similar los estaríamos convirtiendo en unos recipientes humanos de basura intelectual.

¿Para qué enseñar? En el modelo educativo del siglo XX se enseñaba para acumular conocimiento. Eso, como ya hemos expuesto en los párrafos anteriores, no tiene sentido. En el siglo XXI, las cosas no han cambiado; los sistemas educativos siguen ofreciendo, en su mayoría, conocimientos, habilidades y destrezas que no son requeridas ni por la sociedad ni por lo aparatos productivos que nutren a ésta de bienes y servicios; podría afirmarse que existe una total desvinculación entre estos sistemas y los aparatos productivos. La enseñanza, bajo el viejo paradigma, dejó de tener un para qué.

Una de las consecuencias de esta desvinculación es la ausencia de oportunidades para los jóvenes que tratan de incorporarse al mercado de trabajo. El desempleo los abarca a todos; independientemente de que hayan abandonado prematuramente la escuela o se hayan graduado en universidades o centros de educación técnica. No encuentran trabajo por la misma razón: carecen de las competencias profesionales que demanda el mercado laboral.

En los Estados Unidos y en Europa, quienes dejan la escuela en forma temprana tienen: "… dos veces la posibilidad de estar desempleado que los graduados universitarios"[2]. En otras partes es al revés: "En el norte de África los graduados universitarios tiene dos veces la posibilidad de estar desempleados que los no se han graduado"[3].

Incluso en los países más avanzados los títulos otorgados por universidades de prestigio tienen poco valor en el mercado laboral:

> En ambos, Gran Bretaña y los Estados Unidos mucha gente con costosos grados académicos en ciencias liberales están descubriendo que es imposible obtener empleos decentes[4].

Ni siquiera es trascendente la cantidad de años que se dediquen a la formación universitaria o técnica: "Lo que importa no es la cantidad de años de educación que la gente alcance, sino su contenido. Esto significa expandir el estudio de ciencia y tecnología y cerrar la brecha entre el mundo de la educación y el mundo del trabajo"[5].

Sobra gente con títulos, grados y diplomas y falta quienes cubran las plazas vacantes: "A lo largo de la recesión las empresas se han quejado de que no pueden encontrar gente joven con las competencias correctas"[6].

No importa si el país es desarrollado o no, el problema es el mismo:

> McKinsey, una consultora, reporta que sólo 43% de los empleadores en los nueve países que ha estudiado (Estados Unidos, Brasil, Gran Bretaña, Alemania, India, México, Marruecos, Arabia Saudita y Turquía) piensan que pueden contratar jóvenes trabajadores dotados de las competencias requeridas[7].

Especialmente en los Estados Unidos, las empresas están cambiando en forma radical sus plataformas tecnológicas para mantener su competitividad global; pero, no bastan las máquinas, se requiere personal especializado para manejarlas.

El reto para las compañías norteamericanas es el desarrollo de nuevas técnicas de manufactura que estén por delante de sus competidores globales y se utilicen para producir bienes en forma más eficiente en fábricas superautomatizadas. Estas industrias del futuro tendrán más máquinas y menos trabajadores —y esos trabajadores deben ser capaces de manejar esas máquinas—. Muchos de los nuevos trabajos requieren dos años de grado académico tecnológico para completar las habilidades artesanales para, por ejemplo, la soldadura y el fresado. Algunos expertos piensan que no pasará mucho tiempo antes de que los trabajadores norteamericanos requieran: "… al menos de cuatro años de grado académico para cubrir tales requerimientos".[8]

Más máquinas no significan menos trabajadores —como lo sugieren los detractores de la globalización—; la tecnología es un multiplicador de puestos de trabajo:

> Un estudio sobre el tema estima que por cada trabajo creado en el sector de alta tecnología, otros 4,3 trabajos emergen, en forma simultánea, en la economía local. Eso es más de tres veces el multiplicador para trabajos de manufactura. Técnicos bien pagados compran mucho y contratan a otros para que planchen sus camisas.[9]

De manera tal que el problema está lejos de las máquinas y cerca del para qué; si no lo redefinimos, la situación lejos de mejorar empeorará.

¿Dónde enseñar? En el pasado, la enseñanza se realizaba en el aula, ¿Dónde más? Pero, hoy en día, el conocimiento se produce en todas partes: en la fábrica, la oficina, en medio de los procesos administrativos y productivos de la empresa, en nuestro hogar, en fin, en cualquier lugar donde haya un ser humano pensando; no podemos esperar ni un instante para su obtención, so pena de que un segundo después haya dejado de tener vigencia. El aula, por tanto, no cubre, en la actualidad, todas las expectativas del aprendizaje; no queremos decir que haya que desecharla como uno de los sitios donde éste es posible, sólo que no debe ser el *único* lugar que nos dé acceso al conocimiento.

En el resto de este capítulo vamos a tratar de responder las cuatro preguntas que hemos formulado. Si bien la mayoría de los sistemas educativos   no han sido muy eficientes en la búsqueda de respuestas a estas interrogantes, existen experiencias aisladas, en diversos campos, que podrían contribuir con la creación de un modelo educativo que satisfaga las necesidades de la sociedad mundial. A partir de este punto trataremos de resumir algunas de las ideas que han sido utilizadas por múltiples organizaciones e instituciones —educativas o de otra índole— para los fines del aprendizaje.

El conocimiento: insumo vital del siglo XXI

Las organizaciones del siglo XX eran intensivas en capital, éste era su insumo principal. En este siglo las cosas han cambiado: el conocimiento ha remplazado al capital; el dinero es fácil de imprimir, las ideas hay que inventarlas, crearlas, imaginarlas.

Empecemos por una definición que describe al conocimiento como:

> … todo conjunto de cogniciones y habilidades con los cuales los individuos suelen solucionar problemas. Comprende tanto la teoría como la práctica, las reglas cotidianas al igual que las instrucciones para la acción. El conocimiento se basa en datos e información, pero a diferencia de estos, siempre está ligado a personas. Forma parte integral de los individuos y representa las creencias de estos acerca de las relaciones causales.[10]

Como ya ha sido mencionado, el aula ha sido desplazada como el único lugar donde es posible obtener conocimiento; habría que agregar que, hoy en día, no sólo las fuentes han variado, también lo han hecho las formas de obtención. Para alcanzar este insumo vital, el interesado debe recurrir al aprendizaje autónomo (capacidad para aprender en el

168

momento y lugar en que las circunstancias lo requieran) y a la construcción de conocimiento (habilidad para crear ideas sobre un tema en específico). El individuo debe, pues, *aprender a aprender*; o, lo que es lo mismo, aprender a obtener conocimientos por sí mismo, sin ayuda de terceros; y a transformar lo aprendido en algo diferente, en algo surgido de su propio intelecto.

La sociedad del siglo XXI requiere que todos los individuos que la integran estén en capacidad de construir conocimiento; no es posible enfrentar los retos presentes en el entorno si no se produce el insumo intelectual que las circunstancias requieran. Teorías, métodos y, en general, ideas innovadoras que enfrenten los problemas en forma creativa van a ser la diferencia entre el éxito y el fracaso; entre la supervivencia y la desaparición.

Educación y Aprendizaje

El éxito de los educandos no depende mucho de los aspectos formales de la educación, ni de la densidad de los currículos, menos del dinero que se incorpora en los presupuestos. Depende, de su habilidad para aprender. El aprendizaje es el secreto del éxito; pero, tendríamos que preguntarnos: ¿Tienes nuestros educandos esa habilidad?; ¿alguna parte del currículo se dedica a incorporarla como una competencia? La reflexión que hemos realizado hasta ahora pareciera indicarnos una respuesta negativa. Y si nuestros jóvenes no son capaces de aprender, cómo hacen para desempeñarse con idoneidad en el mercado laboral. La respuesta está en el aprendizaje organizacional; son los mismos patronos quienes se ocupan de incorporar en los trabajadores las competencias que requieren para su desempeño laboral. Pero, y que se hizo el tiempo y el dinero que los Estados invirtieron en la educación. Usted, seguramente, tiene la respuesta en su mente: se desperdició. Cómo, en un mundo casi en bancarrota, evitar una atrocidad como ésta. Bueno, no se nos ocurre otra respuesta que la de imitar lo que hacen los patronos. Podríamos, además, incorporar la experiencia obtenida por diferentes entes —educativos o de otra índole— para acumular ideas que ayudarían a mejorar la calidad de la educación mundial y al diseño de un modelo educativo que sirva de referencia universal.

Aprendizaje y desarrollo organizacional

La materialización de la misión de una organización de estructura burocrática, sea cual sea su índole, se logra por medio de la división del trabajo en funciones, tareas y actividades. Los conocimientos, destrezas y habilidades que satisfacen los requerimientos de tal división se obtienen por medio de la educación y el aprendizaje organizacional.

La educación se encarga de la formación profesional, generalmente a cargo de instituciones acreditadas por el Estado. El aprendizaje se ocupa de la capacitación y el entrenamiento.

La primera de estas actividades satisface los requerimientos propios de la función que haya sido asignada al trabajador, y se lleva a efecto en forma diferenciada; es así como la capacitación para la función financiera será diferente a la correspondiente a la función logística, gerencial u operacional, entre otras. Por su parte, el entrenamiento proporciona las destrezas y habilidades que están relacionadas con las tareas y actividades que se derivan de una función en particular.

Dentro del contexto de la actual teoría de la administración, algunos autores tienden a englobar la capacitación y el entrenamiento dentro del concepto de lo que hoy se denomina *Desarrollo Organizacional.* Para efectos prácticos esta conceptualización podría facilitar la sistematización de las actividades de aprendizaje; hasta allí podríamos estar de acuerdo. Pero, según nuestra opinión, éste es un término que no se corresponde con la dinámica de los entes de estructura burocrática; veamos porqué.

En el Pequeño Larousse Ilustrado conseguimos la definición de *desarrollo*, en la segunda acepción nos dice que es: "Hacer pasar una cosa del orden físico, intelectual o moral por una serie de estados sucesivos, cada uno de ellos más perfecto o más complejo que el anterior". Si hacemos inferencia, tendremos que desarrollo organizacional es el *hacer pasar una organización por una serie de estados sucesivos, cada uno de ellos más perfecto o más complejo.* Ahora bien ¿Para qué una organización requiere pasar de un estado al otro? La respuesta es sencilla: para adaptarse a los cambios del ambiente externo.

Como ya ha sido comentado en otros párrafos, el mundo está en constante cambio, está evolucionando; está pasando de un estado al otro. Para enfrentar una transición como la referida, las organizaciones están adoptando una forma sistémica, con un menor número de niveles de gestión y organización, y han comenzado a recibir la denominación de *organizaciones de aprendizaje.* Las principales víctimas de esta nueva estructura son los gerentes y supervisores: podría decirse que ya no se necesitan. Esta aseveración parte del hecho de que en las organizaciones de aprendizaje las decisiones y las responsabilidades se concentran en los trabajadores que llevan a efecto los procesos corporativos, y éstos más que supervisión lo que requieren es asesoramiento. No en vano se están incorporando a la teoría de la administración técnicas tales como la tutoría, el *mentoring* y el *coaching.* Es así como el tutor, el mentor, o el *coach* están reemplazando al gerente o al supervisor.

En las organizaciones de aprendizaje no existe una división del trabajo que se base en funciones, tareas y actividades; por el contrario, en ellas se considera que el trabajo es sólo una parte de un sistema cuyos límites son muy difíciles de definir. Las labores se realizan por medio de procesos, —serie de actividades que se relacionan en forma sistémica para alcanzar objetivos y metas preestablecidas— cuya concreción está a cargo de equipos de trabajo multidisciplinarios y autónomos.

Un equipo de trabajo es un grupo de individuos que trabaja en estrecha colaboración para alcanzar un propósito previamente establecido; su conformación se hace con base en las competencias profesionales. Éstas son características que subyacen en el individuo y lo habilitan para la resolución de problemas, el trabajo colectivo, el desempeño de diferentes actividades, la asunción de actividades y la adopción de decisiones idóneas.

Pueden consistir en motivos, rasgos de carácter, conceptos de sí mismo, actitudes o valores, contenido de conocimientos, o capacidades cognoscitivas o de conducta; incluyen todo ese mundo interior que se encuentra dentro de cada ser humano: lo racional, lo sensitivo y lo intuitivo se unen para conformar una totalidad inseparable que contribuye con el desempeño del trabajador en cada una de las actividades hacia las que dirija su atención.

Dentro de los equipos, los individuos aportan su contribución personal, desempeñan un rol que contribuye con el éxito del trabajo colectivo; la asignación de este tipo de responsabilidad individual dependerá de las competencias profesionales que cada trabajador pueda poseer. Para que éstas puedan tener utilidad colectiva, deben primero identificarse, y luego desarrollarse. Para algunos autores, la preexistencia es una condición previa: únicamente pueden desarrollarse aquellas que son innatas en los trabajadores; para otros, el aprendizaje es capaz de incorporar cualquier competencia individual. Nosotros defendemos el primero de los criterios.

Si bien las competencias profesionales tienen un carácter cualitativo, algunos autores insisten en que pueden usarse métodos cuantitativos para su medición, como es el caso de, por ejemplo, Martha Alles, para quien es posible utilizar técnicas de evaluación cuantitativa, tales como la *Evaluación de 360º* y el *Assessment Center Method* para medir su grado de desarrollo. Según Alles, estas técnicas permiten medir, en números, el grado de desarrollo, y establecer la brecha existente entre el grado deseado y el presente en el momento de la evaluación. Estamos en total y absoluto desacuerdo con este criterio.

Para nosotros las competencias tienen un carácter cualitativo y no pueden ser medidas con instrumentos cuantitativos, tampoco se pueden establecer brechas cualitativas entre diferentes estados de desarrollo. La separación existente entre un estado inicial y otro posterior sólo puede tener una apreciación cualitativa; las cualidades están en el dominio de lo intuitivo y por tanto no existe manera de cuantificarlas.

Surgen, entonces, nuevas interrogantes: ¿Cómo evaluar las competencias profesionales?, ¿existen métodos para su evaluación? Estas preguntas no son fáciles de responder; si bien existen organizaciones que han ensayado métodos cualitativos para medir su desarrollo, su experiencia nos dice que si bien es posible su medición, lo engorroso y costoso de este tipo de evaluación supone la distracción de tiempo y recursos que no siempre están disponibles.

Lo que si es cierto, y hasta comprobable, es que la interacción que se produce entre los individuos, en el seno de los equipos de trabajo, crea condiciones favorables para el desarrollo de las competencias, sean estas profesionales o medulares. Ambos, organización y trabajadores crecen juntos, enfrentan unidos los cambios y transformaciones del ambiente. Bien sea en el seno de los equipos de trabajo como en el de la organización, el cambio se puede percibir; es posible sentir que en la medida en que se produce la interacción colectiva, individuos y organización pasan de un estado inferior a uno superior. Es difícil, por no decir imposible, establecer la medida del progreso; lo que sí es fácil de percibir es la sensación del progreso. Cada trabajador, en cada rincón de la organización, puede establecer, en forma intuitiva, el progreso alcanzado.

A pesar de que sostenemos la idea de que el grado de desarrollo de las competencias es incuantificable, pensamos que existe una manera indirecta de medirlo. Tarde o temprano, el progreso de la organización se traducirá en una mayor eficiencia, en términos de menores costos de producción y un incremento de los beneficios; estos elementos si son cuantificables y podrían darnos la medida del desarrollo de las competencias medulares e individuales.

Tenemos, entonces, que para llevar a efecto un proceso, la organización debe identificar, en primer lugar, sus competencias medulares —aquellas que requiere cada proceso en particular—; en segundo, las correspondientes a cada trabajador; sobre la base de ambas se conforman, finalmente, equipos de trabajo multidisciplinarios y autónomos. La multidisciplinaridad vendrá dada por la participación de trabajadores con competencias diversas; la autonomía por la delegación de responsabilidad en cada uno de ellos.

En este punto de nuestra reflexión, habría que preguntarse: ¿Cómo se desarrollan tanto las organizaciones sistémicas como los trabajadores?, ¿cómo pasa la organización de un estado al otro?, ¿cómo enfrenta la organización las transformaciones ambientales?, ¿cómo se desarrollan profesionalmente los trabajadores, en el contexto de la organización a la cual pertenecen?

La respuesta es simple y compleja a la vez. El desarrollo de las organizaciones de aprendizaje no está separado del desarrollo profesional de sus trabajadores. Ambos se llevan a efecto en forma simultánea. Es en el seno del equipo de trabajo donde se produce la transformación; éste es un

174

puente entre la organización y los individuos; es allí donde se produce la transferencia de conocimientos y experiencias, y donde, además, se desarrolla a plenitud el potencial de ambos: organización y trabajadores.

El camino del aprendizaje organizacional

La obtención de conocimiento y experiencia por parte de las organizaciones de aprendizaje se logra por dos caminos, uno informal, el otro formal. La red —grupo de personas que tiene un interés común— es el camino informal para la obtención de conocimiento y experiencia; quienes la conforman pueden o no pertenecer a un grupo de trabajo en específico, una organización en particular o una parte determinada de la sociedad; generalmente, está formada por individuos provenientes de diferentes orígenes.

En las organizaciones de aprendizaje, la primera red que se conforma es la correspondiente al equipo de trabajo; en la medida en que los procesos se van desenvolviendo, ésta se va relacionando con otras hasta conformar un complejo entramado, un conjunto de redes.

Las redes son, en verdad, grupos de amigos y/o compañeros de trabajo que comparten conocimientos y experiencias, se respaldan los unos a los otros, trabajan para alcanzar metas comunes y se ayudan en momentos de necesidad. No es raro encontrar, en la sociedad, una especie de *red de redes* que actúa como una comunidad informal de apoyo, y que amplía su alcance de acuerdo con las necesidades o problemas que pueda enfrentar.

Las redes tienden, en su generalidad, hacia la multiculturalidad y multidisciplinaridad; las características, peculiaridades y competencias de sus miembros suelen ser muy variadas; he allí su fortaleza: pueden enfrentar problemas muy complejos y de variada índole. Las organizaciones actuales las aprovechan para fortalecerse, obtener conocimiento y experiencia, solucionar problemas y adoptar decisiones. Los equipos de trabajo son sus intermediarios. De acuerdo con el criterio de Nancy Fox: "Las redes crean ventanas en las paredes organizacionales sin dañar el sentido de pertenencia de la gente"[11]. Esto significa que las nuevas organizaciones no ven con malos ojos que las redes crucen, en forma abierta, sus límites; por el contrario, se considera como una fortaleza que se pueda aprovechar el potencial que pueda existir en el mundo exterior. Es más, en las organizaciones postmodernas se espera que los límites sean flexibles y que se puedan cruzar y hasta desplazar con facilidad y sin necesidad de un trámite previo.

Hoy en día, las organizaciones tratan de aprovechar el infinito potencial de las redes informales para crear un sistema de aprendizaje flexible y desestructurado. Es flexible porque se adapta a los cambios en el ambiente externo y a los requerimientos corporativos; es desestructurado porque no tiene una estructura definida; tiene sí, el respaldo de los entes funcionales de la organización.

El aprendizaje desestructurado se basa en un intensivo intercambio de información, conocimiento y experiencia entre los que podríamos denominar *agentes activos del aprendizaje organizacional*: trabajadores, clientes, amigos, familiares, consultores, miembros de otras organizaciones, entre otros.

Las organizaciones de aprendizaje pueden, asimismo, obtener conocimiento y experiencia por medio del aprendizaje formal; éste puede ser totalmente estructurado o ubicado en una posición intermedia que aproveche, además, las posibilidades del aprendizaje desestructurado. En el primero de los casos, existen organizaciones que tienen un sistema de aprendizaje respaldado por instituciones educativas extramuros que se hacen cargo de la capacitación y el entrenamiento de sus trabajadores. Otras tienen instituciones propias, como el caso, por ejemplo, de

McDonald's cuya *Universidad de la Hamburguesa* se hace cargo de todas las instancias del aprendizaje.

Entre los dos extremos coexisten sistemas mixtos: una variada gama de combinaciones de estructura e informalidad; el que se incline la balanza hacia uno u otro extremo va a depender de las características de cada corporación y de las exigencias del entorno.

El aprendizaje organizacional, por muy desestructurado que sea, no puede ser esporádico ni intermitente, debe formar parte de las actividades permanentes, de la cultura misma.

Una manera de institucionalizar el aprendizaje es mediante la utilización de modelos de aprendizaje. Nancy Dixon, para mencionar únicamente un ejemplo, ha diseñado un modelo denominado "El Ciclo de Aprendizaje Organizacional"[12].

Este modelo se materializa por medio de la creación de un *circulo virtuoso de aprendizaje*; el cual consiste en la generación permanente e incesante de conocimiento y experiencias por medio de cuatro pasos: 1) Generación difundida de información; 2) Integración de la información nueva en el contexto organizacional; 3) Interpretación colectiva de la información y, 4) La autoridad para tomar acciones responsables a partir del significado interpretado.

Aprendizaje organizacional y música clásica

El mejor ejemplo, de acuerdo con nuestro criterio, de aprendizaje organizacional mixto, es el correspondiente al *Sistema Nacional de Orquestas Infantiles y Juveniles de Venezuela*; creado por:

José Antonio Abreu (1939-2018), músico, compositor, director de orquesta y economista venezolano quien en 1975 decidió unir la docencia, la gestión y el arte; fundó una red nacional para que los jóvenes sin recursos pudieran aprender música, un proyecto que se convertiría en un fenómeno social sin precedentes en Latinoamérica[13].

La música es, quizás, la excusa para un aprendizaje que abarca mucho, muchísimo más; quienes ingresan al Sistema aprenden valores y principios éticos, trabajo en equipo, cooperación, solidaridad y pare usted de contar; más que músicos lo que éste forma son ciudadanos. El Sistema se nutre de niños y adolescentes, en su mayoría provenientes de los sectores más humildes de la población venezolana; su producto son músicos de calidad mundial y ciudadanos de primera categoría. En su seno se está formando generación tras generación de músicos, cuyo número ya sobrepasa los 350.000 jóvenes. Los más experimentados forman parte de orquestas sinfónicas y filarmónicas del mundo entero, o, como el caso de Gustavo Dudamel, dirigen orquestas en países desarrollados. Los más bisoños forman parte de orquestas regionales y contribuyen con su arte a alegrar la existencia de sus conciudadanos, en los lugares más remotos de la geografía venezolana.

Gustavo Dudamel no es un ejemplo aislado, en cuanto a directores de orquesta se refiere, la generación de relevo viene ya en camino, como son los casos de: Diego Matheuz, quien a los 27 años fue designado como director musical del Teatro La Fenice, en Venecia, y en 2013, como principal director invitado de la Orquesta Sinfónica de Melbourne. Se ha presentado con la Vancouver Symphony, la Orquesta Nacional de Lyon, la Filarmónica de Zúrich, la Orquesta Filarmónica de la BBC, la Gurzenich-Orchester Kölner Philharmoniker y la Orchestre Chambre de Paris.

Australia; Joshua Dos Santos, Director de la Orquesta Juvenil del estado Carabobo, entre los años 2002 y 2009, y actual becario de la Orquesta Filarmónica de Los Ángeles; Manuel Jurado, un joven prodigio de sólo veinte años; Sergio Rosales, quien dirige la Banda Sinfónica Juvenil Simón Bolívar. Un joven de 19 años, José Ángel Salazar, es el director titular de la Orquesta Sinfónica Regional del Estado Nueva Esparta, desde la edad de los catorce años.

Las damas no se quedan atrás, desde los 23 años, Elisa Vegas dirige las orquestas juvenil e infantil del municipio Chacao, Libia Sánchez, por su parte, comienza a gravitar en el maravilloso mundo de la conducción orquestal.

La aparición de una gama tan variada de jóvenes que no sólo poseen talento para la interpretación, sino también para la dirección orquestal, nos lleva a una ineludible pregunta: ¿Cómo hizo el sistema para formar sus propios directores?; ¿qué metodología adoptó?; ¿lo hizo en forma premeditada, o surgieron en forma espontánea? La respuesta es crucial, pues una de los requerimientos que la transformación paradigmática requiere es la existencia de un liderazgo idóneo. Los directores de orquesta no son otra cosa que líderes; tan difícil es dirigir una orquesta cómo una corporación multinacional; se requiere de un talento especial. Si el Sistema de Orquestas Infantiles y Juveniles de Venezuela tiene la fórmula, tenemos que adoptarla de inmediato.

Si no fue premeditada, sino que, por el contrario, surgió de la propia dinámica del aprendizaje, debemos encontrar la clave del misterio: en algún rincón del Sistema debe estar; la misma dinámica   nos puede servir para formar los líderes de la transformación paradigmática. Lo trascendente del asunto es que este tipo de liderazgo no tiene un carácter exclusivamente local; el mismo Gustavo Dudamel es un ejemplo de la universalidad de este tipo de competencia; desde los   treinta años está al frente de una de las agrupaciones musicales de mayor prestigio y tradición en el mundo: la Orquesta Filarmónica de los Ángeles. El equivalente en el mundo empresarial sería que un joven venezolano, recién egresado de cualquier universidad, dirigiese IBM, General Motor o Microsoft.

Los requisitos para el ingreso son flexibles; el talento musical no es indispensable y se admiten niños con discapacidades tales como ceguera, sordera y síndrome de Down. El Sistema es, por supuesto, una fundación sin fines de lucro que recibe aportes tanto del Estado venezolano como de diferentes entes y personalidades.

La metodología es el punto de pivote del aprendizaje:

> Antes de que los niños toquen Malher con sus pequeñas manos, el método usado en el sistema emplea bailes, juegos y actividades diversas para familiarizarlos con los instrumentos. Es común ver a los más chiquitos en los pasillos de cada institución jugando con violines de lata y sacando el sonido más disonante posible que pueden generar las lustrosas copias de un Stradivarius. La clave es la interpretación grupal, el sentido de comunidad. Mientras tradicionalmente el estudio de la música está asociado a disciplinas solitarias y a extensas horas de estudio, en los núcleos el aprendizaje se realiza principalmente a través de la interacción con otros niños. A medida que recibe la teoría musical, va ejecutando el instrumento de su preferencia y al mismo tiempo va desarrollando actividades orquestales.[14]

Las lecciones se imparten en forma grupal; los miembros más avanzados apoyan a los novatos. Desde el momento mismo de su llegada al Sistema, el niño empieza a formar parte de una red de aprendizaje, en donde el soporte entre compañeros es fundamental. A cada niño se le da un instrumento desde el momento en que puedan sujetarlo y, a partir de allí debe trabajar seis días a la semana, cuatro horas al día, en cualquiera de los más de cien núcleos que existen en el país.

Ahora bien, si se piensa en la magnitud del proyecto y en la cantidad de personas involucradas, es inevitable que cualquier observador se pregunte: ¿De dónde salen tanto los docentes como los recursos para pagarlos? Ni siquiera en los países desarrollados es fácil encontrar docentes idóneos y en la cantidad que un sistema de esta naturaleza requiere; aún si conseguirlos fuese posible, el costo sería astronómico. La respuesta está en la siguiente cita:

> De un modo natural, entonces, todos los integrantes de la orquesta se convirtieron en profesores, creándose así el método cíclico de enseñanza que caracteriza todavía al sistema: el que sabe más, pasa inmediatamente a enseñar al que sabe menos[15].

El éxito del Sistema se debe, aparte del titánico esfuerzo de su creador, a la combinación de estructura descentralizada y red de amigos. En Venezuela, y a lo largo y ancho del mundo, la red de amigos proporciona su aporte desinteresado a esta colosal obra; entre quienes participan en esta red están figuras como el cantante lírico Placido Domingo; Zubín Meta, director de la Orquesta Filarmónica de Nueva York; Claudio Abbado, director de la Orquesta del Festival de Lucerna; y Simón Rattle, director de la Orquesta Filarmónica de Berlín, quien describió el sistema venezolano de orquestas como: *¡Un milagro!*

Los reconocimientos internacionales no se han hecho esperar, en noviembre de 2007, la Sinfónica de la Juventud venezolana recibió el premio WQXR-FM Gramophone, un reconocimiento otorgado por la emisora de música académica WQXR-FM y la revista británica Gramophone a personas u organizaciones que hayan realizado aportes especiales a la música académica. En el primer trimestre del año 2008, el Sistema fue galardonado con el Premio Príncipe de Asturias de las Artes por: "... haber combinado, en un mismo proyecto, la máxima calidad artística y una profunda convicción ética aplicada a la mejora de la realidad social". En el mismo semestre, José Antonio Abreu recibió el VII Premio Yehudi Menuhin a la Integración de las Artes y la Educación, de manos de la Reina Sofía de España. En sus palabras, la Reina mencionó que:

> Este premio se otorga por el enorme valor musical y humano del Sistema Nacional de Orquestas Juveniles e Infantiles que el maestro Abreu puso en marcha. Un sistema admirable que está sirviendo como instrumento de salvación personal y de integración social a cientos de miles de jóvenes venezolanos. La obra de Abreu demuestra el alcance social de la música.

Para que decir más, las palabras de la reina de España resumen la grandiosidad y alcance de esta obra. En marzo de 2009, el Sistema recibió el Premio de la Música de Frankfurt, en la sede del Ayuntamiento de esa ciudad. En enero de 2010, el Coro de Manos Blancas recibió el Premio *Nonino Risit d'Ur* en Friuli, Italia. En mayo de 2011, el Sistema recibió el Premio Especial de Cultura de la Revista Albatros. La lista de premios y reconocimientos es interminable, cada año se suman unos cuantos más. No podría ser de otra manera, esta obra está dejando una huella indeleble en la conciencia colectiva de la sociedad mundial, su trascendencia sobrepasa los límites del ámbito musical; el Sistema está demostrando que la educación de calidad puede abarcar a cada uno de los habitantes del planeta, sea cual sea su raza, credo, condición social o riqueza material.

El Sistema mismo forma parte de una red social más extensa que abarca, en primera instancia, a la sociedad venezolana, a la que brinda su aporte en la forma de conciertos en cada una de sus sedes regionales; se extiende, también, hasta las cárceles venezolanas donde se está concretando el proyecto: "Red de Orquestas Sinfónicas Sueños de Libertad"[16], el cual se inició, en el mes de mayo de 2007, con la formación de ensambles y coros en cuatro centros penitenciarios pilotos, en los estados Táchira, Mérida, Miranda y Zulia, y que cuenta, hasta el presente con la participación de 400 reclusos.

El Sistema tiene 396 orquestas, 342 coros, infantiles, 20 centros de luthería, cinco núcleos en el sistema penitenciarios y 25 agrupaciones de niños de niños especiales por los cuales han pasado 350.000 niños y jóvenes; muchos de sus núcleos están ubicados en lugares remotos y de difícil acceso. La creación de cada uno de éstos implica la participación de la comunidad; el sistema pone los profesores, los instrumentos y el material didáctico, los padres y vecinos ofrecen espacios y estrecha colaboración.

En segunda instancia, el Sistema se conecta con la sociedad mundial mediante la presentación de sus orquestas infantil y juvenil en las giras que anualmente realiza. Para citar solamente algunos ejemplos, tenemos que en agosto de 2007 la Orquesta de la Juventud Venezolana Simón Bolívar ofreció un concierto en el Usher Hall en Aberdeen, Escocia; días después se presentó en el Royal Albert Hall de Londres en el marco de los famosos Proms, los conciertos de música clásica del verano londinense; el día 7 de noviembre de 2007 lo hizo en el Boston Simphony Hall, Boston Massachusetts, EE.UU.

En el 2008 la Orquesta ofreció conciertos en Helsinki, Finlandia; participó asimismo en el Festival de Salzburgo, Austria; el 2 de septiembre se presentó en el teatro sede de la Filarmónica de Berlín; a continuación lo hizo en Frankfurt y en Baden Baden, Alemania. El repertorio incluyó obras de Modest Mussorgsky, Essa Pekka-Salonen, Igor Stravinsky, Pior Ilytch Tchaikovsky, Maurice Ravel, Gustav Mahler, Alberto Ginastera, Antonio Esteves y Leonard Bernstein.

La orquesta juvenil fue acompañada en esta gira tanto por el Ensamble de Música de Cámara como el Cuarteto de Trompetas. El año 2008 finalizó con la gira asiática: China, Corea y Japón se rindieron a los pies de la orquesta venezolana.

En el año 2009, la Orquesta Juvenil repitió sus actuaciones en casi todos los escenarios que la acogieron en los años anteriores; en 2010 la villa de Lucerna, en Suiza, la recibió entre el 10 y el 22 de marzo. Además de una exitosa presentación del ya veterano Dudamel, el día 20, la nueva luminaria de la conducción orquestal, Christian Vázquez, dirigió la Orquesta Juvenil el día 22. Vásquez, además de dirigir La Sinfónica Juvenil del estado Aragua, actúa como asistente del maestro Mariss Nansons, en la Bamberg Symphoniker de Alemania.

En el año 2011, la Orquesta Juvenil realizó su primera gira latinoamericana. En Brasil dio conciertos en Río de Janeiro, San Pablo y Bahía y visitó las favelas (barrios marginales) donde el Sistema se ha extendido para emular la experiencia en Venezuela. En Argentina se presentó en Buenos Aires, en el Teatro Colón. La gira incluyó a ciudades en Chile, Colombia y Uruguay.

A comienzos del año 2012, las orquestas Sinfónica Simón Bolívar de Venezuela y Filarmónica de los Ángeles se unieron, en los Ángeles y Caracas, en el Concierto por la Paz, bajo la batuta de Gustavo Dudamel, para interpretar la obra sinfónica completa de Gustav Mahler. En el concierto de clausura 1400 músicos ejecutaron, en forma magistral su octava sinfonía, en la sala Ríos Reyna del teatro Teresa Carreño.

Entre la última semana del mes de marzo y la primera de abril de 2013 realizó por Argentina Brasil y Colombia la Gira Latinoamericana por la Vida y la Paz. El de 19 de julio de 2013, El Sistema —incluyendo a la Orquesta Sinfónica Simón Bolívar, la Sinfónica Nacional Infantil, el Ensamble de Metales, la Coral Nacional Juvenil, el Coro de Manos Blancas y el Cuarteto de Cuerdas— se apoderó de Salzburgo, Alemania. 1400 músicos, entre niños jóvenes y adultos, se presentaron siguiendo la batuta de los venezolanos Gustavo Dudamel, Christian Vásquez, Diego Matheuz, Dietrich Paredes y Jesus Parra y el inglés Simón Rattle , en conciertos en los que interpretaron, en forma magistral, tanto la música de Berliots, Bach, Ginastera, Mozart, Mahler, Tchaikovski, y Wagner, como la música criolla. El joropo, el merengue, el pasaje y el vals venezolanos asumieron el género clásico con una naturalidad que sedujo al público que asistió a los quince conciertos en los que participaron los diferentes componentes del Sistema.

En Enero de 2014, la Orquesta Sinfónica Simón Bolívar se presentó en el Royal Opera House de Mascate, en el Sultanato de Omán. En el período 2015- 2017 las presentaciones se han multiplicado; el mundo entero siempre recibe a estos niños y adolescentes con los brazos abiertos

El Sistema se ha fijado una meta de un millón de jóvenes para el año 2019; en la primera etapa de este nuevo reto, el maestro Abreu anunció la incorporación de 100.000 alumnos y 10.000 docentes. La acogida que en el mundo ha recibido la Orquesta Juvenil de Venezuela se debe no al hecho de que sus integrantes sean jóvenes imberbes; todos reconocen su calidad. Después de la gira por Inglaterra, Richard Mórrison, prestigioso crítico británico, calificó a la orquesta venezolana como una de las cinco mejores del mundo, compartiendo honores con la Filarmónica de Berlín, la Concertgebouw de Ámsterdam, la Orquesta del Festival de Lucerna y la Orquesta Sinfónica de Londres. De todas éstas, la venezolana es la única orquesta juvenil; imagínense la calidad que adquirirá esta orquesta cuando estos adolescentes sean adultos.

Pero, esa interconexión con la sociedad mundial no se limita a los conciertos; a principios del año 2008, un convenio firmado con la Fundación Albenis proporcionó a los estudiantes del Sistema Nacional de Orquestas Juveniles e Infantiles de Venezuela la oportunidad de acceder a clases virtuales con maestros de música provenientes de todo el mundo. Por medio de magístermusica@.com los niños y jóvenes venezolanos podrán utilizar una herramienta informática con más de 3.000 horas de enseñanza musical en clases magistrales de maestros de música.

El producto del sistema de orquestas más que un milagro es una revolución. Una revolución *armada* de batutas, violines, flautas, guitarras y contrabajos, entre otros. La mejor enseñanza del Sistema de Orquestas Infantiles y Juveniles de Venezuela es que las revoluciones sociales se pueden hacer sin disparar un tiro, sin dividir las sociedades, sin luchas fratricidas, sin insultos ni atropellos, sin odios ni rencores, sin cárceles ni tortura, sin violaciones a los derechos humanos, sin el cierre de medios de comunicación, sin la imposición de ideologías, sin liderazgos mesiánicos. Las revoluciones pacíficas, las transformaciones radicales y profundas, la ruptura de los círculos viciosos de pobreza, miseria y desesperanza son posibles.

Aprendizaje organizacional vs educación formal

En los párrafos precedentes hemos visto como se obtiene conocimiento en las organizaciones de aprendizaje, a la que podríamos denominar *postmodernas*. En éstas, el aprendizaje fluye, se desenvuelve al mismo ritmo que la cotidianidad corporativa; no está separado de las actividades que se relacionan con los diferentes procesos; no forma una actividad separada del contexto; no existen límites que

186

permitan definir donde termina un proceso y donde empieza el aprendizaje, o viceversa. Aprendizaje individual y colectivo se efectúan en forma simultánea; trabajador y empresa aprenden juntos, crecen juntos; tanto las competencias profesionales como las medulares se desarrollan al unísono. No se realiza ningún esfuerzo, ni se desperdicia tiempo, en la obtención de ideas —teorías, conceptos, métodos y técnicas— que no estén relacionadas con los procesos medulares.

No se trata de aprender lo que no pueda ser aprendido; solo se induce el aprendizaje de aquello que se corresponde con las competencias identificadas en cada trabajador y que esté directamente relacionado con la misión, visión y objetivos de cada organización en particular. El aprendizaje colectivo es cooperativo, no competitivo: nadie percibe que es superior o inferior a otro; cada quien conoce el valor del aporte propio y el de los otros; todos aportan lo que saben y desempeñan los roles que se relacionan con las competencias individuales; no termina en los límites de la empresa, se extiende al contexto —sociedad, comunidad, competidores, aliados, clientes, etc—.

Como puede haberse percibido, el aprendizaje organizacional aprovecha en grado sumo los recursos y el potencial tanto de la organización como el de los trabajadores. En las organizaciones de aprendizaje se aprende lo que se requiere aprender, ni más ni menos. Nada se desperdicia; todo lo aprendido se transforma en insumo para los procesos corporativos; todo lo que éstos puedan requerir puede ser aprendido; la indisoluble unión del aprendizaje individual y el colectivo permite la obtención del conocimiento que sea necesario; y si éste no existe, se inventa, se crea, se construye; así de simple.

Cabe aquí una reflexión. Y si en este tipo de organización el aprendizaje es tan expedito, entonces, ¿Por qué no se traslada esta experiencia a la educación formal?;

¿por qué nuestros niños y adolescentes no pueden aprender de igual manera?; ¿por qué nuestras universidades no adoptan este sistema de aprendizaje?

La respuesta a estas interrogantes, por asombroso que parezca, es de Perogrullo: ¡Porque las instituciones educativas del mundo entero están estancadas en el siglo XX; responden a un paradigma obsoleto: el de la modernidad!

Para las instituciones educativas del siglo XX no es fácil salir de la modernidad; tendrían que desechar la mayoría de las ideas que le sirven de sustento. Imaginémonos sólo algunas de las cosas que tendrían que desechar: 1) Estructura burocrática de las instituciones educativas; tomemos la universidad como ejemplo: rectorado, escuelas, decanatos, cátedras, entre otras; 2) Jerarquización del aprendizaje: formación profesional, capacitación, entrenamiento; o, preescolar, primaria, secundaria y universitaria; 3) Diseños curriculares estructurados e inflexibles; 4) Aprendizaje por compartimientos estancos, sobre la base de asignaturas que puedan estar relacionadas con un área del conocimiento en particular, o profesión en específico; 5) Lugar único de aprendizaje: el aula; 6) Evaluación cuantitativa; 7) Diploma o título que demuestre el grado de conocimiento y experiencia.

Como puede observarse, la transición de un paradigma a otro, en materia de educación, es difícil. Sin embargo, ya la sociedad está ejerciendo presión sobre los sistemas educativos; con frecuencia las empresas desechan los conocimientos y experiencias que el trabajador trae consigo; empiezan casi de cero. Claro está que sería más barato para la sociedad que hubiese una correspondencia entre lo que requiere el sector productivo y lo que se enseña en escuelas y universidades. Démosle tiempo al tiempo, ese día llegará.

Aprendizaje organizacional e inteligencia

La inteligencia individual es el punto de partida del aprendizaje organizacional; una organización jamás podrá desarrollarse si no cuenta con trabajadores inteligentes. ¿Cómo dotar, entonces, a los trabajadores de esta condición previa?; ¿qué métodos utilizar?; ¿cuál es el camino a seguir? Por increíble que parezca, fue Venezuela el lugar del mundo donde se inició la *Revolución de la Inteligencia*.

En la década de los setenta del siglo pasado, un venezolano, el Dr. Luís Alberto Machado, escribió una obra sobre el desarrollo de la inteligencia: *La Revolución de la Inteligencia: El Derecho a ser Inteligente*; en una de sus partes, el autor señala que:

> Hay que introducir de una vez en el salón de clases una asignatura nueva en la que el estudiante aprenda a aprender, a pensar, a crear. De lunes a viernes. Desde el pre-escolar hasta la Universidad. 3.000 horas de clases. ¿Qué pasaría con las nuevas generaciones; ¿qué pasaría en el mundo?

En Venezuela, *casi*, pasó algo; al llegar a la presidencia de Venezuela, el doctor Luís Herrera Campins (1.979-1.984), designó a Luís Alberto Machado como ministro de la Inteligencia, otorgándole así a la enseñanza de la inteligencia el carácter de política de Estado. Durante los cinco años de ese gobierno, Machado pudo poner en práctica sus ideas y alcanzar resultados positivos y esperanzadores. Lamentablemente, el gobierno elegido para el siguiente período abandonó este esfuerzo y retornó a las viejas prácticas educativas, que, como puede suponerse, no condujeron a ninguna parte.

La semilla de la enseñanza de la inteligencia no se perdió, salvo en Venezuela, porque la idea atrajo a políticos de otras regiones del mundo; venezolanos formados en la enseñanza de la inteligencia, bajo la tutela de Machado, recorrieron el planeta para transmitir este valioso legado. Sin embargo, los viejos paradigmas educativos siguen marcando el rumbo de la educación mundial y hasta que no estemos preparados para vencerlos, su predominio habrá de mantenerse.

Aprendizaje y neurociencias

Las neurociencias son todas aquellas disciplinas científicas que se dedican al conocimiento de la estructura y funcionamiento del cerebro. Entre las primeras experiencias neurocientíficas que podrían trasladarse a la educación está la de un grupo de investigadores, formado por profesionales de diversas disciplinas —médicos, educadores, alfabetizadores, neurocirujanos y psicólogos— del *Institute for the Achievement of Human Potencial*. En el año de 1.961, este grupo comenzó a utilizar un método de aprendizaje de la lectura —producto de veinte años de investigación— que estaba destinado a desarrollar habilidades cognitivas en niños con graves lesiones cerebrales; su utilización no sólo mejoró las habilidades cognitivas de estos niños, además los ayudó a superar las lesiones cerebrales y alcanzar el desarrollo intelectual de los niños normales.

En períodos relativamente cortos, el cerebro de estos niños experimentaba cambios que facilitaban el desarrollo cognitivo, a pesar de que, en algunos casos, había sido sometido a la extirpación de uno de sus hemisferios —hemisferectomía—. El éxito alcanzado con los niños enfermos llevó al equipo a experimentar con niños normales; los resultados fueron asombrosos y llevaron a la conclusión de que: "En ninguna parte se puede demostrar más claramente la capacidad de aumentar la organización neurológica que cuando se enseña a leer a un bebe normal"[17]. Usted no leyó mal; no se asombré. De acuerdo con las investigaciones del antes mencionado instituto, la mejor edad para el aprendizaje de la lectura es la de los primeros años: de uno a cinco. A partir de los seis años, el niño tendrá mayor dificultad para este tipo de aprendizaje: "Los niños pueden leer palabras cuando tienen un año; frases cuando tienen dos y libros enteros cuando tienen tres años, y les encanta"[18].

Por medio del señalado método, los niños aprenden jugando, para ellos la lectura no es una actividad tediosa —como lo es en las escuelas tradicionales— es, simplemente, una diversión. No sólo los niños aprenden a leer, su grado de comprensión es superior al de niños de mayor edad: un niño de tres años puede adquirir una habilidad de lectura superior a la de niños que han terminado la escuela primaria, con edades iguales o superiores a los once años:

> Es interesante oír leer a un niño de tres años con inflexión y comprendiendo lo que lee, en contraste con los niños de siete, que leen cada palabra por separado y sin apreciar la frase como algo con sentido completo[19].

La conclusión más importante de la referida investigación es la que se refiere a los cambios que produce la lectura en la estructura del cerebro; aún en los casos extremos, como el de la hemiferestomía, el cerebro respondía organizándose de otra manera, adquiriendo una nueva estructura; el aprendizaje provocaba, así pues, cambios orgánicos de considerable magnitud.

Por su parte, Néstor Braidot afirma que existe una estrecha relación entre estructura cerebral y aprendizaje:

> Las diferentes vivencias a las que nos enfrentamos cotidianamente promueven conexiones neuronales

y refuerzan condiciones neuronales preexistentes. Mediante el aprendizaje, la arquitectura del cerebro cambia permanentemente y se establecen nuevas conexiones entre las neuronas de la corteza cerebral, que es la parte pensante, siempre que exista la posibilidad de interacción con un medio rico y variado en estímulos emocionales. Las experiencias de vida, en particular las emocionales, esculpen literalmente el cerebro, y propician así el desarrollo y crecimiento del árbol dendrítico entre las neuronas, que son las células cerebrales participantes en todos los procesos cognitivos, pilares y sustrato biológico del aprendizaje [20].

De esta cita es posible inferir que el aprendizaje se produce en la medida en que se establecen y refuerzan las conexiones sinápticas entre las neuronas. Estas conexiones crean, con el tiempo, una red cuya complejidad va a depender de la cantidad de estímulos que se hayan recibido del exterior. Este crecimiento neuronal propicia, además, cambios radicales en la estructura del cerebro. Según Braidot, cada nueva actividad de aprendizaje abre un circuito neuronal que se corresponde con una temática en particular; con el tiempo, se tendrán tantos circuitos como actividades de aprendizaje se hayan iniciado. Por ejemplo, un individuo que se haya dedicado al estudio de la física, la química y las matemáticas habrá abierto tres circuitos neuronales cuya complejidad se irá incrementando en la medida que dedique más tiempo y esfuerzo a cada una de esas actividades en particular. Ahora bien, las actividades de aprendizaje no sólo incrementan la complejidad de cada circuito en específico; cada uno de éstos se va interconectando con todos aquellos circuitos que hayan sido previamente abiertos.

Agrega Braidot que:

> Todos los adultos pueden aumentar sus conexiones neuronales a lo largo de la vida, y esto se produce mediante la motivación, la capacidad para afrontar nuevos desafíos, el aprendizaje constante y la acumulación de nuevas experiencias [21].

Esta cita deja claro que el aprendizaje es una actividad que se extiende a lo largo de toda la vida del ser humano. Para Braidot, además, la experiencia forma parte de ese aprendizaje; cualquier vivencia, cualquier estímulo proveniente del exterior puede contribuir a incrementar la complejidad de la red neuronal.

La actividad cerebral produce ondas cerebrales: beta, gamma alfa, theta, y delta. Las ondas beta se corresponden con el estado consciente y su frecuencia es de 13 a 25 ciclos por segundo; las gamma corresponden a los estados de vigilia, cuando estamos sumamente atentos, y su frecuencia es de 30 a cuarenta ciclos por segundo; las alfa se relacionan con estados previos al sueño y su frecuencia es de 8 a 15 ciclos por segundo; las theta son las emitidas por el cerebro durante las primeras fases del sueño, con una frecuencia de 4 a siete ciclos por segundo; y, finalmente, las delta, con una frecuencia de ½ y tres ciclos por segundo, y que se corresponden con el sueño profundo.

Existe una estrecha relación entre las ondas cerebrales y el aprendizaje, pues cada una de éstas facilita un tipo diferente de aprendizaje. Por ejemplo, las gammas son propias de las actividades mentales complejas, tales como el pensamiento abstracto, la creatividad y la toma de decisiones; las alfas, por su parte, facilitan la meditación y el aprendizaje intuitivo.

Braidot establece, además, la relación entre la actividad neuronal y la inteligencia:

> Todas las personas sanas llegamos a este mundo con un cerebro potencialmente apto para desarrollar plenamente nuestras conexiones neuronales. Trabajar en pos de su crecimiento constituye una especie de plataforma anatómica de nuestras múltiples inteligencias. [22]

Esta cita sugiere que en la medida en que se incrementan las conexiones neuronales, se incrementa, en forma simultánea, la inteligencia. En relación con este aspecto, Braidot se nutre de las ideas de Howard Gardner, Premio Príncipe de Asturias 2011 por su contribución al desarrollo de las ciencias sociales, quien afirma que:

> Existen diferentes tipos de inteligencia que se manifiestan en las formas en que los individuos adquieren, retienen y manipulan la información del medio y demuestran sus pensamientos a los demás: la lingüística, la lógico matemática, la corporal-cenestésica, la musical, la espacial, la naturalística, la interpersonal, la intrapersonal y la espiritual[23].

La existencia de esta variada gama de inteligencias, nos permite especular que pueda existir una estrecha relación entre cada tipo de inteligencia y los circuitos neuronales que se conforman como resultado de las actividades de aprendizaje. Cada tipo de inteligencia podría contribuir a la apertura de un tipo diferenciado de circuito neuronal; así tendríamos que, por ejemplo, habría circuitos neuronales que se corresponderían con las actividades cognitivas de aprendizaje; otros con las actividades metacognitivas. Ahora bien, en este momento de la reflexión sería conveniente preguntar ¿Adónde iría el producto de las actividades de aprendizaje?, ¿dónde se depositaría? En este sentido Braidot señala que: "Eso nos lleva a inferir que el cerebro guarda cada fragmento de conocimiento en una zona específica que puede activarse mediante estímulos sensoriales"[24].

Sea cual sea el producto de cada actividad de aprendizaje, la cita de Braidot nos sugiere que este se depositaría, como recuerdo, en algún lugar del cerebro; de allí podríamos recuperarlo en el momento en que lo necesitemos.

Con esta última idea tenemos el sistema conceptual completo y podemos, por tanto, plantear una hipótesis: *El cerebro humano se transforma en la medida en que las actividades de aprendizaje abren y desarrollan circuitos especializados que se corresponden con los diferentes tipos de inteligencia, y que se interconectan entre sí hasta formar una compleja red neuronal en la que se acumula, en forma de recuerdos, el producto del aprendizaje.*

A partir de esta hipótesis se podría crear un modelo de aprendizaje —basado en la apertura y desarrollo de circuitos neuronales— que transformaría total y radicalmente la estructura de los sistemas educativos en el mundo entero. El nuevo sistema educativo tendría una estructura horizontalizada al extremo, pues requeriría de recursos —humanos, materiales y financieros— considerablemente inferiores a los requeridos por los sistemas actuales. Los años de la niñez estarían dedicados al desarrollo de la capacidad para abrir y desarrollar circuitos neuronales; a partir de allí, el aprendizaje autónomo se haría cargo del resto de la tarea educativa. Cada quien escogería lo que desee, pueda y requiera aprender; nadie estaría obligado a aprender más allá de esos límites.

Los sistemas contemporáneos desperdician recursos tratando de obligar a los educandos a aprender temáticas que no se corresponden con sus motivaciones personales, habilidades de aprendizaje o requerimientos profesionales. Es frecuente la inclusión de asignaturas hacia las cuales los educandos no sienten la menor inclinación.

Además, es común que se traten de incorporar destrezas y habilidades imposibles de adquirir por la mayoría de los educandos. En muchos casos se obliga a aprender aquello que, o no es requerido por la actividad laboral que se desempeña, o únicamente será útil en las postrimerías de la vida profesional.

En un currículo diseñado sobre la base de la apertura y desarrollo de circuitos neuronales, en los primeros años de la educación se requeriría de docentes de óptima calidad; a continuación el docente sería reemplazado por facilitadores que orientarían el aprendizaje autónomo. El currículo sería completamente abierto; no habría asignaturas obligatorias; el educando tendría absoluta libertad para escoger lo que quiera aprender, en el momento en que lo considere pertinente. La simulación, a través de medios virtuales, ocuparía el lugar de las clases en el aula. Los límites entre las diferentes disciplinas profesionales se diluirían hasta desaparecer; la interdisciplinaridad tendría mayor importancia que la especialización profesional.

No se establecería edad ni condición para el acceso a una actividad de aprendizaje en particular. Los diplomas y títulos desaparecerían para dar paso a perfiles profesionales.

Las redes virtuales facilitarían el intercambio de ideas y experiencias; el aula sería reemplazada por el ciberespacio. Las escuelas, los liceos y las universidades serían reemplazadas por sitios de encuentro que propicien las relaciones interpersonales y el establecimiento de vínculos afectivos entre quienes participen en la actividad educativa.

Las bibliotecas virtuales proporcionarían los insumos teóricos que puedan requerirse; los libros serían reemplazados por lectores de textos electrónicos; el insumo básico del aprendizaje sería, por tanto, la computadora personal. En resumen, podríamos decir que para aprender cada individuo necesitaría de solamente dos cosas: su cerebro y una computadora.

Ahora bien, los conocimientos que pueda requerir la creación de un sistema como el descrito en los párrafos anteriores están disponibles; si bien existen, están dispersos, las neurociencias han avanzado mucho en este sentido. Queda en manos de los gobiernos la tarea de reunir ese conocimiento para conformar una teoría y metodología del aprendizaje basado en la apertura y desarrollo de las redes neuronales.

Pero, no hay que esperar mucho tiempo; en algo ya se ha avanzado en este sentido, ya que están disponibles modelos de aprendizaje organizacional que se basan en el desarrollo de las competencias profesionales. La teoría y metodología de este tipo de modelo no se contradice, en ninguna de sus partes, con los postulados de las neurociencias; por el contrario, unas ideas refuerzan a las otras. Podríamos sugerir que se inicie la transformación de los sistemas educativos contemporáneos mediante la utilización de modelos de aprendizaje organizacional, basados en competencias profesionales. La transición entre uno y otro modelo sería al extremo sencilla. Esperar es lo último que puede hacer la sociedad mundial: la educación actual es un desastre que no conduce a ninguna parte.

Aprendizaje y genética

La relación existente entre la genética y la educación es el tema de la obra intitulada: *G is For Genes: The Impact of Genétics on Education*[25]; sus autores señalan que:

> Los genes explican más de la mitad de la diferencia en los resultados obtenidos por los niños en las matemáticas, la lectura, la escritura y las pruebas relacionadas con el Certificado General de Educación Secundaria (GCSE, por sus siglas en inglés)[26].

De acuerdo con las cifras suministradas, el 80 % de las diferencias en lectura y escritura tiene origen genético; en matemáticas la cifra alcanza entre el 60 y el 70 %; en ciencia entre el 50 y el 60 %. Para mejorar el rendimiento de todos los educandos se requiere, según los autores, que los intereses y habilidades individuales sean considerados en los diseños curriculares: "Orientando la educación en este sentido, más niños alcanzarían el desarrollo de todo su potencial" [27].

Hay quienes critican esta propuesta porque la consideran inaplicable: *el elevado costo de la elaboración y concreción de currículos individuales para satisfacer las múltiples diferencias llevaría los presupuestos escolares a niveles estratosféricos.* Somos del criterio de que la individualización de los currículos no es, en este caso, necesaria: los diseños basados en el aprendizaje multimodal facilitarían la aplicación de estas ideas a un costo relativamente bajo.

El cerebro cuántico

Desde la invención de la computadora electrónica, la tecnología ha invadido todos los ámbitos de la sociedad actual; podríamos afirmar, sin temor a equivocarnos, que sin este artilugio el hombre postmoderno se siente incapaz de interactuar con sus semejantes. Pero, su influencia no sólo se extiende a lo social; el mismo cerebro humano está siendo impactado. Bien lo dice Gary Small:

> El avance imparable de la tecnología digital altera nuestro cerebro minuto a minuto. Los jóvenes son los más expuestos a ella... y también los más vulnerables. Sus capacidades son extraordinarias. Sus cerebros —formados en la era digital— evolucionan, se reconfiguran, desarrollan nuevas habilidades. Pero las consecuencias negativas ya se hacen notar: trastornos de déficits de atención,

> aislamiento, pérdida de habilidades sociales. ¿Estamos creando una sociedad de "tecnozombies"?[28]

Este autor dedica una parte de su libro a establecer la incidencia que tiene la interacción entre el computador y sus usuarios; en algunos casos señala las bondades de tal interacción; en otros, sus aspectos negativos.

Analicemos en primera instancia las bondades. El desempeño del cerebro humano es similar al de un computador; su principal característica pareciera ser la unicidad: *ocurrencia de un gran número de actividades diferentes, independientes y simultáneas que producen un resultado global en el que todas estas actividades están representadas.* Esta característica es similar al estado cuántico: *cualquier objeto físico, constituido por partículas individuales, podría existir en estados ampliamente separados en el espacio, y, por lo tanto, estar en dos lugares a la vez; esto quiere decir que es posible la ocurrencia de una serie de actividades diferentes en forma simultánea.* Si tomamos en consideración la similitud existente entre el funcionamiento de uno y otro, no nos sorprende, en absoluto, que se señale que la tecnología digital está cambiando la estructura de nuestro cerebro.

Cerebro y computador actúan cuando están separados en la misma forma: unicidad vs estado cuántico. No es de extrañar, por tanto, que, al interactuar, el objeto inanimado incida sobre el órgano vital. La máquina permanecerá inalterable, a menos que un tercero la manipule y cambie sus componentes —hardware y software—; por el contrario, el cerebro aprovechará esta interacción para construir nuevas redes neuronales o mejorar las existentes, tal y como ha sido discutido en este mismo capítulo en párrafos anteriores. Agrega Small que:

La exposición diaria a la alta tecnología digital no sólo está cambiando nuestra forma de vivir y comunicarnos, sino que está alterando, rápida y profundamente, nuestro cerebro. La exposición a la alta tecnología —ordenadores, teléfonos inteligentes, video juegos, buscadores como Google o Yahoo— estimula la alteración de los caminos neuronales y la activación de los neurotransmisores, con lo que gradualmente se afianzan en el cerebro nuevos caminos neuronales, al tiempo que los antiguos se desdibujan. Debido a la actual revolución tecnológica, en este preciso momento nuestro cerebro está *evolucionando* (a una velocidad sin precedentes) [29].

La evolución señalada por Small está a punto de trastocar todo el orden mundial; el hombre postmoderno estaría dotado de un *cerebro digital* con capacidad para producir una inimaginable cantidad de conocimientos y resolver problemas tan difíciles como los que plantea la teoría de la complejidad. Y si la evolución continúa, y el estado de unicidad cerebral deviene en estado cuántico, estaríamos frente al advenimiento del *cerebro cuántico*, con capacidad para actuar a la vez en varios estados mentales y desarrollar una serie de actividades diferentes, independientes y simultáneas que produzcan un resultado global en el que todas estas actividades estén representadas. Y… todo producto de la simple interrelación entre un usuario y su máquina.

Ahora bien, hasta este punto hemos señalados los efectos positivos de la interacción entre usuario y computador; discutamos ahora los efectos contrarios. Small clasifica a los usuarios de la tecnología digital en nativos e inmigrantes digitales. Los primeros son aquellos que no han conocido las viejas formas de comunicación, sus edades oscilan entre cero y veinte y cinco años; los segundos son quienes convivieron con las viejas tecnologías, sin importar su edad. La interacción entre máquina y usuario es diferente, y, por tanto, la incidencia de la tecnología sobre la estructura cerebral es también diferente.

Según el referido autor, los estímulos digitales impulsan a los nativos a reaccionar con mayor rapidez ante tales estímulos, y a codificar en forma diferente la información recibida: "Los nativos digitales suelen tener períodos de atención más cortos, en especial cuando se encuentran ante formas de tradicionales de aprendizaje".[30] Esta brevedad en la atención es consecuencia de la orientación de este tipo de usuario hacia la *multitarea*: tareas múltiples en forma casi continua, simultánea (descarga de música desde el iPod, envío de mensajes por Facebook, conversación telefónica, etc.).

Para colmo, señala el referido autor, los nativos dedican muy poco tiempo a las actividades intelectuales tradicionales: lectura, escritura, reflexión, conversación, desarrollo de destrezas de comunicación directa o cara a cara, entre otras. Los inmigrantes, por su parte, son menos proclives a la multitarea: combinan el uso de la tecnología digital con las formas tradicionales de comunicación y aprendizaje. Estamos, así pues, ante dos diferentes formas de aprendizaje; el de los inmigrantes tiende hacia la universalidad; el de los nativos se concentra exclusivamente en la tecnología digital; la ventaja está, de esta manera, del lado de los inmigrantes digitales.

De acuerdo con autor en mención, los nativos tienden a aislarse del mundo: se comunican exclusivamente con usuarios, no con seres humanos; la relación afectiva desaparece y se percibe al otro como simple portador de información. Otra de las consecuencias negativas del uso de la tecnología digital es la adicción que se hace presente en un porcentaje importante de los nativos; dedican la mayor parte de su tiempo a la comunicación digital, y se comportan como verdaderos autistas. Si no actuamos a tiempo ésta será una sociedad de autistas, en muy corto tiempo.

Dado que las formas tradicionales de comunicación y aprendizaje desarrollan en el cerebro redes neuronales que facilitan la interacción afectiva entre los seres humanos y el desarrollo tanto del pensamiento lógico como del abstracto, y que la interacción con la tecnología digital produce el efecto contrario, los sistemas educativos de la sociedad mundial deben orientar los currículos hacia un equilibrio adecuado. Si dejemos a los nativos de su cuenta, el resultado será un tecnozombie: *ser humano sin capacidad para desarrollar destrezas inter y extrapersonales*. Este nuevo ser tendrá una capacidad excepcional para interactuar con la tecnología digital, pero una incapacidad absoluta para pensar, crear, innovar, disfrutar de los placeres de la vida, interrelacionarse afectivamente con sus semejantes, amar y ser amado.

Las investigaciones de Gary Small deben servir como una campanada de alerta para los gobiernos de muchos países del mundo que piensan que basta una distribución masiva de computadores electrónicos para que en forma automática los sistemas educativos incrementen su calidad. Nada más alejado de la verdad; si dejamos la mente de nuestros niños y adolescentes en manos de un artilugio tecnológico, las consecuencias negativas no se harán esperar. La implantación de este tipo de tecnología en la educación requiere de renovados diseños curriculares que tomen en consideración tanto los aspectos positivos como los negativos de la tecnología digital; si nos descuidamos correremos el riesgo de que las reformas educativas nos conduzcan a una sociedad de autistas y tecnozombies.

Aprendizaje multimodal

El aprendizaje multimodal tiene sus raíces en las investigaciones llevadas a efecto por el antes mencionado Dr. Howard Gardner, codirector del Proyecto Cero y profesor de ciencias de la educación en la Universidad de Harvard. Según Gardner, cada ser humano posee características cognitivas particulares, las cuales se expresan en forma única e incuantificable. Única, porque la cognición se manifiesta en forma diferente en cada individuo; incuantificable, porque es imposible establecer su verdadera dimensión. Según este autor, existen ocho formas de expresión de la capacidad cognitiva: verbal-lingüística, lógico-matemática, espacial, corporal, cinestética, musical, interpersonal, intrapersonal, y naturalística. Cabe señalar que algunos autores han incluido una inteligencia adicional, la intuitiva, la cual es, según parece, el origen la creatividad.

Advierte Gardner que el estudio de la capacidad cognitiva del ser humano no debe limitarse a los ochos tipos que él ha descrito; no sólo podrían haber otras formas, además cada forma podría expresarse a la manera de subinteligencias. Para citar un ejemplo, tenemos que la inteligencia musical se puede expresar por medio de una mayor habilidad para la ejecución, el canto, la escritura musical, la dirección orquestal, la crítica y la apreciación musical. Algunas personas pueden tener, por ejemplo, habilidad para la ejecución pero no para el canto; un ejecutante de piano puede carecer de habilidad para dirigir una orquesta o escribir una composición musical.

Del análisis de la propuesta teórica de Gardner es posible inferir que ningún ser humano tiene una capacidad cognitiva en la que estén presentes todas las modalidades de inteligencia; cada individuo posee la habilidad para interrelacionarse con el mundo a través un limitado número de inteligencias; la temprana identificación de éstas facilitará la aproximación al universo de conocimientos y experiencias que puedan estar presentes en el entorno individual. Podrá, así pues, cada ser humano, aproximarse al universo desde su particular perspectiva, utilizando una capacidad cognitiva que le es innata, que existe en él en forma única y particular.

Ahora bien, los sistemas educativos actuales no aprovechan las habilidades cognitivas individuales; por el contrario, el diseño curricular está dirigido hacía un perfil de inteligencia común que se basa en pruebas unimodales de inteligencia. En este sentido, Cambell y Dickinson señalan que:

> No todos los niños poseen el mismo perfil de inteligencia ni comparten los mismos intereses. En una época en que vivimos bombardeados por la información, ninguno de nosotros está en la capacidad de aprenderlo todo; por tanto, deberemos elegir los contenidos y los métodos de aprendizaje. En este proceso de selección, serán las inclinaciones e intereses individuales de los alumnos los que deberán servir de guía para adoptar alguna de las opciones curriculares.[31]

La respuesta pareciera estar, según los autores señalados, en la creación de: "Sistemas educativos abiertos que permitan el desarrollo pleno del más abierto de todos los sistemas: la menta humana"[32]. En este sentido, la opinión de estos autores coincide con los descubrimientos de las neurociencias: el cerebro humano se desarrolla y transforma por medio de las diferentes actividades de aprendizaje.

Entre las muchas propuestas para el aprendizaje multimodal está el *Proyecto Spectrum*, que ha sido desarrollado por las universidades de Harvard y Tuff para la primera infancia. El currículo *Spectrum* está organizado en bloques temáticos que se corresponden con las modalidades de inteligencias descritas por Gardner; los niños analizan cada tema propuesto en el aula desde la perspectiva particular de cada una de esas modalidades. Un aula *spectrum* está diseñada alrededor de ocho centros cuyas actividades claves son: arte, lengua, matemática, mecánica, movimiento, música, ciencias naturales y ciencias sociales. El aprendizaje *spectrum* no se limita al salón de clases; además, se establecen vinculaciones entre el hogar, la escuela y la comunidad, de tal manera que los alumnos puedan internalizar cada temática y establecer la vinculación que ésta tiene con el entorno dentro del cual se desenvuelve. Las actividades extracátedra —en las que los padres juegan un rol importante— incluyen visitas a museos, exposiciones y muestras.

Un proyecto similar al *spectrum* ha sido diseñado por Bruce Campbell[33]. En esta modalidad, el currículo se organiza alrededor de centros de aprendizaje en los que participan grupos integrados por alumnos de diversas edades del nivel de la enseñanza básica. Antes del inicio del año escolar son los propios alumnos quienes seleccionan los temas que desean estudiar. Los docentes analizan los temas propuestos por los alumnos para establecer su vinculación con los objetivos de aprendizaje del distrito escolar y con los recursos disponibles —sean estos financieros, didácticos o de otra índole—. Posteriormente, los temas son divididos en una serie de clases específicas para que los alumnos —divididos en pequeños grupos de trabajo— aprendan sobre cada tema desde la perspectiva de cada una de las modalidades de inteligencia. A los educandos se les da la oportunidad de leer, escribir, escuchar, cantar, realizar construcciones y dramatizaciones, llevar a cabo tareas grupales, inventar, diseñar libros y modelos, conducir debates, resolver situaciones problemáticas y desarrollar proyectos artísticos y ambientales. Todas estas actividades son realizadas por los educandos en su recorrido por los ocho centros, bien sea en forma ordenada y estructurada, o en la forma en que estos lo prefieran; lo importante es que cada día se complete un número determinado de tareas.

Campbell y Dickinson describen algunas de los entes educativos que han puesto en práctica el aprendizaje multimodal en los Estados Unidos de Norteamérica; entre éstas se destacan la Hart-Ramson School de Modesto, California, la Key School de Indianápolis, la New City School de San Luís y la Elemental Fairview School de Port Ángeles, Washington. Todas esas experiencias tienen los elementos comunes que se especifican a continuación:

- Currículo orientado hacia la exploración y desarrollo planificado de las ocho modalidades de inteligencia.
- Grupos de trabajo conformados por educandos de diferentes edades.
- Disponibilidad de tecnología educativa multimodal.
- Orientación hacia el aprendizaje autodirigido y la construcción de conocimiento.
- Identificación y estímulo de talentos, habilidades individuales e intereses vocacionales.
- Actividades extracurriculares de largo alcance: tutoría, capacitación, trabajo comunitario, entre otras.
- Inclusión de los padres en diversas actividades de aprendizaje.
- Participación del educando en la selección y organización de sus propios procesos de aprendizaje: objetivos, temas de estudio, estrategias, actividades y recursos de aprendizaje.
- Evaluación cualitativa con la participación activa de los educandos en la elaboración de los criterios de evaluación, autoevaluación y coevaluación.
- Establecimiento de redes informáticas con educandos de otros cursos, escuelas o países.

Aprendizaje en las escuelas de emprendedores

El emprendimiento es una actividad que se relaciona con la creación de nuevos e innovadores productos; su protagonista es una especie de pionero que incursiona en el mundo de las empresas con más voluntad que recursos: el emprendedor. Internet es, por su parte, la plataforma que sustenta el resto del andamiaje. A su alrededor se van insertando, en la forma de bloques de construcción, otras herramientas informáticas que se entrelazan hasta conformar una red cuya complejidad aumenta en forma incesante. Cada día, o bien surge una nueva aplicación, o las existentes se combinan para crear nuevos productos. En la actualidad, cientos, por no decir miles, de jóvenes dedican todo su tiempo a una actividad en la que los lapsos se hacen cada día más cortos, los costos más bajos, y los beneficios más elevados. Citemos el caso de Instagram: dieciocho meses después de su creación fue vendida a Facebook en mil millones de dólares.

El modelo funciona, más o menos, así: el emprendedor utiliza la nube para acceder a una serie de productos estandarizados —interfaces de aplicación de programación, API, por sus siglas en inglés—, incorpora sus propias ideas, combina y recombina lo anterior, hasta lograr un producto final.

Luego, lo prueba por medio de servicios de evaluación, tales como CSC's Independing Testing Services y SOGETI, entre otros; lo almacena en la misma nube; lo distribuye por medio de servicios tales como Apple's App Store; y, finalmente, lo comercializa por medio de las redes sociales —Facebook y Twitter, entre otros—.

El tiempo para la creación de un nuevo producto puede ser de sólo varias semanas; el costo es reducido, gracias a la combinación de software gratuito con los servicios de bajo costo que ofrecen tanto las nubes como las redes sociales. El dinero no es un problema; alrededor de esta actividad han surgido fondos muy especializados que exploran este mercado en busca de fabulosas ganancias.

En muchos países han surgido conglomerados de emprendedores —Brasil, EEUU, Corea del Sur, China, Colombia, Francia, India y Singapur, entre otros—; la mayoría ha surgido por iniciativa privada, unos pocos reciben apoyo Gubernamental. Entre todos se está empezando a conformar una red mundial, un ecosistema, del emprendimiento.

Estos nuevos productos van, seguramente, a facilitar el desarrollo de la *Internet de las cosas*, o red de objetos cotidianos interconectados; las miles de aplicaciones que requiere tal interconexión vienen, gracias al emprendimiento, en camino.

Ahora bien, más de un lector se estará preguntando: ¿Dónde aprenden los emprendedores?; ¿cuáles instituciones de educación superior se dedican a formarlos?; ¿quién diseña los currículos?; ¿de dónde provienen los docentes? Por increíble que parezca, ninguna universidad está dedicada a tales menesteres. Las escuelas de negocios de las universidades se han ocupado, desde el siglo XIX, de enseñar los *secretos* que facilitan la gestión de las empresas. No pareciera muy útil lo que enseñan: "En efecto, muchos estudios demuestran que los estudiantes universitarios aprenden mucho de nada"[34].

No necesitamos revisar los referidos estudios para convencernos de algo que ya hemos analizado, extensamente, en este capítulo. La educación, en general, no le ofrece a los educandos las competencias que requieren para incorporarse al mercado de trabajo; citemos, como ejemplo, el caso de España: más del 50% de sus jóvenes en edad laboral esta, actualmente, desempleado; por su parte, en Francia el desempleo juvenil asciende al 25 %.

El éxito del emprendimiento nos está señalando un camino: para tener éxito en los negocios, únicamente, se requiere obtener el conocimiento y las competencias que se relacionan con tal actividad. Revisemos la historia reciente;

cuál grado académico requirió Bill Gates para fundar Micro-soft; o Steve Jobs para crear Apple; o, hace menos de una década, Mark Zuckerberg, para poner en marcha Facebook. La respuesta es asombrosa, para quienes todavía creen en la educación tradicional: ninguno.

Lo mismo que hizo este grupo de genios, lo está haciendo, hoy por hoy, un montón de jóvenes entusiastas. El lector, seguramente se preguntará: ¿Dónde adquieren éstos el conocimiento y la experiencia que requiere la creación de una empresa? La respuesta la tenemos a la mano: en las escuelas de emprendedores. Reciben, también, la denominación de *aceleradores*, por la facilidad y rapidez con la que aportan el conocimiento que requieren los interesados. En la mayoría de los casos, los programas que dictan no se prolongan por lapso mayor a los tres meses.

Ya en el mundo existen más de 2.000 de estas organizaciones de aprendizaje. Han surgido, además, cadenas de aceleradores. Entre las más importantes están TechStars, yCombinators y Startupbootcamp. Algunas corporaciones de nivel mundial han creado sus propias escuelas de emprendimiento, como es el caso de Microsoft, Coca Cola y Telefónica. El costo de los cursos es relativamente bajo, y más si se compara con el de los programas de las escuelas de negocios de las universidades. Varías preguntas estarán ya, posiblemente, en la mente de los lectores más escépticos: ¿Quiénes enseñan en estas escuelas? ; ¿cuál es la calidad de la enseñanza? La revista The Economics nos da la respuesta: "Ellos hacen uso intensivo de mentores, casi la totalidad de los cuales son antiguos emprendedores, inversionistas y expertos en negocios, finanzas, informática y electrónica" [35]. La mayoría de los mentores no cobran un centavo por su colaboración; están más interesados en el contacto permanente con gente inteligente, experiencias enriquecedoras, productos innovadores y oportunidades de inversión.

Educadores sin costo; que les parece; el sueño de las universidades. Bueno, más que un sueño, es una pesadilla. En un futuro no muy lejano, y si algún día la sociedad mundial decide postmodernizar su sistema educativo, las escuelas de negocios permanecerán vacías; nadie querrá aprender en años lo que, en verdad, requiere sólo de meses.

Aprendizaje virtual

La insaciable sed de conocimientos del hombre postmoderno ha provocado un vacío que es imposible de llenar por medio de las formas tradicionales de aprendizaje. Para cubrir la brecha existente, ha surgido una modalidad que utiliza la tecnología disponible para proveer la sabiduría que requiere el ser humano para lidiar con los obstáculos y enfrentar las dificultades: la educación virtual. Las formas que ésta adopta son múltiples: desde el más humilde de los mensajes de texto hasta la más compleja de las plataformas informáticas.

Empecemos por describir la plataforma utilizada para satisfacer los requerimientos de la educación universitaria y el aprendizaje corporativo. Su estructura básica está compuesta por el software, herramientas de autor y de comunicación, y el hardware que requiere la transmisión del conocimiento por medios electrónicos: teléfonos (inteligentes o no), servidores,computadoras, etc. Según lo refiere García, una plataforma educativa está constituida por los siguientes elementos:

- Servicios de comunicación: herramientas de interacción entre los participantes en el proceso educativo: *chat*, foros de correo electrónico, *webcast*, etc.
- Servicios de información: herramientas que mejoran el manejo de la información genérica estructurada, tales como el formato web para la visualización de contenido.

- Servicios de trabajo colaborativo: soportan el trabajo entre grupos de usuarios, tales como agendas compartidas, *workflows*, etc.
- Servicios de administración: manejan la gestión administrativa de los actores implicados en el proceso educativo (informes, estadísticas, etc.).
- Servicios de entretenimiento: juegos *online*, con propósitos educativos o no.
- Herramientas de autor: programas empleados para generar los contenidos educativos. (También reciben el nombre genérico de *corseware*). [36]

Muchas universidades, o corporaciones, en el mundo han construido sus propias plataformas virtuales; otras hacen uso de los servicios de proveedores educativos que han instalado plataformas genéricas con la capacidad y flexibilidad para atender una extensa gama de clientes; se da el caso, también, de universidades que se unen para crear una plataforma común que reduzca los costos e incremente la variedad y calidad de la oferta educativa.

La educación universitaria virtual se ha esparcido por doquier; únicamente en Latinoamérica hay ya 19 países que han adoptado esta modalidad; en México, para citar un ejemplo, existen 24 universidades públicas y 31 privadas que dictan carreras y cursos *online*.

En el año 2012 fueron creadas, en los EEUU, Coursera y Udacity, dos empresas que ofrecen cursos por Internet que: "… están reclutando estudiantes, a una velocidad asombrosa, para masivos programas abiertos de educación *online*" [37]. En inglés estos cursos reciben la denominación de MOOCS —massive open online courses—. Coursera se dedica a los programas de estudio que están relacionados con el currículo de 83 universidades de diferentes países, incluyendo las más prestigiosas de los Estados Unidos; sus recursos financieros provienen de fondos de riesgo: en el año 2012 obtuvo 22 $US millones de dólares; en el 2013 consiguió 43 millones por la misma vía. La cifra de sus estudiantes es asombrosa: 4 millones hasta mediados del año 2013. Por su parte, Udacity se dedica al entrenamiento de los recursos humanos de las empresas que requieren incrementar las competencias profesionales de sus trabajadores, actuales y potenciales.

Los educandos no necesariamente buscan una certificación académica —de hecho ninguna de estas empresas provee grados académicos— el interés parece estar centrado en la adquisición de conocimientos y competencias profesionales. La edad no es un requisito para la participación en los diferentes cursos virtuales; tampoco se exige que el estudiante presente certificaciones académicas, los cursos están abiertos a todos aquellos que cumplan con el único requisito: deseo de aprender. La revista The Economics cita el caso de: "Khadijah Niazi, una niña de 11 años proveniente de Lahore, India, que ha completado el curso completo de física —100 horas académicas de Udacity"—[38].

Hasta las universidades de mayor prestigio han descubierto las bondades de la formación *online*. Leo Rafael Reif, Presidente del Instituto   Tecnológico de Massachusetts (M.I.T., por sus siglas en inglés), opina que:

> Estoy convencido de que el aprendizaje digital es la innovación más importante en educación desde que se inventó la imprenta (...). Debemos utilizar este tipo de herramienta para mejorar la educación superior, de hecho, para reinventarla[39].

Esta reinvención está directamente relacionada con dos elementos fundamentales: el costo y la calidad. El costo de la educación de más elevado nivel se ha disparado en todo el mundo; en los Estados Unidos, por ejemplo, la matrícula de una carrera de 4 años de duración está alrededor de los US$ 140. 000; llegará el momento en que sólo los ricos podrán pagar este *lujo*. Por otra parte, cualquier intento por mantener a raya los costos podría afectar la calidad educativa. El equilibrio de la ecuación costo-beneficio estaría, así pues, directamente relacionada con el uso intensivo de la tecnología disponible.

Según Reif, el instituto que preside comenzó, en el año 2002, a colocar en Internet, en forma gratuita, todo su material didáctico; la respuesta fue explosiva: más de 150 millones de estudiantes, alrededor del mundo, lo han utilizado hasta ahora; hace dos años, el MIT lanzó edX, una plataforma educativa que ha captado, hasta el día de hoy, 1,25 millones de estudiantes, 10 veces, de acuerdo con las cifras que suministra Reif, la cantidad de graduados vivos de la universidad en referencia.

De acuerdo con la opinión de Reif, la educación *online* tiene ventajas y desventajas; al igual que la educación tradicional. Lo más sabio es, así pues, la combinación de ambas para alcanzar elevados niveles de calidad al menor costo posible.

Menciona Reif que:

> La educación digital es extraordinariamente buena para el aprendizaje de contenido: los conceptos básicos de los circuitos y la electrónica, los principios de la química, la evolución de los contenidos de los estilos arquitectónicos [40].

Otra de las ventajas de este tipo de educación es la flexibilidad:

> Hace posible dividir el contenido del curso en docenas de pequeños módulos de instrucción y evaluación; también permite a los estudiantes abordar el material en cualquier momento, tan a menudo

como sea necesario y en cualquier parte del mundo
[41].

Por su parte, la educación presencial tiene la ventaja de que es transmitida en forma directa, cara a cara, y desarrolla, por tanto:

> El juicio, la confianza, la humildad y la habilidad de negociación que proporciona un adecuado proceso de resolución grupal de problemas; la perseverancia, la capacidad analítica y la iniciativa que se desarrollan por medio de la investigación en los laboratorios; la habilidad para escribir y hablar en público que vienen de la exploración de las ideas con sus mentores y compañeros; la ética y los valores que emergen del aprendizaje en cada una de las disciplinas, y, finalmente, el convivir como un miembro de la comunidad universitaria [42].

La combinación de estas dos modalidades no sólo reduciría el costo de la educación superior; además, permitiría que millones de personas amplíen su universo de conocimientos y desarrollen su intelecto, sin que esto implique, necesariamente, la obtención de un grado académico.

La educación virtual no sólo se limita a las universidades y corporaciones; puede hasta servir para el aprendizaje autónomo. Hasta hace muy poco tiempo, la mayoría pensaba que este tipo de concepto era imposible de masificar, y que únicamente los estudiantes más disciplinados y tesoneros podían obtener algún beneficio de esta modalidad. Salman Khan —residenciado en Mountain View, California, EE.UU— demostró cuan equivocados estaban los escépticos. Este antiguo operador de fondos de cobertura creó un sistema gratuito de educación personalizada basado en algunas ideas básicas: el aprendizaje autónomo, la redefinición tanto del papel del docente en el proceso de aprendizaje como de las tareas en el hogar y la transmisión de conocimientos por medio de videos descargados por medio de YouTube.

El aprendizaje autónomo permite enfrentar unas deficiencias que no han podido superarse ni siquiera con una inversión masiva en tecnología educativa. De acuerdo con un reportaje de Kayla Webly, el gasto en tecnología de la educación en los Estados Unidos, en el año 2011, ha sido estimado en 65,7 billones de dólares, sin que haya una prueba significativa de los beneficios de tal inversión:

> En el año 2007, un reporte de una comisión del Congreso de los Estados Unidos descubrió que las calificaciones obtenidas por estudiantes que habían utilizado un software para el aprendizaje de lectura y matemáticas no superaron a las obtenidas por los estudiantes que no utilizaron ese respaldo.[43]

Webly sostiene que el asunto no tiene que ver con la tecnología, sino con la forma en que ésta es utilizada. En este aspecto estamos completamente de acuerdo con la autora en referencia; a menos que se diseñen métodos que rompan el esquema tradicional cualquier inversión en tecnología irá al cesto de la basura: la tecnología de la postmodernidad no es compatible con la metodología de la modernidad.

El desperdicio continuará mientras tratemos de mezclar el siglo XX con el XXI, y el modo de producción global con el industrial. La carencia de motivación es otro de los problemas que enfrenta la educación actual; según refiere la misma autora:

> El modelo del aula de clases tradicional obliga al docente a enseñar al estudiante promedio. Los estudiantes mejor calificados no se sienten

motivados y los peores se ven forzados a pasar de un contenido al otro antes de que hayan logrado el dominio del anterior [44].

El modelo de Khan cambia, en forma radical, la situación: cada estudiante trabaja a su propio ritmo; pasa de un tema al otro, o de asignatura, en el momento en que considera que ha logrado el objetivo que se ha propuesto. No es necesario que los estudiantes estén divididos, de acuerdo con su edad, en grados diferentes, ya que cada quien puede aprender a su propio ritmo, moviéndose de una lección a la otra en el momento en que hayan dominado la anterior. Esta metodología ha invertido la ecuación del aprendizaje; en la tradicional, el docente imparte una clase durante el día y en la noche los estudiantes completan tareas a domicilio para su evaluación posterior; en el modelo *online* los usuarios reciben la orientación durante la noche, por medio de videos, y durante el día el docente se limita a orientar a quienes tienen dudas sobre el contenido del video.

El aprendizaje se realiza a través de YouTube; los estudiantes bajan alguno de los 3.500 videos que Khan ha elaborado sobre materias tales como matemáticas, informática, química y astronomía, entre otras. Según el reportaje de Webly esta metodología se está utilizando en 15.000 aulas de clases repartidas en 234 países; 600 millones de ejercicios —provenientes de la descarga de 160 millones de videos— han sido completados hasta el presente por un promedio de 5 millones de usuarios al mes.

La gratuidad del modelo se debe al aporte de empresarios norteamericanos que se han dado cuenta de la trascendencia e importancia que su generalización pueda tener; según Webly, Khan ha recibido 2 millones de dólares de Google, y Neflix ha aportado 5 millones; Bill Gates —Microsoft— 6.5 y Sean O'Sullivan 5. La desventaja de esta iniciativa es que los videos se producen en inglés; su traducción a otros idiomas podría requerir de una significativa inversión financiera.

La educación virtual ha revolucionado hasta la forma de publicar enciclopedias. Después de 230 años de existencia, la Enciclopedia Británica tuvo que evolucionar para no desaparecer. De un medio impreso en grandes volúmenes con ilustraciones estáticas y conocimientos renovables cada diez años, esta enciclopedia se convirtió en un sistema educativo interactivo con tecnología multimedia y renovación instantánea de conocimiento. La información disponible incluye vínculos que facilitan la interconexión con servidores que presten un servicio similar, o con páginas Web de personas que estén en la búsqueda de la misma información; por medio de la tecnología ICQ (sala de conversación a través de Internet) los usuarios pueden conversar e intercambiar información sobre cualquier tema que sea de su interés; pueden, además, participar en foros de discusión virtual a los que tendrán acceso gracias a las casi ilimitadas posibilidades de aprendizaje que este medio virtual ofrece.

Los teléfonos celulares están siendo utilizados, también, con fines educativos; según lo menciona John Cloud: "… un número cada vez mayor de escuelas en los Estados Unidos están incorporando BYOT"[45]. (bring your own technology; en castellano: trae tu propia tecnología), una metodología que permite aprovechar el hecho de que el 80% de los alumnos del octavo grado —el porcentaje es mayor en los grados superiores— dispone de un teléfono celular. Este adminículo sirve tanto como herramienta para el aprendizaje —tareas escolares, consultas a los docentes, intercambio de información, participación en actividades curriculares de otras escuelas, etc.— como para actividades administrativas —enlace con la red escolar, envió de calificaciones, participación de actividades, entre otras—.

En el mismo orden de ideas, el teléfono inteligente ha dotado a la sociedad actual de una nueva plataforma educativa: los programas de aplicación, o, en menos palabras, las aplicaciones (apps son sus siglas en inglés). Estos son programas informáticos que se utilizan para realizar actividades muy específicas, desde juegos hasta tareas rutinarias. No son otra cosa que un intermediario que ahorra tiempo al usuario al permitirle encontrar cualquier herramienta informática sin necesidad de una búsqueda a través del navegador. Un simple *clip* en la aplicación bastará para dibujar y pintar (Artstudio), crear y transformar imágenes (Flixel), filmar videos y películas (iMovie), escribir obras literarias (DeviantArt), y componer música (SoundBrush), entre otras actividades.

De acuerdo con el criterio de Howard Gardner y Katie Davis[46], las aplicaciones pueden generar dos tendencias diferentes: bien conductista, bien constructivista. En el primero de los casos, las aplicaciones establecerán patrones de conducta, fomentarán la aversión al riesgo, dificultarán la adopción de decisiones autónomas, generarán dependencia, inhibirán la creación de nuevas ideas y productos y convertirán a los usuarios en *app dependientes*, esto es, en individuos que dependerán de los programas informáticos para cualquier actividad que emprendan.

En el segundo, las aplicaciones incentivarán la imaginación, la independencia de criterio, facilitarán los procesos decisorios, abrirán vías de expresión creativa, fomentarán la consecución de objetivos, incrementarán la capacidad para utilizar formas diversas de comprensión, conocimiento y expresión crítica, permitirán explorar caminos distintos, incentivarán la construcción de conocimiento, y convertirán a los usuarios en *app capacitadores*, esto es, en individuos que aprovechan la tecnología como una ayuda que facilita sus acciones y decisiones y un punto de partida para la creación de ideas innovadoras que surjan de su propio intelecto.

Según los autores señalados, el que un usuario se incline hacia una u otra opción dependerá de su propia personalidad; la mayoría, como es la tendencia actual, se irá por el lado de la dependencia; una minoría seguirá el camino de la capacitación y explotará al máximo las posibilidades de la tecnología.

Ahora bien, según los autores en cuestión:

> … los jóvenes de ahora, no sólo crecen rodeados de aplicaciones, sino que además han llegado a entender el mundo como un conjunto de aplicaciones, a ver sus vidas como una serie de aplicaciones ordenadas, o quizás, en muchos casos, como una única aplicación que se prolonga en el tiempo y que les acompaña de la cuna a la tumba (hemos llamado *superaplicación* a esa aplicación global)[47].

Esta extraña percepción podría tener consecuencias múltiples; la sociedad del conocimiento daría paso a la sociedad de las aplicaciones, y ésta sería mejor o peor en función de quien ejerza la hegemonía: ora los *appcapacitadores* ora los *appdependientes*.

Las nuevas modalidades educativas no se agotan ni en el aula ni en Internet; en los Estados Unidos muchos escolares no salen nunca de su casa para aprender; actualmente, dos millones de niños y adolescentes estudian en su hogar, bajo la tutela de sus padres. Esta actividad era considerada, hace unas décadas, ilegal; la connotación que ha adquirido ha obligado a las autoridades a legalizarla y controlarla. En un artículo de la revista The Economics se menciona que: "Hoy es legal en todas partes, y es probablemente la forma de educación de más rápido crecimiento en América" [48].

Construcción virtual del aprendizaje

En el año 2009, el sueco Markus Persoon lanzó Minecraft, un juego que se basa en la construcción y destrucción de un mundo virtual por medio de bloques de un mismo tamaño y diferentes texturas. El participante tiene una ilimitada libertad para crear lo que se le antoje: desde una simple y estrecha calle hasta una ciudad rodeada de ríos, lagos, montañas, volcanes, valles y acantilados; puede, además, incorporar la cantidad de habitantes que se le antoje: uno, tres, cinco, un millón.

En esas ciudades, los habitantes pueden interactuar en situaciones múltiples: jugar, correr, pelear, amar, cantar y cualquier otra cosa que se le ocurra al creador del juego. Es posible, como una opción válida, modificar o destruir todo lo construido con anterioridad.

En la creación de cada juego pueden participar quienes deseen; una versión del Reino de Hierro —uno de los reinos del continente ficticio en el que se desarrolla la saga televisiva *The Game of Thrones*— fue desarrollada con la ayuda de 500 voluntarios.

Si bien la situación y los personajes dependen del libre albedrío de los participantes; hay normas que deben cumplirse, como lo señala Mark Frauenfelder:

> Se siguen reglas, como en el mundo real. Usted pone juntos materiales con varias propiedades. Debe estar consciente de las reglas de la física y comprender sobre palancas, rampas y circuitos eléctricos[49].

Antes de agregar cualquiera de los elementos del juego, el participante tiene que investigar sobre el respaldo teórico que requiere su construcción; sino no lo hace, la interacción se hará imposible. Tiene que recurrir, por tanto, al consejo de expertos en cada área del conocimiento o a la información disponible en diferentes fuentes. No hay nada que se corresponda con la realidad que se pueda obviar: paisajismo, urbanismo, protección ambiental, calentamiento global, desertificación y ecología, entre otras.

Más de un lector se estará preguntando, a estas alturas, si Minecraft es un juego o una actividad de aprendizaje escolar. En realidad son ambas cosas a la vez; usted aprende mientras juega. Bien lo refiere Harry McCracken:

> Minecraft es diferente. Mientras más te metes dentro de éste, más luce como una forma de auto-educación enmascarado como entretenimiento; es esta la razón por la cual los padres no la están viendo como una distracción y los profesores lo están incorporando al salón de clases[50].

Esta ambivalencia fue la que condujo al surgimiento de MinecraftEdu, una versión educativa del juego que está disponible en inglés y finlandés; la versión en danés viene en camino y se está trabajando para que en un futuro cercano esté disponible en todo el mundo.

En su creación participaron educadores y programadores de los Estados Unidos y Finlandia. En estos países ya existen muchas escuelas que lo han adoptado; la empresa vende licencias para salones virtuales con capacidad para veinticinco participantes, con un costo de 335 dólares. El salón puede ser utilizado durante las 24 horas del día; la programación de los grupos se hace según el criterio y necesidades de cada institución educativa. Además, los educandos pueden interactuar con el servidor de su escuela desde su hogar, con la supervisión, por supuesto, de sus profesores.

El aprendizaje se hace por medio de videos tutoriales en los que interactúan educadores y educandos. Ya han sido desarrollados cientos de estos —respetando los programas educativos de cada país o región— en áreas tales como lenguaje, matemáticas, geografía, historia, programación informática, electricidad, ciencia y tecnología, entre otros. Las comunidades educativas están autorizadas para crear —con el asesoramiento de los programadores de MinecraftEdu— todos los videos que consideren necesarios y convenientes. En un futuro cercano, una versión personal estará disponible en el mercado.

El impacto futuro de esta herramienta de aprendizaje es incalculable e impredecible. Hoy en día, millones de niños, adolescentes y adultos desperdician su tiempo en una realidad virtual que poco les aporta; pasan casi todo el día embobados y aturdidos frente a un adminículo tecnológico —llámese computadora, teléfono inteligente o consola de video-juegos— que no hace otra cosa que *estupidizarlos*. MinecraftEdu puede revertir esta situación y hacer que cada segundo de entretenimiento se revierta en aprendizaje; que cada actividad del día se haga en función de éste.

El aprendizaje autónomo ganará un valioso aliado; la versión personal del juego educativo permitirá que obtengamos conocimiento sobre cualquier cosa con un mínimo de tiempo y esfuerzo. Obtendremos mucho más, en menos tiempo y a un bajo costo. En septiembre de 2014, Microsoft adquirió Minecraft por 2.5 billones de dólares.

Herramientas de Aprendizaje

Existen métodos, técnicas y hasta trucos que, a pesar de que facilitan el aprendizaje, no han sido tomados en consideración a la hora de la elaboración de los currículos escolares: la lectura veloz —desarrollada inmediatamente después de la II Guerra Mundial— y el pensamiento lateral son, entre otros, herramientas de aprendizaje que mejoran la capacidad de los individuaos para obtener conocimiento.

La lectura veloz no sólo incrementa la velocidad, sino que, además:

-Reduce el tiempo dedicado al aprendizaje
-Minimiza el esfuerzo y maximiza el rendimiento
-Propicia la simultaneidad de los procesos mentales
-Facilita el desarrollo de las redes neuronales
-Estimula el hábito de la lectura y el autoaprendizaje

El modelo educativo de la modernidad —aún en vigencia en casi todo el planeta— desperdicia la capacidad que tiene el cerebro para procesar en forma simultánea un sinnúmero de actividades y orienta el aprendizaje hacia la realización de tareas en forma secuencial —una después de la otra— y la obtención de un resultado final: primero leemos, luego, asimilamos, después, analizamos y sintetizamos y finalmente, obtenemos un producto. Por el contrario, la lectura veloz aprovecha la unicidad del cerebro y facilita la ejecución de un gran número de actividades intelectuales diferentes, independientes y simultáneas que producen un resultado global en el que todas estén representadas.

Un lector tradicional puede tardar días, tal vez semanas, en leer un texto y asimilar su contenido. La lectura veloz permite que en sólo unas horas se pueda leer y asimilar el contenido de cualquier obra; es más, en sólo quince minutos se pueden recorrer todas sus páginas —utilizando la técnica de lectura transversal— y obtener una idea general del contenido.

En la mayoría de los diseños curriculares —al menos en la educación primaria y secundaria— se asigna un texto para cada asignatura; al final del año escolar basta con que el educando haya asimilado su contenido para que la correspondiente evaluación refleje su éxito académico. Si el currículo consta de doce asignaturas, el estudiante tendrá un año para asimilar el contenido de los correspondientes textos. Para los parámetros de la educación de la modernidad pareciera razonable que el educando tenga doce meses —un mes por texto— para la ardua tarea de asimilación del contenido de todos esos programas de estudio. Pero, la modernidad se quedó atrás; estamos en plena postmodernidad; un año es una *enormidad* de tiempo. Mientras ese lapso transcurre, la humanidad ya ha acumulado una cantidad incalculable de conocimiento para reemplazar todo aquello que llevó un año asimilar.

Un lector veloz requeriría, a lo sumo, quince días para asimilar lo mismo que nuestro desinformado estudiante en un año; de tal manera que para aquel el año escolar duraría dos semanas. No crea el lector que exageramos; la técnica que hemos descrito en los párrafos anteriores sería una herramienta fundamental de un aprendizaje autónomo en el que los lapsos, las asignaturas y los contendidos estarían consustanciados con los intereses de cada educando en particular. Claro que no hay manera de que una transición de esta magnitud y alcance se pueda hacer en términos de la modernidad; debemos abordar el carruaje de la postmodernidad de inmediato.

Por su parte, el pensamiento lateral es descrito como una técnica de resolución de problemas en forma creativa. Edward de Bono ha escrito libros sobre el tema que se agotan antes de llegar a las librerías. A pesar de su éxito editorial y de la reconocida idoneidad de sus ideas, los sistemas educativos pasan por alto una herramienta de aprendizaje que permitiría incorporar la creatividad como actividad curricular: el pensamiento lateral facilita la ruptura de los rígidos patrones mentales que impiden que la innovación forme parte de nuestra vida cotidiana.

La creatividad está relacionada con la intuición y la innovación. El primer término es definido como: "El conocimiento inmediato de una cosa, idea o verdad, sin la intervención de la razón"[51]; el segundo se refiere a la aplicación de las ideas provenientes de la intuición.

Los escépticos dudan que los anteriores conceptos tengan algo que ver con la educación, pues aún se desconoce el origen de las ideas que surgen en forma intuitiva y su relación con los procesos mentales. A pesar del esfuerzo realizado por las neurociencias, es poco lo que se conoce acerca del funcionamiento de la mente humana. Conocemos, eso sí, la estructura material del cerebro: las partes que lo componen, la conexión física entre éstas, su relación con las funciones vitales. Muy poco se sabe sobre el procesamiento de la información que recibe de fuentes inmateriales: estamos en capacidad de seguir la huella de la razón; erramos al seguir el rastro de la intuición.

La primera aproximación en ese sentido la hizo Sigmund Freud. En la *Interpretación de los Sueños*, publicada en el año de 1899, el padre de la Psicología establece el primer modelo de la psiquis humana; según su criterio, la mente está subsumida dentro de tres estados: el inconsciente, el preconsciente y el consciente. El consciente es, según Freud, el estado donde se reflejan las percepciones externas; el inconsciente —comúnmente denominado subconsciente— es donde subyacen los sentimientos y pensamientos negativos; el preconsciente, por su parte, es el estado que sirve de enlace entre los anteriores.

Tres décadas después, Freud publica *El Yo y el Ello*, donde describe el *Modelo Estructural del Aparato Psíquico*. Ese nuevo modelo está conformado por el *Ello*: estadio de los impulsos primigenios y motor del pensamiento y el comportamiento humano; el *Superyó*: estadio de los pensamientos morales y éticos; y, por último, el *Yo*: mediador entre los dos estadios anteriores.

Ambos modelos nos sugieren que nuestra psiquis está conformada bien sea por estados, estadios, niveles o dimensiones intangibles, inmateriales.

De tal manera que podríamos inferir que la intuición proviene, o está alojada, en cualquiera de los tres estados del primer modelo freudiano: bien sea el inconsciente, el preconsciente o el consciente. Podríamos suponer, además, que su alojamiento inicial está en el inconsciente y de allí se traslada, a voluntad, al consciente. En el segundo modelo freudiano el lugar de la intuición estaría bien sea en el *Yo*, el *Ello* o el *Superyó*.

Venga de donde venga, provenga de dónde provenga, no podemos esperar que la ciencia demuestre su existencia para incorporar al modelo educativo de la postmodernidad técnicas que aprovechen la capacidad que tiene nuestra mente para generar ideas que provienen de un origen desconocido. Ni los mismos científicos esperan algo como eso; es el caso del físico Roger Penrose, quien la asocia a la física del micromundo:

> Para entender alguna de las intuiciones filosóficas que deseamos es preciso que comprendamos la imagen del mundo según la teoría de la mecánica cuántica existente [52].

Para Penrose, la consciencia misma tiene una relación directa con la mecánica cuántica: "Resulta intrigante especular que la *consciencia* de una persona pueda depender de algún aspecto de un estado cuántico. [53]. Se pregunta, también, Penrose sobre la relación que pareciera existir entre intuición, inspiración e inconsciente:

> Intentaré hacer algunos comentarios sobre estos ocasionales soplos de nueva intuición que conocemos como inspiración. ¿Son estas ideas e imágenes que proceden misteriosamente de la mente inconsciente, o son, en algún sentido fundamental, producto de la propia consciencia? [54].

Estas dudas existenciales no se las plantea Penrose en un libro sobre filosofía; por el contrario, lo hace en una obra dedicada a explicar, mediante cientos de fórmulas matemáticas, las teorías de la relatividad de Einstein y de la mecánica cuántica. De modo que a este connotado físico se le plantean las mismas dudas que a nosotros en el momento de generar las ideas que parecieran escapársele a la razón.

Pero, Penrose no está solo en estas divagaciones; otro reconocido físico, el ruso Gary Zukav plantea que: "El acceso al mundo físico se consigue mediante la experiencia. El denominador común de todas las experiencias es el *Yo* que las hace. En resumen, lo que experimentamos no es la realidad externa sino nuestra interpretación de ella"[55]. El mismo Zukav llega aún más lejos:

> La interpretación de los mundos múltiples de la mecánica cuántica nos dice que vivimos simultáneamente en varios mundos, un número incontable de ellos y todos ellos son reales [56].

Asunto resuelto; el consciente, el preconsciente y el inconsciente no están en diferentes estados, estadios o dimensiones; están en diferentes mundos. Para encontrar nuevas ideas basta con que nos desplacemos a cualquiera de estos. Bueno…, en realidad no es tan fácil; tendríamos que esperar la invención de una máquina del tiempo que nos permita atravesar los huecos de gusano que, según Albert Einstein, facilitan la comunicación interdimensional. De tal manera que mientras inventan la *susodicha*, aprovechemos las ideas de Edward de Bono para asomarnos al mundo de las nuevas ideas.

En las últimas décadas, en el mundo empresarial se ha despertado un inusitado   interés por la creatividad; el voraz apetito del mercado por los nuevos productos y servicios es un reto que únicamente puede ser enfrentado por la vía de la innovación. Las universidades han sido las primeras en responder; las han seguido instituciones educativas de diversa índole.

Describamos, en primer lugar, el caso de la Universidad Peruana Los Andes; su facultad de Ciencias Contables y Administrativas ofrece un curso de creatividad empresarial; un manual de 181 páginas sirve como su base teórica. Este texto está dividido en cinco fascículos en los que abundan las definiciones, características de los procesos mentales, objetivos, indicadores de logros, cuadros comparativos, gráficos, resúmenes, *test* de creatividad —así los llaman— y, por último, las evaluaciones.

En éstas se hacen preguntas tan trascendentes como: ¿Qué es la creatividad?, ¿cuál es la diferencia entre la creatividad en Oriente y Occidente?, ¿cuáles son los bloqueos de la creatividad en los individuos? Para ser sinceros, debemos reconocer que esta última pregunta despertó, en forma instantánea, nuestra creatividad; nuestro inconsciente nos envió una respuesta inmediata: *el mayor bloqueo para la creatividad está en cursos y textos como los que ofrece la Universidad Peruana de los Andes.*

Por su parte, la Miami Ad School Pro ofrece el: "Curso de Creatividad Publicitaria Integral" *online* con una duración de 64 horas y un costo de 2.200 euros. La Fundación Neuronilla, con sede en Madrid, ofrece dos cursos: "Creatividad para la innovación en la Empresa" y "Dinamización de Equipos para la Generación de Ideas", con un costo de quinientos euros por curso. El primero pretende proporcionar las: "… claves para fortalecer la creatividad personal", las: "… estrategias para impulsar la innovación en las organizaciones", y, finalmente, las: "… técnicas de creatividad por equipos", en un lapso de dos días. El segundo pretende incorporar, en el mismo tiempo, lo aprendido al trabajo en equipo.

Una característica común en todos los cursos de creatividad es que ofrecen un diploma de graduación. Éste seguramente certifica, elucubramos nosotros, la genialidad de cada egresado.

El costo de ambos es elevado; no están al alcance de las masas. Y es allí donde está el primero de los problemas; el planeta no requiere de una élite creativa; necesita que todos quienes habitan en este planeta puedan participar en la creación de las ideas que van a generar prosperidad, riqueza y felicidad para siete mil millones de personas.

El segundo problema está en que no basta la aplicación de una que otra técnica para que cada individuo desarrolle su capacidad creativa. Este es un proceso simple y complejo a la vez. Complejo, porque cada ser humano tiene una forma diferente de aproximarse a su lado intuitivo; las técnicas que puedan servir a unos pueden resultar inútiles para los demás. Simple, porque basta un poco de introspección para traspasar el umbral entre la razón y la intuición, entre la esencia y la materia. Un curso de meditación —también están de moda en el ámbito empresarial— serviría mejor paro los fines de la creatividad.

En el mundo real las cosas ocurren en forma diferente; quienes incursionan en las letras o las artes se ven obligados a descubrir, por sí mismos y en forma temprana, su lado creativo; de no hacerlo su permanencia en el anonimato estaría asegurada: ninguna obra original saldría de sus plumas, brochas o cinceles. Podríamos citar muchos ejemplos, pero para no extendernos en demasía únicamente nos referiremos a dos exitosos novelistas: Isabel Allende y George R.R. Martin.

Isabel Allende es autora de más de una decena de novelas; en una de estas describe su estilo de escritura. Siempre comienza a escribir en el mes de enero de cada año —el día 7, si la memoria no nos falla—; lo primero que hace es imaginarse que en frente de su sitio de trabajo hay una puerta que conduce a una habitación en penumbras. En la medida en que va pulsando las letras de su computadora la habitación se ilumina, se llena de risas y alegrías, de penas y sinsabores; aparecen los colores, los ríos y las montañas. Mientras más teclea, más compleja se hace la trama, más personajes aparecen; más lugares se agregan; más años transcurren. Brotan las pasiones, se desbordan los sentimientos y, por último, un final que puede resultar feliz o infeliz. Su pluma nos ha llevado, así y a los largo de los años, a diferentes épocas y lugares; al Chile de la Conquista o a la California de la fiebre del oro. Y siempre ha salido de aquella habitación una maravillosa historia que ha enriquecido nuestra existencia y alegrado nuestra vida.

George R.R. Martin escribió: "A Song of Ice and Fire", una saga que ha sido presentada por medio de cinco novelas —el autor está terminando la sexta y planea escribir la séptima y última—; en esta fantasía épica se plantea una lucha por el poder en el Reino de Hierro —uno de los siete reinos de un continente ficticio habitado, en la edad media, por los *Westeros* y los Essos—. Además de los millones de copias que ha vendido cada una de las novelas de la saga, la primera de estas —Games of Thrones— dio origen a una serie de televisión del mismo nombre.

Producida por HBO, está serie se ha convertido en uno de los programas de mayor audiencia en el mundo entero; cada capítulo es visto por un promedio de doce millones de televidentes, en cerca de treinta países. El 11 de junio de 2013, Martin fue entrevistado por Conan O'Brian, quien se confesó fanático de la saga; una de las preguntas se refirió, precisamente, al tema de la creatividad. ¿Cuál fue la fuente de inspiración del autor?, ¿qué vivencias de su infancia y adolescencia contribuyeron a enriquecer la trama?, ¿de dónde salieron los cientos de personajes y los exuberantes paisajes?, ¿cuántas veces había recorrido el mundo en ese tiempo? Su respuesta dejó asombrada a la audiencia; Martin contó que había nacido en Bayonne, una pequeña población ubicada cerca de New York y New Jersey; su humilde familia habitaba en una vivienda de interés social, y el escaso dinero que le ingresaba no alcanzaba ni para viajes ni para ningún tipo de lujo, menos para adquirir un automóvil. Su universo se extendía no más allá de las cinco manzanas que separaban su vivienda de la escuela pública donde estudiaba. En las noches se distinguía, a lo lejos, la isla de Staten (Staten Island) —separada de New York y New Jersey por sendos puentes—; su imaginación transformó esa brumosa visión en un reino mágico y despertó su lado intuitivo.

No lo sabemos a ciencia cierta, pero no creemos que ni Allende ni Martin hayan hecho algún curso de creatividad en su vida; menos aún que en alguna de las paredes de sus respectivos hogares esté colgado un diploma que certifique su ingenio.

Un curso de corta duración es la forma más compulsiva de aprendizaje; en poco tiempo los participantes deben asimilar una teoría en particular y ejecutar una praxis que conduzca a su asimilación. En los cursos técnicos está metodología puede resultar acertada; en días, o semanas, cualquiera puede aprender a lavar y planchar, cocinar y hornear, martillar y fresar. Pero, en los asuntos del intelecto la dificultad es mayor; como convertir a un simple mortal en un Cervantes, un Lope de Vega o un Goethe; o en el caso de las artes visuales, a un pintor de brocha gorda en un Picasso o un Leonardo da Vinci. Difícil tarea; es más fácil empezar a trabajar con los niños en su más tierna edad. No tendríamos nada que enseñarles; su mente no está contaminada por la racionalidad; está en su estado virginal. Los niños son creativos por naturaleza; si no es así como es que sus ocurrencias nos hacen reír con tanta frecuencia.

Los diseños curriculares de la modernidad contaminan la mente de los infantes; el mejor lugar para éstos es el cesto de la basura —y si además lo incineramos mejor todavía—.

Ahora bien, la creatividad, como bien puede apreciarse en los ejemplos que hemos descrito, no se puede enseñar ni aprender, sólo despertar.

En las escuelas lo más que podemos hacer es la creación de un ambiente que sea propicio para la generación de ideas y la innovación; en todas las asignaturas, aún en las actividades deportivas y extracurriculares. No debe haber prisas ni plazos, sólo oportunidades; que en cada quien se despierte cuando corresponda.

Si bien no existe, como ya hemos mencionado, ninguna metodología que oriente el despertar de la creatividad, libros como los de Edward de Bono nos ayudan a descubrir nuestra esencia interior y alcanzar lo que está más allá de nuestras neuronas. De Bono no es el único que ha escrito sobre el tema que nos ocupa; diversos autores han tratado sobre lo mismo y pueden servirnos de ayuda para los mismos fines; debemos tener cuidado, eso sí, de no tomarlos para establecer una base teórica o para la enseñanza formal de la creatividad como una asignatura.

Educación e Inteligencia Artificial

En el tercer capítulo, Globalización y Postmodernidad, hemos descrito la relación existente entre la Inteligencia Artificial y la Postmodernidad. Ahora pretendemos relacionar a la primera con la educación.

En líneas generales, pensamos que la Inteligencia Artificial se puede utilizar para mejorar, en forma considerable, algunos aspectos del aprendizaje, entre los cuales es posible mencionar los siguientes:

1. Personalizar las actividades educativas de acuerdo con el perfil —actitudinal, intelectual, cognitivo, emocional, psicológico y creativo— del aprendiz.

2. Personalizar las actividades de evaluación, ofreciendo a cada aprendiz información sobre los objetivos logrados, las deficiencias percibidas, las actividades complementarias requeridas para cubrir las brechas de aprendizaje y, en general, las recomendaciones para mejorar el rendimiento.

3. Adaptar el progreso individual al colectivo, combinando las actividades individuales con las correspondientes a los equipos de trabajo, sean estas simulaciones, juegos, competencias, debates, evaluaciones, y, en general cualquier tipo de interacción grupal.

4. Ofrecer asesoramiento y tutoría individual para cubrir las deficiencias percibidas en el aprendizaje.

5. Interactuar con individuos y equipos de trabajo —por medio del aprendizaje automático y el aprendizaje en profundidad— para recabar datos sobre las diferentes actividades, optimizar el rendimiento y mejorar los diseños curriculares.

6. Automatizar las actividades de facilitación que no requieren la presencia de docentes, tales como la evaluación cuantitativa, la obtención de información, y la tutoría sobre aspectos teóricos y metodológicos básicos, y la selección de actividades complementarias, entre otras.

7. Facilitar el aprendizaje de conceptos esenciales para la comprensión de sistemas complejos dinámicos.

8. Suministrar datos estadísticos y probabilísticos sobre el progreso del aprendizaje.

9. Facilitar el aprendizaje por ensayo y error, liberando al aprendiz de la carga emocional de los juicios de valor.

10. Facilitar la ubicación de actividades individuales y grupales en lugares que se adecúen a las necesidades de individuos y organizaciones.

11. Facilitar la creación de ambientes educativos autónomos, flexibles y adaptables, mediante la incorporación de nuevas tecnologías —realidad virtual y realidad aumentada, entre otras.

La incorporación de Inteligencia Artificial no necesariamente implicaría una inversión financiera considerable, está tecnología se ha incorporado ya a teléfonos inteligentes, tabletas y computadoras personales. Es cierto que para finales de 2017 estaba presente únicamente en las versiones de lujo, pero nos atreveríamos a pronosticar que en el futuro cercano saldrán versiones de bajo precio que facilitarán la masificación de esta tecnología en las aulas de todo el planeta.

La teoría educativa de la postmodernidad

El mundo entero necesita una nueva teoría educativa, las ideas existen, basta combinarlas en forma adecuada. En primer lugar, debemos retomar las ideas de Luís Alberto Machado, éstas no han perdido vigencia. En segundo lugar, debemos adoptar la experiencia y las ideas que provienen del aprendizaje organizacional, incluyendo, por supuesto, la acumulada por el Sistema Nacional de Orquestas Infantiles y Juveniles de Venezuela. En tercer lugar, se requiere la consolidación de las ideas que provienen de las neurociencias y el aprendizaje multimodal. Finalmente, las combinamos y creamos una teoría que se corresponda con los requerimientos educativos de la sociedad del conocimiento; una teoría que nos conducirá, parafraseando a Machado, a *distribuir inteligencia para producir riquezas.*

Esta nueva teoría no debe limitarse a la promoción del aprendizaje autónomo y la construcción de conocimiento; además, debe servir para orientar la transformación de los aparatos productivos y la generación de riqueza y bienestar colectivo.

En los países en desarrollo, el énfasis en la educación no tendría sentido a menos que surjan teorías que se adapten a su realidad; un modelo educativo propio, y orientado según los postulados del paradigma de la postmodernidad, podría contribuir a mejorar   tanto la calidad de sus sistemas educativos como el nivel de bienestar colectivo.

Referencias Bibliográficas

[1]El País, Madrid, servicio exclusivo de El Nacional, cuerpo Siete Días, Caracas, 4 de enero de 2007, pág. 9.
[2]The Economics, en Leaders, Generatión Jobless, Londres, 27 abril 2013, la traducción es nuestra.
[3]Loc. cit.
[4]Loc. cit.
[5]Loc .cit.
[6]Loc.cit.
[7]Ibíd., pág. 59.
[8]Foroohar, R., y Saporito, B., *Made in USA*, Time, New York, 22 de abril de 2013, pág. 20.
[9]The Economíst, *The Jobs machine*, 13 de abril de 2013, pág. 64, la traducción es nuestra.
[10]Probst, G., Raub, S., y Romhardt, K., *Administre el Conocimiento*, México, Pearson Education, 2001, pág. 24.
[11]Fox, N., *Potenciando a la Gente en el Trabajo*, Aldershot, Grower, 1.994.
[12]Dixón, N., *The Organizational Learning Cicle*, Midenhead MacGraw-Hill, 1994.
[13]El Nacional, cuerpo Escenas, Caracas, 9 de septiembre de 2007, pág. 5.
[14]El Nuevo País, Caracas, 20 agosto2007, pág. 13.
[15]Loc.cit.
[16]Loc. cit.
[17]Doman, G., *Cómo Enseñar a Leer a su Bebe*, Madrid, Aguilar S.A. de Ediciones, 1970, pág. XXI,

[18]Ibíd., pág. XXIII

[19]Ibíd., pág. 60.

[20]Braidot, N., *Neuromanagment,* Buenos Aires, Granica, 2008, pág. 367.

[21]Ibíd., pág. 78.

[22]Ibíd., pág. 367.

[23]Garner, H., citado por Braidot, N., ibíd., pág. 220.

[24]Ibíd., pág. 81

[25]Asbury, K., y Plomin, R. *G is For Genes: The impact of Genétics on Education,* University of York, UK, York, 2013.

[26]http://www.yorkshirepost.co.uk/news/debate/columnists/kathryn-asbury-lessons-for-educators-from-genetics-1-6247664, la traducción es nuestra.

[27]Loc. cit.

[28]Small, G., *El cerebro digital,* Editorial Urano, Barcelona, 2008, contraportada.

[29]Ibíd., pág. 16.

[30]Ibíd., pág. 41.

[31]Cambell, L., Cambell B. y Dickinson L., *Inteligencias Múltiples. Usos prácticos para la*
 enseñanza y el aprendizaje, Buenos Aires, Editorial Troquel, 2008, pág. 19.

[32]Ibíd., pág. 14.

[33]Ibíd., págs. 312-316.

[34]The Economics, *Education in America. Go your Own Way,* 18 de enero de 2014, pág. 82, la traducción es nuestra.

[35]The Economics, *Tech Starups,* en Special Report, 9 de enero de 2014, pág. 15, la tradución es nuestra.

[36]García, J., citado por Roldan, M., Monsouri, M., y Huidobro, J., en *Marketing aplicado a la formación a distancia. E-learning.,* Madrid, 2012, pág. 206.

[37]The Economics, *Free education. Learning new lessons,* Londres, 22 de diciembre de 2012 al 4 de enero de 2013, pág. 101, la traducción es nuestra.

[38]Ibíd. pág. 102, la traducción es nuestra.

[39]Reif, L., *Online learning will make college cheaper. It will also make it better*, Time, 7 octubre 2013, pág. 40, la traducción es nuestra.

[40]Loc. cit.

[41]Loc. cit.

[42]Ibíd., pág. 41.

[43]Webly, K., *Reboot School*, Time, New York, 9 julio 2012, pág. 38, la traducción es nuestra.

[44]Ibíd., pág 40, la traducción es nuestra.

[45]Cloud, J., *Gadgets go to class*, The Economics, Londres, 27 agosto 2012, pág. 46, la traducción es nuestra.

[46]Gardner, H. y Davis, K., *La generación APP*, Barcelona, Espasa Libros, S.L.U., 2014, pág. 43.

[47]Ibíd. pág. 21.

[48]The Economics, *Educación. Keep in the family*, Londres, 22 diciembre 2012 al 4 enero 2013, pág. 40, la traducción es nuestra. .

[49]Frauenfelder. M., citado por Maccracken/Stockholm, H., en *The Mystery of Minecraft*,
   Time, New York, 10 de junio de 2013, pág. 38, la traducción es nuestra.

[50]Maccraken/Stockholm, H., óp. cit.

[51]Pequeño Larousse Ilustrado, pág. 572.

[52]Penrose R., *La nueva mente del emperador*, Barcelona, 1991, Ramdom House Mondadori,
   S.A., pág. 333.

[53]Ibíd. pág. 393.

[54]Ibíd. pág. 596.

[55]Zukav, G., en *La danza de los Maestros de Wu Li*, Gaia Ediciones, Madrid, 1999, pág. 104.

[56]Ibíd., pág. 101.

5

LA ORGANIZACIÓN DE APRENDIZAJE

Hasta la década de los ochenta del siglo pasado, casi todas las organizaciones se conformaban bajo los criterios del modelo burocrático de Max Weber. Las características más resaltantes de este modelo son: estructura piramidal; distribución centralizada del poder y la toma de decisiones; separación del trabajo en funciones, tareas y actividades individuales; relaciones de trabajo rígidas e inflexibles; y, por último, autoritarismo.

La ineficiencia de la burocracia

El mayor problema de la organización tradicional es el desperdicio de recursos; es ineficiente al extremo. A pesar de esta debilidad, la producción en masa cubría los costos y daba un generoso margen de beneficio.

Señala Valdes[1] que, después de la Segunda Guerra Mundial, la abundancia de mano de obra, los bajos salarios y el reducido precio de las materias primas facilitaron la fabricación de bienes masivos, indiferenciados y de bajo costo. Para producir en esos términos, las empresas se organizaron en forma piramidal y jerárquica. Los costos se mantenían constantes gracias al incesante incremento de una producción que aprovechaba la economía de escala para satisfacer las necesidades de clientes cuyo gusto permanecía invariable en el tiempo.

Esta estrategia funciona hasta que el incremento de la producción —para atender una demanda insatisfecha— produce efectos negativos: aumento de la complejidad de los procesos,   multiplicación de las actividades que no aportan valor agregado, inversión de la ecuación costo beneficio, ruptura del equilibrio financiero, disminución de la competitividad y, finalmente, y como consecuencia de lo anterior, el colapso de la organización.

El crecimiento desmesurado de las empresas —para atender las necesidades insatisfechas de los usuario— es en parte responsable de la inversión de la ecuación costo-beneficio. Tratemos de resumir la insaciable dinámica que satura de personal a las empresas: *Los trabajadores recién incorporados se colocarán bajo el control de noveles supervisores que dependerán de jefes de departamento de reciente contratación. Nuevos gerentes vigilarán a los anteriores y serán tutelados, a su vez, por renovados directores colocados bajo la égida de nuevos jefes de unidades de negocios que estarán a cargo de los vicepresidentes contratados para la ocasión.* Pero, no importa cuántos puestos de supervisión y control sean creados, el resultado será el mismo: el aumento incontrolado de los costos.

Pero, el incremento de los puestos de control y supervisión no sólo aumenta los costos asociados directamente con el desembolso financiero que generan los nuevos puestos; los costos indirectos pueden ser aún más elevados. Cada nivel de supervisión y control debe justificarse así mismo; esto provoca, como consecuencia, el surgimiento de una serie de tareas y actividades que no tienen más justificación que la supervivencia del supervisor. Para hacerse notar, éste crea actividades que generan duplicidades y solapamientos, y suben, en forma innecesaria, los costos.

Esta misma estructura jerárquica genera una lucha por el poder que inevitablemente corrompe la organización. La corrupción comienza por la aparición de procedimientos alternos que producen beneficios ajenos a la misión de la organización y generan el desvío de recursos —sean estos humanos, materiales y/o financieros— en beneficio de un área, o persona, de la organización. Gradualmente, se va creando una estructura paralela de poder que desplaza la formal y desvía la actividad de ésta hacia fines que nada tienen que ver con los intereses de los accionistas.

Ciertos procedimientos alternos generan una diferente forma de corrupción: el bloqueo de la información. Como parte del poder de la organización está representado por la cantidad de información que se controle, los jefes de los diferentes niveles alteran, interrumpen o bloquean los canales de comunicación. El nivel más alto sólo se entera de lo que los niveles intermedios desean que se filtre. Para sobrevivir, los supervisores y gerentes establecen pactos o acuerdos informales de protección y no agresión, de manera de que los problemas y conflictos no trasciendan al nivel directivo; este tipo de componenda se basa en el poder que otorga la parcialidad de la información que se posee o controla.

La incidencia de la división burocrática del trabajo sobre los costos es incuantificable. En las empresas de estructura jerárquica, cada parte de la organización —individuo, sección, departamento, división, etc.— tiene una función, tarea o actividad asignada, y sólo es responsable por su cuota-parte del trabajo total; ninguna es responsable de la integridad, fluidez y continuidad de los procesos. Es común que la responsabilidad de los problemas que puedan surgir en los límites de cada función sea atribuida a otros, sin que nadie asuma la responsabilidad ni adopte medidas correctivas. Es difícil que en situaciones problemáticas los jefes de los niveles superiores intervengan; a menos que ocurra una catástrofe, ni siquiera se enterarán de los problemas, pues el bloqueo de los canales de información y/o la lucha por el poder se encargarán de ocultarlos.

El autoritarismo es, también, un factor que incrementa los costos. En las empresas de estructura burocrática los líderes se conducen en forma autoritaria; su palabra es ley y sus órdenes son inapelables. Los subordinados se comportan en forma obediente —y hasta servil— y son incapaces de manifestar su disidencia o emitir opiniones que contradigan las del jefe. La disidencia se manifiesta en forma indirecta por medio de la murmuración y el resentimiento; ambas expresiones crean un clima desfavorable para las actividades laborales, y terminan por afectar el equilibrio organizacional e incrementar los costos.

Es posible afirmar que las organizaciones tradicionales se tornan, tarde o temprano, incontrolables, pues su administración se basa en la división vertical del trabajo y el establecimiento de controles, en todos los niveles, para imponer el cumplimiento de las tareas asignadas. En la medida en que crecen, los controles se desnaturalizan y pierden sentido; llega un momento en que nadie controla a nadie; todos mandan y nadie obedece. Los costos se elevan en forma astronómica, sin que ningún control pueda evitarlo; cualquier intento por mejorar la situación deviene en un círculo vicioso de creación de nuevos puestos, sean éstos de trabajo o supervisión, cuyo comportamiento se asemeja al de un agujero negro, bajo cuyo influjo desaparecen —o se despilfarran— todos los recursos que se ponen a disposición de la organización. A este fenómeno podríamos otorgarle una denominación que resume su esencia: *círculo vicioso de la burocracia*.

La situación no es diferente en las instituciones oficiales; podría decirse que es aún peor, pues el desperdicio de recursos no tiene dolientes; no hay accionistas que reclamen. Los ciudadanos, quienes en teoría son los llamados a vigilar la actuación de los gobernantes, están separados de la estructura de poder por una serie de instituciones que, en apariencia, han sido creadas para controlar la función gubernamental. La experiencia nos dice que estos entes no controlan a nadie; la hipertrofia del Estado hace que cualquier intento sea en vano y se pierda en una infinita burocracia.

Burocracia y totalitarismo

El círculo vicioso de la burocracia transforma a las organizaciones en entes disfuncionales y totalitarios y produce, tarde o temprano, y en el caso de los entes privados, la quiebra y desaparición de las que no logren enfrentar tales vicios. Que una empresa quiebre no es nada extraño en una economía capitalista; cada año el mercado se traga miles; su desaparición lejos de perturbar contribuye a incrementar la fortaleza de cualquier economía: sólo sobreviven aquellas que se adaptan a las condiciones y limitaciones del libre mercado.

En lo que se refiere a los entes gubernamentales, la situación es diferente. Las organizaciones son la base de la institucionalidad pública, y ésta no puede quebrar o desaparecer, ya que las consecuencias de su colapso la sufrirían las sociedades que están bajo su tutela. Por desgracia, los entes públicos no desaparecen, mutan en entes totalitarios que sólo sirven a los intereses de las cúpulas que dirigen un país. Podríamos definir el totalitarismo como la concentración del poder de una organización, bien sea en una sola persona o en un grupúsculo. Cuando esa concentración de poder se hace presente en un Estado, el derecho es reemplazado por las decisiones arbitrarias de la élite gobernante. Como consecuencia de la desviación totalitaria, los intereses de los ciudadanos son relegados; sus derechos irrespetados y al final sólo cuentan para depositar los votos que permitirán mantener, o encumbrar, una cúpula que usufructúe las riquezas del país. El totalitarismo, disfrazado de democracia, reemplaza, de esta manera, el sistema que la población pretendió darse. Esta situación está presente aún en los Estados Unidos, país que se proclama como defensor global de la libertad y la democracia. En este sentido, Peter Senge señala que: "¿Cómo es que sociedades que pregonan valores democráticos parecen ciegas frente al hecho de que sus instituciones más poderosas funcionen como estados totalitarios?"[2].

La respuesta no puede ser más simple: se convierten en entes totalitarios porque su estructura burocrática facilita tal desviación. Si queremos instituciones democráticas debemos cambiar su estructura. El cambio debe comenzar por una nueva teoría de la organización; la *weberiana* no es compatible ni con los valores de la democracia ni con los planteamientos teóricos del paradigma emergente. En ese sentido, Charles Handy, menciona que: "Ninguna sociedad puede considerarse como avanzada en la senda democrática cuando sus instituciones básicas funcionan más o menos opuestas a sus ideas"[3]. En el caso que nos ocupa, las ideas burocráticas no están *más o menos* opuestas; son, total y absolutamente, contrarias a las ideas que se corresponden con la democracia.

Si las ideas constitucionales de un Estado giran en torno a la democracia, el comportamiento de sus instituciones no puede orientarse en sentido contrario. La combinación de constitución democrática y Estado totalitario no tiene ningún sentido. Si la idea originaria es la democracia, el totalitarismo no cabe en ninguna parte, y menos aún en las instituciones estatales.

Menciona, además, Handy que: "Es apropiado que el próximo paso en este proceso de aprendizaje esté orientado por una lucha con lo que hará falta para que las empresas y las sociedades evolucionen, de tal manera que puedan estar en armonía con el mundo viviente en torno suyo"[4]. El mundo al que se refiere este autor es la sociedad del siglo XXI; cualquier cambio que se haga presente en esa sociedad debe partir de nuevos   postulados. Las teorías modernas son incompatibles con lo que hoy ocurre en el mundo, con las necesidades y aspiraciones de los ciudadanos de hoy.

Una evolución social como la que propone Senge sólo es posible a partir de una previa transformación de la estructura de las organizaciones; tendríamos, por consiguiente, que empezar por encontrar un tipo de modelo que propicie una interrelación humana en la que el factor preponderante sea el respeto a los valores de la Democracia. El punto de partida de un Estado libre de instituciones totalitarias sería una organización absolutamente diferente a las actuales.

Afortunadamente, ya existen ideas que hacen compatible la gestión corporativa con el respeto a los derechos del ser humano; no tiene sentido que sigamos rigiéndonos por las ideas de Max Weber. La estructura burocrática inhibe la libertad de los miembros de una organización, y, como afirma el psicoanalista Erich Fromm: "... la libertad no es ausencia de estructura, sino más bien una estructura clara que capacita a las personas para trabajar dentro de fronteras establecidas, de una manera autónoma y creativa"[5]. Libertad, autonomía y creatividad son conceptos incompatibles con la teoría weberiana; desechar esas ideas de vieja data sería un gigantesco paso hacia una transformación que se inicie en las organizaciones e instituciones y se extienda, como consecuencia inevitable, a la sociedad mundial.

El Futuro en las organizaciones del siglo XXI

Una de las debilidades de las organizaciones actuales es que su estructura las incapacita para pensar y actuar en el futuro; bien lo dice Senge: "Casi todas están diseñadas para el pasado, y por lo tanto no están en condiciones de cosechar los beneficios de las inversiones estratégicas en el futuro"[6]. La mayoría de éstas se preocupan solamente por la cotidianidad, por el día a día. Seguramente tienen un ente de planificación estratégica que se ocupa de elaborar extensos y concienzudos planes que serán, en poco tiempo, olvidados en cualquier rincón de un archivador. Cuando no existe un ente centralizado de planificación, con frecuencia se contratan expertos que elaboran planes que nada tienen que ver ni con la realidad corporativa, ni con su futuro; el producto de este alquiler de ideas estratégicas será igualmente olvidado en algún recóndito lugar.

Para lidiar con un mundo que cambia vertiginosamente, las organizaciones del siglo XXI deben encontrar un equilibrio entre el posicionamiento actual y la sostenibilidad posterior; el manejo de los negocios en el presente no debe inhibir la capacidad corporativa para crear las condiciones que facilitarán el tránsito hacía el mañana. Para alcanzar el referido equilibrio, los entes colectivos deben aprender a pensar estratégicamente, a generar sus propias ideas sobre el futuro.

Las empresas de estructura burocrática dedican una buena parte de sus recursos a atender los asuntos de la cotidianidad: desarrollan la capacidad de sus recursos humanos para cumplir con idoneidad las funciones que se corresponden con su misión; adoptan decisiones que orientan el cumplimiento de las tareas correspondientes a las funciones que se derivan de su estructura, y corrigen las deficiencias, así como los errores y omisiones, que se puedan presentar; atienden los pedidos y solicitudes de la clientela; finalmente, elaboran los balances y cumplen con los requerimientos de orden legal y fiscal. Todo perfecto, pero, todas estas actividades tienen que ver con el presente, y..., habría que preguntarse: ¿Qué tiempo se dedicó al mañana?, ¿cuántas veces se reunieron los accionistas y ejecutivos para visualizar el comportamiento futuro de los mercados y para crear los productos que allí se colocarían?

La respuesta es, también, simple, la mayoría de las empresas de ese tipo no dedican tiempo alguno para pensar en esa instancia temporal, y no lo hacen porque no han aprendido a hacerlo. Su visión está contenida en planes que nadie lee, y que la mayoría no entiende. Ahora bien, pensar en el futuro no significa leer y cumplir los planes previamente elaborados. La planificación estratégica no pasa de ser un vano intento por proyectar el presente hacia adelante. El producto final viene dado por escenarios y visiones que se ubican en un tiempo no está ni aquí ni allá; es simplemente una especulación racional que de seguro poco tendrá que ver con lo que en la posteridad se materializará.

Para subsanar las deficiencias de la planificación estratégica, las organizaciones del siglo XXI deben aprender a generar sus propias ideas sobre el futuro. La generación de pensamiento estratégico es una actividad esencial para las organizaciones actuales; su posicionamiento en los mercados del mañana debe recibir tanta o más atención que la solución de los problemas de la cotidianeidad; su dedicación al presente no debe hacerles perder la perspectiva del tiempo que se avecina.

Existe una metodología que facilita la creación de ideas estratégicas, y que está contenida en una obra que se intitula: Entrene su mente para la Estrategia[7]. Por medio de su utilización, todos los trabajadores estarán en condiciones de participar en la creación del futuro; no solamente los más ilustrados, aun los que cuentan con menor nivel de escolaridad podrán aprender a participar en la creación de nuevos mercados y productos. Su aprendizaje no requiere de mucho tiempo y esfuerzo; a partir de un entrenamiento inicial, los trabajadores adquirirán la capacidad para pensar en el futuro en el mismo momento en que llevan a efecto sus tareas cotidianas. Podrán desenvolverse en dos ámbitos temporales en forma simultánea: como si fuesen dos caras de una misma moneda. Una vez que adquieran esta habilidad, será imposible que conciban el desenvolvimiento organizacional de otra forma.

Otros de los beneficios de la generación de pensamiento estratégico es que contribuye con el desarrollo de la inteligencia corporativa. En primer término, enseña como evaluar cualquier situación, en el contexto de la realidad dentro de la cual se desenvuelve. En segundo, facilita el diseño de múltiples escenarios y la visión que a cada uno corresponde. Por último, permite desarrollar las ideas estratégicas que facilitarán el posicionamiento de la organización en el futuro.

Tendencias generales del entorno

En resumen, es posible afirmar que la empresa burocrática funciona muy bien en un entorno de escasa o nula competencia y una acentuada protección gubernamental; al surgir la competencia y desaparecer la protección, ésta se viene abajo por su incapacidad para desenvolverse en un entorno competitivo y cambiante. Precisamente, esto fue lo que empezó a pasar en la década de los ochenta; además de los problemas internos que la estructura tradicional generaba, factores que hasta ese momento no tenían trascendencia, o que simplemente no existían con anterioridad, empezaron a sobrecargar, aún más, los costos de producción y/o reducir las ganancias.

Estos factores, a los que algunos autores han denominado tendencias generales del entorno, son: "1. El acortamiento del ciclo de vida de los productos y servicios; 2. El aumento de la competencia; 3. Las fusiones, adquisiciones y alianzas estratégicas; 4. El aumento de las posibilidades en el campo de la tecnología de la información; 5. La creciente movilidad y autonomía de los empleados; 6. La turbulencia de la demanda."[8].

La constante innovación ha acortado la vida útil de los productos; sus ciclos de vida se reducen cada día más. Mientras menor es el ciclo de vida, mayor es el costo de producción. Las empresas se ven obligadas a reaccionar, con rapidez y flexibilidad, para introducir en el mercado productos que compitan, en precio, calidad y tecnología, con los productos de sus competidores.

Para enfrentar esta despiadada competencia, las empresas establecen relaciones de cooperación —fusiones, adquisiciones y alianzas estratégicas, entre otras— para compartir las competencias medulares de cada participante, de manera de enfrentar las amenazas del entorno e incrementar la competitividad.

La tecnología de la información, por su parte, ha incrementado la interconectividad; los componentes de los entes corporativos se interrelacionan entre sí e intercambian información y conocimiento en forma instantánea, en tiempo real. Dado que el tiempo es uno de los insumos más importantes de los procesos productivos, su ahorro es un camino seguro hacia la competitividad: menores costos y mayores beneficios.

Los trabajadores de hoy son diferentes, poseen una variada gama de competencias; asumen mayores responsabilidades y requieren mayor autonomía. Las organizaciones actuales deben asumir una estructura que facilite el aprovechamiento de todo el potencial de sus recursos –humanos, materiales y financieros–; lo contrario sería un desperdició que el mercado no perdonaría, en términos de competitividad.

El comportamiento del consumidor ha cambiado, en las últimas décadas, en forma drástica; exige más de lo que se le ofrece y cambia incesantemente de gustos. Ya no se conforma con pequeñas diferencias en el precio o la calidad de un producto en específico; exige diversidad e innovación. Las empresas, por tanto, deben ofrecerle variaciones inimaginables de un producto; pero, eso sí, en períodos cortos; ya mañana es tarde; su gusto habrá, nuevamente, variado. Las organizaciones de la postmodernidad deben aprender a manejar este cambio. El acceso a la información ha transformado a la sociedad; ésta se presenta cada día más segmentada y diferenciada. Al estar mejor informado, el potencial cliente se torna más exigente y volátil; sus gustos cambian en forma acelerada y constante. La pirámide empresarial, si es que ésta existe, debe invertirse para que la base de la estructura se coloque en frente del cliente y se enfoque en sus necesidades y aspiraciones. La creatividad y la innovación deben constituirse en el sustento de los procesos productivos. Nuevos productos deben sustituir a los que ayer mismo satisfacían los dictados de la moda y los gustos de los clientes. Ningún bien escapa de este tipo de influencia: relojes, computadoras, herramientas de trabajo, artículos de limpieza, instrumentos de precisión y el mismo cuerpo humano pasan por el mismo tamiz; el cliente es el rey. Pero, no basta con concentrarse en el cliente para descubrir sus necesidades; éstas deben ser atendidas de inmediato; en la rapidez está el secreto: hay que satisfacerlo antes que el competidor lo haga. Para lograr tal cometido, la clave está en la competitividad. Para ser competitiva, la empresa del siglo XXI debe ser ágil, y para ser ágil tiene que adoptar una estructura diferente a la jerárquica.

La Organización de Aprendizaje

Como podemos ya imaginarnos, en este punto de la reflexión, la organización de estructura burocrática —a la que podemos denominar de bajo desempeño— es incapaz de desenvolverse en entornos competitivos y cambiantes, y está en vías de extinción; su lugar está siendo ocupado por *La Organización de Aprendizaje* (OA), también denominada por Blanchard como *Organización de Alto Desempeño*[9] (OAD).

Una OA es un ente corporativo que produce óptimos resultados con un mínimo de inversión y un máximo de satisfacción. Este concepto puede ser mejor entendido si nos paseamos por sus características:

Su visión —imagen del futuro, propósito y valores— constituye la piedra angular de su desempeño; se establece en forma compartida y su consecución depende del esfuerzo y el aporte mancomunado de cada uno de sus miembros.

Su estructura es sistémica: todos sus elementos constitutivos se conectan en una relación cliente-servidor y se alinean con la visión, la dirección estratégica y las metas corporativas para facilitar, en general, el aprendizaje organizacional, y, en específico, la acumulación de capital intelectual, el incremento del coeficiente intelectual corporativo, la transferencia del conocimiento de los individuos a la organización y el intercambio fluido de conocimiento, información, bienes y servicios con múltiples mercados y un vasto número de organizaciones.

Reduce el desperdicio de recursos humanos, materiales y financieros e incrementa la eficiencia organizacional; estimula la creación de una red mundial que sincroniza —espacial y temporalmente— los recursos globales para la solución de problemas locales.

El trabajo se distribuye por medio de procesos: serie de actividades relacionadas entre sí para alcanzar un propósito definido con anterioridad. Aquellos son llevados a efecto por equipos de trabajo multidisciplinarios y autónomos.

Hace énfasis en la generación de nuevas ideas, conceptos, teorías, modelos y metodologías de decisión, gestión y organización; el conocimiento obtenido a partir de estos elementos no se acumula, se utiliza como base de un proceso inagotable de creación de uno nuevo.

Inhibe la supervivencia de modelos mentales y la preeminencia de ideas preconcebidas que puedan afectar el desenvolvimiento organizacional. Se renueva así misma en forma constante y es una fuente inagotable de nuevas ideas;

las crea en la medida que las requiere. Por el contrario, desecha las que ya no necesita.

El liderazgo es compartido: el poder y la toma de decisiones se comparten y distribuyen en toda la organización; no es privilegio exclusivo de los niveles más elevados de ésta; los niveles inferiores también aportan una contribución importante y trascendente.

Es abierta; las barreras físicas, culturales y mentales han desaparecido para dar lugar a un flujo continuo de decisiones, conocimiento e información. La cultura (valores, actitudes, creencias, y prácticas) tiende a ser dinámica, flexible, proactiva y orientada hacia el posicionamiento en un contexto externo en permanente evolución.

Las necesidades de los clientes ocupan lugar de preeminencia; entre la organización y el cliente se establece una relación tan estrecha como sea posible. Todos sus sistemas y subsistemas se ponen a disposición de la clientela; los procesos de trabajo son diseñados desde ésta hacia atrás, con el propósito de garantizar que el servicio tenga sentido desde la perspectiva de éste.

Es, esencialmente, democrática; sus procesos de toma de decisiones requieren de la participación del colectivo; los valores, ideas, conocimientos y competencias individuales son transmitidos a la organización mediante procesos consensuados.

Estas características la convierten en una verdadera escuela de la democracia. La expresión libre de las ideas, el respeto a las opiniones ajenas, el trabajo en equipo, las decisiones adoptadas por consenso, la igualdad de oportunidades y la visión compartida, son algunos de los valores y principios que orientan el desenvolvimiento de este tipo de organización; en nada difieren, a lo sumo en el nivel de abstracción, de los valores y principios que le dan sustento a la democracia.

Las instituciones del futuro

Las ideas que facilitaron la creación de la Iniciativa de Seguridad contra la Proliferación[10] (PSI, por sus siglas en inglés) podrían constituirse en las bases de la teoría organizacional del siglo XXI.

La PSI, emitida el 31 de mayo de 2003, fue diseñada para enfrentar una de las principales amenazas a la seguridad mundial: la adquisición o uso de las armas de destrucción masiva (ADM) por terroristas o Estados díscolos (rogue state). Este instrumento legal dota a la comunidad mundial de los medios y la autoridad para interceptar y capturar los navíos o aeronaves que se consideren sospechosas del traslado de ese tipo de armas o de los materiales que se utilizan para su fabricación.

La estructura de la PSI es sui generis, no tiene oficina central, secretariado o consejo, ni estatutos o reglas. No tiene miembros, sólo participantes, y, como consecuencia, no hay quien ejerza un derecho a veto. No cuenta con una burocracia asalariada que dificulte las actividades con trámites, luchas territoriales o política interna. No existen jefes o subordinados, gerentes o supervisores.

En la práctica, la PSI actúa bajo el liderazgo de Estados Unidos, debido a que es el único Estado que cuenta con una armada global; los otros participantes proporcionan apoyo, en la forma de información de inteligencia, espacio de atraque, autorización de abordaje y registro de los barcos que lleven su bandera, entre otros.

La eficiencia de la PSI ha sido comprobada en muchas ocasiones; estas experiencias han confirmado la importancia de contar con un instrumento legal que permita la actuación de los participantes sin que sea necesaria la intervención de los organismos multilaterales, tales como el Consejo de Seguridad de la Organización de las Naciones Unidades; la lentitud con la que actúan estos organismos hacía casi imposible el combate contra la adquisición y traslado de las armas de destrucción masiva.

La PSI es un modelo que bien podría servir para el nuevo diseño de la arquitectura organizacional actual. En ese sentido, Brooks y Wohlforth mencionan que, en relación con la modernización del Consejo de Seguridad y la creación de una liga de las democracias: "… nadie que quisiera diseñar la estructura global perfecta para el siglo XXI propondría algo parecido a la actual. La arquitectura existente es una reliquia de preocupaciones y relaciones de poder de mediados de siglo pasado"[11]. Después de haber leído en este capítulo todo lo relacionado con los vicios de las organizaciones burocráticas, no nos debe extrañar una afirmación como ésta. Tanto la Organización de las Naciones Unidas (ONU) como los demás entes multilaterales sufren de una misma enfermedad: burocracia.

La teoría de la burocracia debe ser absoluta y totalmente borrada del planeta tierra, no tiene cabida en el siglo XXI; otras formas de organización deben ser utilizadas para transformar tanto entes públicos como privados. El PSI es un buen ejemplo de lo que podría hacerse y de lo que puede funcionar en esta materia. No existe diferencia alguna entre la estructura de la PSI y la de la Organización de Aprendizah(OA). Si quisiéramos enumerar las características de la primera, bien pudiéramos utilizar las que hemos utilizado para describir la segunda: sistémica, inteligente, desempeño por procesos, utilización de equipos multidisciplinarios, democrática, liderazgo compartido, abierta, cultura dinámica, flexible y proactiva.

El camino por recorrer ya está parcialmente transitado; en esta obra hemos mencionado dos experiencias satisfactorias: la PSI y la OA. Sólo nos queda utilizar tanto la experiencia como la literatura disponible para iniciar la transformación.

Aprendizaje organizacional y conocimiento

El verdadero origen de la transformación que se está haciendo presente en el mundo de hoy está en el conocimiento. Los ciclos de vida de este insumo vital son cada día más cortos; no bien han surgido nuevas ideas, cuando ya aparecen otras en su reemplazo. Esta constante renovación tiene como consecuencia un acelerado ritmo de las interacciones entre los entes que se hacen presentes en el conglomerado global. Éstas provocan cambios que no sólo son difíciles de predecir, sino que, además, se hacen presentes en forma cada vez más acelerada. Los sistemas organizacionales se ven imposibilitados de asumir este vertiginoso ritmo y no encuentran respuestas para enfrentarlo.

Las organizaciones del siglo XX eran intensivas en capital, éste era su insumo principal. En el siglo XXI las cosas han cambiado: el conocimiento ha remplazado el capital. A pesar de que en el capítulo anterior —Educación y Postmodernidad— ya ha sido definido el concepto, creemos necesario repetir su definición:

> El conocimiento es todo conjunto de cogniciones y habilidades con los cuales los individuos suelen solucionar problemas. Comprende tanto la teoría como la práctica, las reglas cotidianas al igual que las instrucciones para la acción. El conocimiento se basa en datos e información, pero a diferencia de éstos, siempre está ligado a personas. Forma parte integral de los individuos y representa las creencias de éstos acerca de las relaciones causales.[12]

El aula ha sido desplazada como el único lugar donde es posible obtener conocimiento; hoy en día, no sólo las fuentes han variado, también lo han sido las formas de obtención. Para obtener este insumo vital, el interesado debe recurrir al aprendizaje autónomo y la construcción de conocimiento. El aprendizaje autónomo es la capacidad para aprender en el momento y lugar en que las circunstancias lo requieran; el individuo debe, pues, *aprender a aprender*; o, lo que es lo mismo, aprender a obtener conocimiento por sí mismo, sin ayuda de terceros.

La construcción, o generación, de conocimiento es la capacidad para crear las ideas sobre un tema en específico. El conocimiento contenido en las diversas fuentes, sean estas libros, textos, Internet, documentos, u otras, tiene, generalmente, un fin determinado; si se requiere para un fin diferente al que motivó su publicación, tendremos que, en algunas ocasiones, modificarlo en alguna de sus partes para que pueda ser utilizado para un fin diferente. En otras ocasiones, es posible que sólo necesitemos de algunos de los conceptos contenidos en una fuente en particular. Las adicionales las buscaremos en nuevas fuentes y las combinaremos con las propias, hasta alcanzar un sistema de ideas que facilite la consecución del fin que se persiga.

La organización del siglo XXI requiere que todos los individuos que la integran estén en capacidad de construir conocimiento; no es posible enfrentar los retos presentes en el entorno sino se produce el insumo intelectual que las circunstancias requieran. Teorías, métodos y, en general, ideas innovadoras que enfrenten los problemas en forma creativa van a ser la diferencia entre el éxito y el fracaso; entre la supervivencia y la desaparición, entre la victoria y la derrota.

Aprendizaje y desarrollo organizacional

Si bien existe una estrecha relación entre aprendizaje y desarrollo organizacional, este aspecto preferimos tratarlo en el capítulo anterior, dada su estrecha vinculación con la educación.

Aprendizaje organizacional y liderazgo

Las organizaciones del siglo XXI deben estar en manos de un líder diferente al actual. En las burocráticas, los líderes surgían de su propio seno; a lo largo del tiempo se hacía presente un proceso de decantación, basado en criterios subjetivos, que permitía una especie de *selección natural*, de la cual surgían líderes efectivos. Los principales aliados de este proceso informal eran: la inamovilidad del ambiente, la certidumbre y el tiempo.

El ambiente era, por así decirlo, estático. Los cambios eran predecibles, se sucedían en forma lenta y su impacto en la organización era de poca significación. La certidumbre era absoluta; lo que habría de suceder era consecuencia de lo que ya había sucedido; bastaba con la simple proyección de los datos disponibles para la obtención de una predicción acertada y confiable. El tiempo era un aliado permanente; siempre lo había en demasía. No había prisa; lo que no se hiciese hoy, podría hacerse mañana.

Pero, las cosas han cambiado. El ambiente varía en forma constante y acelerada; la incertidumbre reina por doquier: no hay manera de predecir los cambios. El tiempo es un recurso no renovable: lo que no hagamos hoy, ya no lo haremos nunca.

Hoy en día, una parte de las organizaciones burocráticas está en manos de líderes que han surgido en forma espontánea, que se han formado por su propia cuenta. La otra parte está en manos de incapaces; de buenos gerentes que se han transformado en malos líderes, gracias a un ascenso que no ha hecho otra cosa que ubicarlos en una posición para la que no son competentes; una promoción que los ha ubicado, precisamente, en su nivel de incompetencia.

Nada tiene de extraño que tantas organizaciones burocráticas, a lo largo y ancho del mundo, estén en crisis, al borde del precipicio, casi al punto de desaparecer. No podía ser de otra manera, están en manos de quienes están capacitados para: desenvolverse en un ambiente que ya no existe, utilizar sistemas de trabajo basados en funciones, tareas y actividades, mantener paradigmas ya obsoletos, dirigir recursos humanos dependientes e irresponsables, decidir en forma reactiva, usar tecnologías de lenta reposición, aferrarse a horarios inflexibles y puestos de trabajo fijos, esperar retornos inmediatos de capital, vivir el presente, sin visualizar el futuro.

En materia de liderazgo, el aprendizaje organizacional debe orientarse hacia la formación del *líder del futuro*; alguien capaz de lidiar con ambientes en constante transformación, elevados niveles de incertidumbre y periodos muy cortos para la adopción de decisiones acertadas.

El líder del futuro debe desarrollar las competencias profesionales que pueda requerir para: 1) Dirigir los procesos organizacionales; 2) Establecer las bases de una organización moderna, versátil y eficiente; y 3) Diseñar la estructura del pensamiento que orientará la acción de su organización en el largo plazo.

Para dirigir los procesos institucionales, el líder del futuro debe desarrollar las competencias profesionales que le permitan orientar la organización hacia el cumplimiento de su misión, la consecución de sus objetivos y la materialización de la visión corporativa

Para establecer las bases de una organización moderna, versátil y eficiente, el líder del futuro debe desarrollar las competencias profesionales que le permitan: entender los cambios del medio ambiente y percibir su incidencia sobre los procesos corporativos; promover la transformación de la organización como respuesta a tales cambios; crear las condiciones para la asimilación de los procesos de transformación institucional; percibir la utilidad de las tecnologías emergentes para mejorar los procesos administrativos y productivos y, además, orientar la aplicación de esas tecnologías para incrementar las competencias medulares de la organización y su capacidad para posicionarse en el mercado del futuro; promover el establecimiento de relaciones sinérgicas entre los componentes y de flujos de trabajo y de información que reduzcan el desperdicio de tiempo y recursos, agreguen valor a los procesos y mejoren la eficiencia de la organización; y, finalmente, el desarrollo del potencial emocional, físico e intelectual de la organización.

Para diseñar la estructura de pensamiento que orientará la acción de la organización en el largo plazo, el líder del futuro debe desarrollar las competencias profesionales que le permitan: definir el rol que asumirá la organización en el futuro —dentro del contexto de la sociedad y el mercado— establecer la dirección estratégica de los procesos organizacionales y, formular los planes que facilitarán el posicionamiento de la organización en ese futuro.

Ahora bien, tanto el desarrollo del nuevo liderazgo como la transformación organizacional son metas que deben alcanzarse en forma simultánea. No es posible lo uno separado de lo otro; ambos, organización y liderazgo deben crecer juntos, superar las barreras al unísono, vencer los viejos paradigmas al mismo tiempo. El aprendizaje organizacional es, precisamente, una herramienta fundamental para la consecución de ambas metas.

La Inteligencia Artificial en las Organizaciones de Aprendizaje

Las organizaciones de aprendizaje deben su éxito a la facilidad con la que incorporan ideas nuevas. La utilización de inteligencia artificial a sus procesos medulares es un buen ejemplo. Está siendo usada, por ejemplo para pronosticar la demanda, administrar la cadena de suministros, contratar trabajadores, lidiar con los clientes y, en general, mejorar la eficiencia de los procesos :

> El McKinsey Global Institute, un grupo de expertos dentro de una consultoría, reconoce que la simple aplicación de AI en marketing, ventas y cadenas de suministro podría crear valor económico, incluidas ganancias y eficiencias, de $ 2.7 trillones en los próximos 20 años[12].

También está siendo utilizada para mejorar los inconvenientes que disminuyen la calidad del ambiente de trabajo: "Los algoritmos recogerán las diferencias salariales entre géneros y razas, así como el acoso sexual y el racismo que los gerentes humanos ignoran consciente o inconscientemente"[13].

Esta tecnología facilita, además, el control de la jornada laboral de manera de que se incremente el rendimiento individual y se evite el desperdicio de tiempo y recursos. Es en este aspecto donde se podría presentar conflictos laborales, pues un equilibrio entre la vigilancia laboral y supervisión deshumanizada es difícil de obtener. Los seres humanos pueden captar las emociones y utilizarlas para mantener un ambiente favorable de trabajo; las máquinas, por el contrario, utilizan algoritmos que excluyen por completo las emociones y sentimientos.

Así que el reto que se presentará cuando se generalice el empleo de la IA es entre humanización y deshumanización; la empresa que no obtenga ese equilibrio enfrentará conflictos difíciles de manejar. Estos podrán evitarse si se utiliza la IA para controlar de cerca a las máquinas y no a los seres humanos; en la medida en que la robótica reemplace el trabajo manual por el automatizado, los seres humanos se incorporaran casi exclusivamente al trabajo creativo, en el que las máquinas son absolutamente inútiles: "Amazon, por ejemplo, usa ampliamente AI para tareas como guiar robots en sus almacenes y optimizar el embalaje y la entrega, así como para detectar productos falsificados y alimentar su altavoz, Alexa"[14]. La inversión en IA por parte de las empresas es ya considerable, según la información suministrada por PitchBook, proveedor de datos, esta alcanzó, en el año 2017, la cifra de 21. 800 billones de dólares.

Los sistemas de IA son más complejos que los basados en el softwares tradicional, requieren de una legión de expertos —escasos en el mercado de trabajo—, son difíciles de personalizar, a diferencia de las aplicaciones de Microsoft o Apple, y requieren de una inversión financiera considerable. Las empresas están frente a dos opciones: la contratación de empresas especializadas que suministren este servicio, o la instalación y administración de su sistema propio. La segunda es escogida por aquellas compañías que manejan un volumen considerable de datos, como es el caso de las entidades financieras o las de distribución masiva de bienes.

Ya muchas empresas están utilizando la IA para una variada gama de actividades, entre las cuales se encuentran:

1. Administrar las finanzas y pagar a los proveedores.
2. Escanear facturas y predecir pagos.
3. Pronosticar el comportamiento crediticio de los clientes.
4. Administrar del inventario y predecir de la demanda.
5. Mejorar en el enrutamiento de bienes y predecir de su entrega a tiempo.
6. Reducir el costo de la logística.
7. Inspeccionar productos en líneas de ensamblaje y detectar fallas.
8. Predecir fallas en los equipos.
9. Analizar registros de mantenimiento y problemas técnicos.

10. Creación de gemelos digitales ——representaciones virtuales de los activos— que ejecuten simulaciones que puedan predecir el comportamiento de los activos.
11. Mejorar la eficiencia de los canales de comunicación con el cliente.
12. Atender reclamos.
13. Orientar a los consumidores con anuncios y ofertas especiales.
14. Diseñar nuevos servicios.
15. Seleccionar y reclutar recursos humanos.
16. Disminuir la rotación de personal.
17. Evaluar el desempeño.
18. Detectar riesgos laborales.
19. Implantar sistemas de reconocimiento de voz y rostros.
20. Automatizar las funciones administrativas o de recursos humanos.
21. Focalizar las ventas
22. Posicionarse en el mercado
23. Diseñar la estrategia corporativa
24. Promover cambios que atiendan las tendencias
25. Promover la innovación
26. Incrementar la eficiencia de los procesos

La lista es, en verdad, casi infinita, en la medida en que el tiempo transcurra aparecerán nuevas actividades; el empleo de la IA se extenderá y ya veremos si como resultado tenemos un equilibrio que permita que máquinas y seres humanos convivan en paz y armonía, o, si por el contrario, se generen conflictos insalvables entre empleados y empleadores. Otra opción es casi de ciencia-ficción: la prevalencia de las máquinas y la destrucción de la raza humana. Ya veremos que nos depara el futuro.

El uso intensivo de IA podría traer consecuencias positivas, por ejemplo, podría permitir que los trabajadores mejoren sus habilidades y destrezas para incrementar su eficiencia en su ocupación actual o participar en ocupaciones que nunca antes existieron. Las máquinas podrían encargarse de las labores rutinarias, mientras los seres humanos dirijan su esfuerzo hacia aquellas que sean más satisfactorias y estimulantes, y más acordes con su talento y creatividad.

En muy poco tiempo, una o dos décadas a lo sumo, la mayoría de las tareas simples que realizan los trabajadores de hoy estarán a cargo de *máquinas pensantes*. Los seres humanos se ocuparán de las más complejas; aquellas que requieren de elevados niveles de abstracción. Tendríamos que preguntarnos, necesariamente, qué harán los menos dotados intelectualmente. La respuesta no está a nuestro alcance, veamos porqué.

Si bien es una constante que el advenimiento de nuevas tecnologías trae consigo la aparición de innumerables puestos de trabajo, también es verdad que la mayoría de estos requieren un nivel de conocimiento que sólo puede ser proporcionado por una educación de primera calidad. A lo largo y ancho del mundo, especialmente en los países desarrollados, la población de menos recursos recibe una de segunda o tercera categoría, ni mencionemos a los subdesarrollados. La educación en el planeta está en crisis: elevados niveles de deserción escolar, bajo nivel de rendimiento, fracaso en alcanzar los estándares de medición de la calidad educativa, y pare usted de contar. Únicamente los privilegiados tienen acceso a un nivel óptimo de calidad.

De dónde, así pues, van a salir los trabajadores que dirigirán los complejos sistemas organizacionales del mañana, o los que manejaran las sofisticadas maquinarias que reemplacen la mano de obra no calificada. De tal manera que, el meollo del asunto no está en las máquinas pensantes que reemplacen a los seres humanos con menor nivel de escolaridad; está en el qué hacer con los desplazados. O le pagamos por no hacer nada, o conformamos grandes ejércitos que se deshagan de las hordas de famélicos que poblarán la tierra.

Pero, hasta qué punto el balance entre destrucción y creación de empleos podría ser favorable para la sociedad mundial:

> Un banco europeo le pidió a Infosys que encontrara una forma de reducir el personal en su departamento de operaciones de 50,000 a 500. El McKinsey Global Institute reconoce que para 2030, hasta 375 millones de personas, o el 14% de la fuerza de trabajo mundial, podrían tener sus trabajos automatizados[15].

El lado oscuro de la IA podría propiciar que las empresas que se adueñen del negocio puedan establecer monopolios que ocupen la mayor porción del mercado y desalojen de éste a las más pequeñas e ineficientes:

> El comercio minorista es una ilustración de cómo la inteligencia artificial puede ayudar a las grandes empresas a ganar cuota de mercado. Amazon, que usa la inteligencia artificial de forma extensiva, controla alrededor del 40% del comercio en línea en los Estados Unidos, ayudándolo a construir fosos que dificultan la competencia de los rivales[16].

El control de la población por parte de gobiernos autoritarios es un riesgo que podría traer la proliferación de la IA:

> En las manos equivocadas, esa tecnología podría ir en contra del trato justo y equitativo. Los países

con un historial de vigilancia y abusos contra los derechos humanos, como China, ya están usando AI para controlar la actividad política y reprimir la disidencia[17].

En los países democráticos también el ciudadano estaría expuesto:

> Los funcionarios encargados de hacer cumplir la ley en todo el mundo utilizarán la inteligencia artificial para detectar delincuentes, pero también pueden husmear a los ciudadanos comunes. Se necesitarán nuevas reglas para asegurar el consenso sobre qué grado de monitoreo es razonable[18]

En resumen, podríamos decir que la implantación de la IA será un hecho imposible de evitar; de los seres humanos dependerá que el resultado para la humanidad sea positivo.

Los retos del siglo XXI

El funcionamiento de las diferentes organizaciones burocráticas no difiere en mucho; sea cual fuere la misión que cumplen, o el propósito que pretenden alcanzar; lo cierto es que comparten los mismos vicios o virtudes. Lo que si es cierto, y hasta comprobable, es que tarde o temprano sus deficiencias las conducirán al fracaso. Antes de que su sobrevivencia se vea afectada, las organizaciones tradicionales deben transformarse para evitar su colapso y desaparición. Una forma de enfrentar estas amenazas es su transformación radical. Sin embargo, esta transformación no puede hacerse en forma improvisada, requiere de un respaldo teórico que oriente tal transformación. Es tal respaldo, precisamente, el que este capítulo ofrece.

Referencias Bibliográficas

[1]Valdes L., *La re-evolución empresarial del siglo XXI*, Bogotá, Grupo Editorial
   Norma, 2002, págs. 83-153.
[2]Senge, P., *La Revolución Necesaria*, Bogotá, Editorial Norma, S.A., 2009, pág. 370.
3Handy C., citado por Senge, op. cit., pág. 376.
[4]Loc. cit.
[5]Fromm, E., citado por Senge, op. cit., pág. 359.
[6]Handy C., op. cit., pág. 360.
[7]Contreras, N., *Entrene su Mente para la Estrategia*, Amazon, 2014.
[8]Keuning, D., y Opheij, W., *Desburocratizar la Empresa*, Barcelona, Editorial   Folio S.A.,
   1.994, págs. 15-19.
[9]Blanchard, K., *Liderazgo al más Alto Nivel*, Bogota, Editorial Norma, 2007, pág. 3.
[10]Amitai E., *La institución del futuro, hoy*, en Foreign Affairs Latinoamérica, Volumen
   9, Nº 3, 2009, págs. 154-159.
[11]Brooks, S., y Wohlforth, W., *La reestructuración del orden mundial*, en Foreign Affairs
   Latinoamérica, Caracas, Volumen 9, N° 3, 2009, págs. 47-59.
[12]Probst, Gilbert, Raub, Steffen y Romhardt, K., *Administre el conocimiento*, México, Pearson,
   Education 2001, pág. 24.
[13]The Economics, 29 de octubre de 2018, Special Report, *The workplace of the future* , edición digital, la traducción es nuestra.
[14]Loc. cit.
[15]Op. cit., *The sunny and the dark side of IA.*

[16]Loc. cit.
[17]Loc. cit.
[18]Loc. cit.

6

TRANSICIÓN PARADIGMÁTICA

A pesar de las bondades y virtudes del paradigma emergente, no podemos pasar por alto los agobiantes problemas por los que atraviesa la sociedad mundial. Desde que el mundo occidental adoptó el capitalismo como forma generadora de bienestar colectivo, una carrera por la riqueza material se ha desatado; el *homo economicus* ha asumido el control de nuestra vida; nuestra esencia espiritual pareciera encontrarse subsumida en alguno de los recovecos de nuestra masa corpórea.

Para empeorar esta situación, hemos estado perdiendo nuestra naturaleza gregaria y asumiendo una actitud egoísta y egocentrista. Los diferentes países no actúan en forma diferente; cada uno trata de resolver los problemas de su interés particular, sin considerar la incidencia global. Lamentablemente, los recursos del planeta tierra no pueden ya sostener el inusitado crecimiento demográfico que la humanidad ha experimentado en los dos últimos siglos; lo que parecía inagotable ya escasea. Los problemas que antes podían tratarse desde una óptica particular, deben hoy manejarse desde una perspectiva global. Sin la participación de todos, este planeta se convertirá pronto en una masa inerte que gravitará en el espacio hasta su destrucción final. La respuesta pareciera estar en la cooperación. Bien dice Jeffrey Sachs:

En el siglo XXI, nuestra sociedad global prosperará
o perecerá en función de nuestra capacidad para
descubrir en el mundo elementos de coincidencia

acerca de un conjunto de objetivos compartidos y de los medios prácticos con que alcanzarlos. La presión ejercida por la escasez de recursos energéticos, las crecientes tensiones medioambientales, una población en aumento, la emigración legal e ilegal masiva, los desplazamientos del poder económico y las inmensas desigualdades de renta son asuntos de demasiada envergadura para dejarlas en manos de las descarnadas fuerzas del mercado y de la competitividad geopolítica sin restricciones entre países. Estas tensiones pueden producir perfectamente un choque de civilizaciones, que en verdad sería el último y más devastador de todos ellos[1].

No hay otra solución, el tiempo se nos agota: o cooperamos o desaparecemos. Jamás disfrutó la humanidad de tanta riqueza, y nunca, cual macabra paradoja, estuvo tan cerca de la extinción. Nos estamos consumiendo a nosotros mismos; mientras engordamos y adornamos nuestros cuerpos, el planeta agota sus recursos. Los primeros en irse serán sepultados cual faraones del antiguo Egipto; los últimos serán abandonados, en lo que reste de la Tierra, a merced de buitres y demás carroñeros.

Ahora bien, los desafíos de la postmodernidad han desbordado la capacidad de los Estados; sus gobernantes se enfrentan a problemas que no parecen tener solución dentro del contexto de cada circunscripción territorial. Antes del año 2008, el dinero inorgánico bastaba para correr la arruga por medio de cualquier medida que aplazase la solución para más tarde, hacia el *basurero del futuro*.

Los déficits fiscales cubrían cualquier requerimiento: nuestros nietos se encargarían de pagar las deudas. La gota que desbordó el vaso fue la crisis financiera que estalló en septiembre de ese mismo año: la inagotable fuente dineraria se agotó de repente y los *reyes quedaron desnudos*[2].

Los electores se dieron cuenta, en forma abrupta e inesperada, que habían sido engañados por sus gobernantes. El dinero desapareció generando pobreza e incertidumbre en cada rincón del orbe. Si bien no podemos desligar de responsabilidad a la generalidad de los líderes políticos actuales, no es descartable que el cambio paradigmático tenga algo que ver en el asunto.

El ámbito espacial de la política es ahora otro. En la premodernidad, el mar prevalecía; las flotas de los imperios que regían en el planeta surcaban los océanos imponiendo sus leyes, productos y cultura. La interconexión era provista por las corrientes marinas que trasladaban un flujo inagotable de bienes y servicios de un puerto al otro. Puertos y corrientes oceánicas conformaban una intrincada red que comunicaba al mundo conocido. Los límites territoriales tenían una importancia relativa; más trascendente era el control del mar; la hidropolítica se encargaba de establecer las reglas de connivencia entre las potencias que compartían —o disputaban— los mares.

La geopolítica nació con la modernidad. El ámbito terrestre comienza así su predominio; el Estado-nación necesitaba fronteras que estableciesen límites fijos e inalterables. Dentro de esos límites, cada quien ocupaba el lugar que le correspondía y producía una cuota-parte de lo que el Estado autárquico requería para su sobrevivencia.

A cambio, los gobiernos protegían a sus ciudadanos y brindaban la seguridad que la sociedad requería. Los problemas se generaban y solucionaban dentro de los límites territoriales, utilizando los recursos producidos en forma autárquica. Las leyes locales bastaban para castigar a los infractores.

La postmodernidad ha dado lugar a la ciberpolítica. Ni los mares ni las fronteras sirven para contener el complejo flujo de interacciones que el Sistema de Producción Global ha provocado. El ciberespacio es ahora el ámbito espacial predominante. Su principal característica es la ausencia de límites. Los diferentes actores interactúan a lo largo y ancho del mundo sin control ni medida.

Los más se orientan por los principios universales de convivencia, actúan bajo los preceptos legales de su país de origen y aceptan la participación de instancias internacionales para dirimir sus diferencias. Los menos aprovechan el menor resquicio para engañar, estafar y perjudicar a sus semejantes.

Este nuevo ámbito espacial se ha hecho hasta ahora ingobernable, pues no existe una jurisdicción internacional que controle, canalice y penalice las actividades, el flujo y las infracciones que en éste se hacen presentes. Existen áreas de intercambio donde no existe control alguno; ni hay una jurisdicción global, ni las jurisdicciones locales pueden intervenir.

La crisis financiera mundial se debió, en parte, a este desgobierno. Las entidades financieras *a la sombra* aprovecharon la desregulación financiera y las facilidades que ofrece el ciberespacio para inundar el mercado de instrumentos financieros sin más respaldo que el papel que los contenía. La banca *offshore*, por su parte, aprovechó, y sigue aprovechando, los resquicios del ciberespacio para ocultar transacciones ilegales. Como si no bastara, los piratas informáticos se infiltran en los sistemas de empresas y gobiernos para destruir sus bases de datos y provocar daños colaterales que afectan su desempeño.

Pero, no sólo en el ciberespacio se hacen presentes problemas que desbordan la jurisdicción local, asuntos tales como la desregulación de las guerras, el cambio climático, la explosión demográfica, la inmigración indiscriminada y el crimen organizado, entre otros, afectan la seguridad de los

Estados y provocan un elevado nivel de incertidumbre en la mayoría de los países. Como lo afirma Daniel Innerarity:

> Se han vuelto extremadamente difusos los límites entre la política interior y la política exterior; factores "externos" como los riesgos globales, las normas internacionales o los actores transnacionales se han convertido en variables internas[3].

Los gobernantes enfrentan estas variables sin contar ni con los recursos ni con la jurisdicción necesaria; no es extraño, así pues, que sus decisiones no conduzcan a ninguna parte. ¿Cuál es la solución? Acaso podría ser la *gobernanza global*, como lo sugiere Innerarity.

El tránsito de la Unión Europea, y especialmente de la Eurozona, por la crisis financiera nos advierte que la solución de problemas comunitarios, o globales, enfrenta numerosas dificultades y provoca continuos desacuerdos; los europeos ni siquiera se han puesto de acuerdo para la designación de una autoridad fiscal común. A los norteamericanos les ha ido mejor, pues la adopción de una norma federal, la Ley Dod Frank, les ha permitido establecer un marco regulatorio que facilita la solución de los problemas económicos y financieros y evita la repetición de los excesos que condujeron al colapso del año 2008.

Al igual que Jeffrey Sachs, Innerarity aboga por la cooperación:

> La lógica actual de competitividad internacional entre los Estados es incompatible con el tratamiento de los problemas globales y por eso mismo debemos avanzar hacia un modelo de cooperación. Es un cambio de paradigma profundo, ya que estamos habituados a pensar en

un mundo multipolar, es decir, un mundo de relaciones de fuerzas no cooperativas. (...) No tendremos un gobierno mundial sino un sistema de gobernanza formado por acuerdos regulatorios institucionalizados y procedimientos que exijan determinadas conductas sin la presencia de constituciones escritas o de poder material[4].

Los entes que utilizan el ciberespacio para delinquir se *ocultan* en los recovecos de la red y aprovechan las debilidades de los sistemas informáticos de las diferentes organizaciones para desviar recursos y estafar a los desprevenidos. Su estructura horizontal facilita esta perniciosa actividad: no ocupan un lugar geográfico ni disponen de una sede central, se interconectan digitalmente, actúan con independencia, no establecen relaciones jerárquicas ni disponen de estatutos o reglas. Los entes gubernamentales los enfrentan en una lucha que está perdida antes de comenzar: flexibilidad vs. rigidez; horizontalidad vs. burocracia; rapidez vs. lentitud.

Para enfrentar una problemática tan compleja no basta un listado de observaciones y recomendaciones; la respuesta debe estar en un cambio paradigmático. Tal y como lo hemos expuesto en esta obra, el conocimiento que requiere un paso de esa trascendencia está disponible; basta que ciudadanos y gobernantes escojamos la cooperación como una nueva forma de convivencia y dejemos de lado el egoísmo que ha impedido la equitativa repartición de los recursos del planeta. Las guerras y las hambrunas podrán superarse en la medida en la que los que más tenemos cedamos un poco a quienes de nada disponen. Un nuevo orden mundial está al alcance de nuestras manos, no lo dejemos escapar.

Una transición paradigmática es, en la actualidad, material y epistemológicamente posible, pero, una cosa es la intensión y otra la concreción. ¿Cómo pasar de la modernidad a la postmodernidad?, ¿cómo transformar el conocimiento disponible en riqueza y bienestar?, ¿cómo vencer las dificultades?, ¿cómo superar la crisis económica? Un paso de esa magnitud requiere de un modelo teórico que oriente la aplicación de los recursos disponibles.

Una metodología idónea, es, de acuerdo con nuestro criterio, el Índice de Competitividad Global (ICG), desarrollada por el Foro Económico Mundial (FEG) como: "Una herramienta que mide las bases macroeconómicas y microeconómicas de la competitividad nacional"[5]. El punto de partida de esta metodología es la competitividad, la cual es definida como: "El conjunto de instituciones, políticas y factores que determinan el nivel de productividad de un país"[6]. La productividad es, a su vez: "La relación mesurable entre una producción dada y el conjunto de factores empleados"[7].

Competitividad y productividad van de la mano; la relación entre ambos conceptos es directa y recíproca; su consecución conlleva al pleno desarrollo del potencial de los pueblos. En el ICG se establecen doce de los factores que reciben la denominación de: *pilares de la competitividad*. A continuación presentamos un resumen de las ideas con las que el FCG[8] describe tales componentes:

Primer Pilar: Instituciones

El ambiente institucional es determinado por la estructura legal y administrativa dentro de la cual interactúan individuos, empresas y gobierno para generar riqueza. La calidad de las instituciones tiene una fuerte incidencia en la competitividad y el crecimiento. La actitud del gobierno hacia el mercado y la libertad, eficiencia y honestidad de sus operaciones tienen importancia; la excesiva burocracia, la sobrerregulación, la corrupción, la deshonestidad en el trato con los contratistas públicos, la carencia de transparencia en los actos administrativos, la incapacidad del sector público para proveer servicios apropiados y la dependencia política del sistema judicial son deficiencias que imponen significativos costos a los negocios y ralentizan el proceso de desarrollo económico.

El apropiado manejo de las finanzas públicas es crítico para asegurar la confianza en el ambiente nacional de las empresas. La transparencia del sector privado es indispensable para los negocios y requiere del uso de estándares para las prácticas de contabilidad y auditoría.

Segundo Pilar: Infraestructura

Una compleja y eficiente infraestructura es un factor crítico para asegurar el efectivo funcionamiento de la economía y reducir el efecto de la distancia entre regiones, integrar el mercado nacional y conectarlo, a un bajo costo, a mercados de otros países y regiones.

Efectivos medios de transporte y comunicaciones facilitan las actividades de producción y la entrega de bienes y servicios: carreteras de calidad, redes ferroviarias, puertos y aeropuertos. El suministro de electricidad, libre de interrupciones y obstáculos, permite que las fábricas puedan producir en forma continua. Una red de telecomunicaciones extensa y flexible facilita el flujo rápido y libre de la información.

Tercer Pilar: Ambiente macroeconómico

La estabilidad de los factores macroeconómicos es importante para el crecimiento sostenido de la economía. Un nivel elevado de deuda pública limita la capacidad de los gobiernos para proveer servicios eficientes. Los déficits fiscales reducen la habilidad futura del gobierno para reaccionar a los ciclos de negocio y para invertir en medidas que incrementen la competitividad del país. La inflación incontrolada reduce la productividad de las empresas y dificulta el intercambio de bienes y servicios.

Cuarto pilar: Salud y educación primaria

Una masa laboral saludable es vital para la competitividad y productividad de un país. La inversión en la provisión de servicios de salud tiene carácter crítico tanto para la economía como para las consideraciones de orden moral. La educación básica incrementa la eficiencia de cada trabajador; quienes poseen un bajo nivel de escolaridad sólo pueden desempeñar simples tareas manuales y se adaptan con dificultad a los nuevos métodos, los procesos innovadores y los saltos tecnológicos.

Las deficiencias educativas de los trabajadores reducen la capacidad corporativa para crear artículos más sofisticados y de mayor valor agregado.

Quinto pilar: Elevados niveles de educación y adiestramiento

Un elevado nivel de educación y adiestramiento es crucial para las economías que quieran mejorar las condiciones de la cadena de valor más allá de los procesos y productos sencillos y de bajo impacto tecnológico. El Sistema de Producción Global (SPG) se nutre de trabajadores bien educados y con capacidad para ejecutar tareas complejas y adaptarse a los cambios rápidos y frecuentes del entorno. El aprendizaje organizacional es necesario para mantener las competencias individuales a tono con los requerimientos laborales.

Sexto pilar: Un eficiente mercado de bienes

Los países que tienen un mercado bien posicionado pueden producir una acertada combinación de productos y servicios que se adapten a sus condiciones particulares. La participación equitativa de las empresas, domésticas y foráneas, y un ambiente que presente la menor cantidad de impedimentos crea condiciones favorables para la estabilidad del mercado.

Los impuestos excesivos, la regulación exagerada, el trato discriminatorio de los agentes públicos a las empresas extranjeras, la limitación de la propiedad foránea y otras medidas proteccionistas crean desventajas y distorsiones que disminuyen la eficiencia del mercado.

Séptimo pilar: Eficiencia del mercado laboral

La eficiencia y flexibilidad del mercado laboral debe facilitar la colocación de los trabajadores en los puestos que se correspondan con sus competencias individuales, su rápida transferencia de una a otra actividad económica y la fluctuación de los salarios de acuerdo con las condiciones de la economía de cada país.

Octavo pilar: Desarrollo del mercado financiero

Un sector financiero idóneo coloca los recursos ahorrados por los ciudadanos en forma confiable y transparente. Para asegurar esas condiciones, la regulación debe amparar, en particular, a los ahorristas, y, en general, a todos aquellos que participen en las actividades financieras.

Noveno pilar: Apresto tecnológico

En el Sistema de Producción Global (SPG) la tecnología es indispensable para competir y prosperar. La actualización tecnológica mide la agilidad con la que una economía adopta la tecnología de punta y mejora la productividad de sus industrias.

El hecho de que la tecnología haya sido o no desarrollada en el propio país carece de relevancia, lo importante es su impacto en la productividad de las empresas y la competitividad del país. Es importante hacer notar que, en el contexto del noveno pilar, el nivel de apresto tecnológico debe ser diferenciado de la capacidad del país para conducir procesos de investigación y desarrollo que expandan las fronteras del conocimiento.

Décimo pilar: Tamaño del mercado

El tamaño del mercado afecta la productividad; los grandes mercados permiten a las empresas explotar las economías de escala. En la era de la globalización, los mercados internacionales pueden, hasta cierto punto, ser sustitutos de los mercados domésticos, especialmente en los países pequeños. Una vasta evidencia empírica muestra que la apertura comercial está positivamente asociada con el crecimiento.

Las exportaciones pueden ser concebidas como un sustituto de la demanda doméstica, para los efectos de la medición del tamaño del mercado. Al incluir ambos mercados, doméstico y foráneo, el ICG da crédito a las economías basadas en la exportación y a los países que han conformado un mercado común.

Undécimo pilar: Sofisticación de los negocios

Es indudable que la sofisticación de las prácticas de negocios conduce a una mayor eficiencia en la producción de bienes y servicios. Ésta está asociada con dos elementos que están intrínsecamente ligados: la calidad de la red de negocios de cada país y la calidad de las operaciones y estrategias de las firmas individuales. Estos factores son particularmente importantes para los países que están en el estadio más avanzado de desarrollo, donde las más básicas fuentes de mejoramiento de la productividad están agotadas.

La calidad de la red de negocios y de las industrias que la soportan, como medida para la cantidad y calidad de los proveedores y la extensión de su interacción, es importante por una variedad de razones. Cuando las compañías y proveedores de un sector en particular están interconectadas en grupos geográficamente próximos —*clusters*— la eficiencia se incrementa y se crean nuevas oportunidades para la innovación en procesos y productos y se reducen las barreras para la entrada de nuevas empresas.

Las operaciones avanzadas de las firmas individuales —mercadeo, distribución, procesos avanzados de producción y la fabricación de bienes únicos y sofisticados— se vierten sobre toda la economía y conducen a una sofisticada y extendida red de negocios.

Duodécimo pilar: Innovación

La innovación puede emerger tanto del conocimiento tecnológico como del común. El pilar final está focalizado en el primero de estos; en aquel que puede tanto transformar la manera de hacer las cosas como abrir nuevas posibilidades en términos de productos y servicios.

Aunque los países menos avanzados pueden mejorar su productividad mediante la adopción de tecnologías existentes, para los más avanzados esto no es suficiente. Sus empresas deben diseñar y desarrollar productos de punta y moverse hacia actividades de mayor valor agregado.

Esta progresión requiere un ambiente que propicie la innovación y que sea apoyado por ambos sectores, tanto el público como el privado. En particular, eso está ligado a la inversión pública y privada en investigación y desarrollo, la presencia de instituciones científicas de elevada calidad que puedan generar el conocimiento básico que se necesita para construir nuevas tecnologías, una extensiva colaboración entre las universidades y la industria y, finalmente, el respeto a la propiedad intelectual.

La interrelación entre los 12 pilares

A pesar de que el resultado de los doce pilares se presenta por separado, es importante tener en mente que estos no son independientes; tienden a reforzarse entre sí; una debilidad en un área a menudo incide negativamente en otras.

Por ejemplo, una fuerte capacidad de innovación podrá difícilmente alcanzarse sin una fuerza de trabajo sana, educada y bien entrenada que pueda asimilar nuevas tecnologías.

Los doce pilares se presentan en forma consolidada en la tabla 4, y por separado en las tablas restantes, de manera de que se puedan conocer los detalles de cada área en específico y aplicar las medidas correctivas que correspondan a las deficiencias de cada país.

Implementación de los estadios de desarrollo

Dos criterios son usados para ubicar a los países en un estadio en particular de desarrollo: el primero es el nivel del Producto Interno Bruto (PIB) per cápita, a las tasas de intercambio del mercado; el segundo es usado para los países ricos cuya prosperidad está basada en la extracción de recursos. Esto es medido por la parte de las exportaciones de bienes minerales en relación con la totalidad de las exportaciones.

En el índice general del año 2018 —tabla 1— están ubicados 137 países. Entre los primeros puestos están dos países de modestas dimensiones, escasa población y limitados recursos naturales: Suiza (1), Estados Unidos (2) Singapur (3), Los siguientes lugares están ocupados por los Países Bajos (4) Alemania (5), Hong Kong (6) Suiza (7), el Reino Unido (8), Japón (9), y Finlandia (10). China no aparece sino hasta el puesto 27, Rusia en el 38 e India en el 40. Entre los países suramericanos se destacan Chile en el puesto 33, Costa Rica en el 47, Panamá en el 50, México en el 51, Colombia en el 66, Brasil en el 80, y Venezuela ocupa el puesto 127, inmediatamente después de República Democrática del Congo y antes de Haití.

La presencia de los países pequeños en los primeros lugares de las diferentes tablas es recurrente; es así como en calidad de educación primaria aparece Finlandia en el puesto 1, Singapur en el 3, los Países Bajos en el 4, Bélgica en el 5, Nueva Zelandia en el 6, Japón en el 7, Noruega en el 9, Islandia en el 10. En innovación, Suiza en el 1, Israel en el 3, Finlandia en el 4, Alemania en el 5, los Países Bajos en el 6, Suecia en el 7, el Japón 8 , Singapur 9

Esta situación se repite en cada una de las tablas y es una fehaciente prueba de que la eficiencia en la aplicación de los recursos de un país depende más de la madures de la sociedad que de la extensión del territorio, la abundancia de los recursos y la dimensión de la población.

Cualquiera pudiese pensar que el contenido del ICG es de Perogrullo, sin embargo, si, por ejemplo, la Unión Europea, y especialmente la Eurozona, hubiese tomado estas ideas para orientar su desenvolvimiento, su situación sería otra. Por otra parte, en países de Suramérica, África y Asia líderes populistas y autoritarios dilapidan la riqueza y hunden en la miseria a sociedades inmaduras que no tienen capacidad ni para escoger gobernantes idóneos que administren con sabiduría y honestidad. De tal manera que el mundo pareciera no tener remedio; la avaricia aparece por doquier. En tales circunstancias, ni el ICG ni ninguna otra metodología podría sernos de alguna utilidad. En verdad, ni la tecnología ni la riqueza material podrá conducirnos a ninguna parte, y menos a la postmodernidad. Se impone un salto cualitativo; debemos mejorar nuestra condición humana, lo demás vendrá como un añadido.

Referencias Bibliográficas

[1]Sachs, J., *Economía para un Planeta Abarrotado*, Barcelona, Random House Mondadori, S.A., 2008, pág. 18.

[2]Andersen, H., *El traje nuevo del emperador*, 1837.

[3]Innerarity, D., *Un Mundo de todos y de nadie. Piratas, riesgos y redes en el nuevo desorden
global*, Paidós, Barcelona, 2013, pág. 51.

[4]Ibíd., págs. 157-19.

[5]Foro Económico Global, *Índice de Competitividad Global* 2017-2018, pág. 4, la traducción es nuestra.

[6]Loc. cit.

[7]Pequeño Larousse Ilustrado, México, Ediciones Larousse, 2008, pág. 830.

[8]Foro Económico Global, óp. cit., págs. 3-10, la traducción es nuestra.

www.ingramcontent.com/pod-product-compliance
Lightning Source LLC
Chambersburg PA
CBHW072258260726
48658CB00004BA/1100